教育部人文社科基金项目"平行语料库协助下的汉英翻译认知诗学研究"（12YJA740049）

差异·认知·界面

—— 汉英翻译三维论

Difference, Cognition and Interface:
A Tri-dimensional Study of Chinese-English Translation

刘华文 著

南京大学出版社

目 录

第一章　引言:差异、认知和界面 ……………………………………… 1

第二章　事件作为汉英翻译单位的可行性分析 ………………………… 9

　　1. 翻译语境中的事件及其原型性 ………………………………… 10

　　2. 以事件作为翻译的可行性理论分析 …………………………… 13

　　　　2.1　语义角色 ………………………………………………… 13

　　　　2.2　论元实现 ………………………………………………… 15

　　　　2.3　事件的词汇化 …………………………………………… 18

　　　　2.4　事件的体识解 …………………………………………… 20

　　　　2.5　事件的虚拟化 …………………………………………… 21

　　　　2.6　句式变体 ………………………………………………… 23

　　3. 小结 ……………………………………………………………… 25

第三章　事件语义角色转换 …………………………………………… 27

　　1. 语义角色的降格 ………………………………………………… 29

　　　　1.1　施事转变成受事 ………………………………………… 29

　　　　1.2　施事或体事转变为位事 ………………………………… 30

　　　　1.3　受事的角色弱化倾向 …………………………………… 30

　　2. 语义角色的升格 ………………………………………………… 31

　　　　2.1　位事的角色强化 ………………………………………… 31

　　　　2.2　因事的强化 ……………………………………………… 33

　　3. 语义角色的同级转化 …………………………………………… 35

　　　　3.1　体事转变为同级的受事 ………………………………… 35

　　　　3.2　时间语义角色和位事的同级转化 ……………………… 36

　　4. 小结 ……………………………………………………………… 38

第四章　工具格的还原度考察 ………………………………………… 39

1. 工具格及其句法表现 ……………………………………… 40

2. 工具格在翻译中的三度还原 ……………………………… 42

  2.1　一度还原 …………………………………………… 42

  2.2　二度还原 …………………………………………… 45

    2.2.1　句法和语用层面的还原 ……………………… 45

    2.2.2　语义和语用层面的还原 ……………………… 46

  2.3　三度还原 …………………………………………… 47

3. 工具格动词化的翻译处理方式 …………………………… 48

4. 小结 ………………………………………………………… 50

第五章　语用功能转换 …………………………………… 51

1. 指涉功能的转换 …………………………………………… 54

  1.1　指涉功能转换为修饰功能 ………………………… 54

  1.2　指涉功能转换为述谓功能 ………………………… 55

2. 述谓功能的转换 …………………………………………… 55

  2.1　述谓功能转换为修饰功能 ………………………… 55

  2.2　述谓功能转换为指涉功能 ………………………… 57

3. 修饰功能的转换 …………………………………………… 58

  3.1　修饰功能转换为指涉功能 ………………………… 58

  3.2　修饰功能转换为述谓功能 ………………………… 58

4. 汉英翻译中的语用功能转换类型 ………………………… 59

  4.1　单对式转换 ………………………………………… 59

  4.2　连锁式转换 ………………………………………… 59

  4.3　集束式转换 ………………………………………… 60

5. 小结 ………………………………………………………… 60

第六章　语义指向模式的转换 ………………………… 63

1. 语义指向及其结构模式 …………………………………… 64

2. 语义指向结构模式的翻译转换 …………………………… 65

  2.1　同指和转指 ………………………………………… 65

  2.2　前指和后指 ………………………………………… 66

  2.3　顺指和逆指 ………………………………………… 67

  2.4　邻指和隔指 ………………………………………… 68

  2.5　专指和兼指 ………………………………………… 69

  2.6　单指和多指 ………………………………………… 70

　　2.7　强指、弱指和均指 ……………………………………… 72

　　2.8　显指和潜指 …………………………………………… 75

　　2.9　内指和外指 …………………………………………… 76

　3. 小结 ………………………………………………………… 78

第七章　论元的再实现 …………………………………… 79

　1. 论元再实现方式之一：论元的增加 ………………………… 81

　　1.1　转喻式添加 …………………………………………… 81

　　1.2　激活式添加 …………………………………………… 82

　　1.3　转类式添加 …………………………………………… 83

　2. 论元再实现方式之二：论元的减少 ………………………… 84

　3. 论元再实现方式之三：论元的替换 ………………………… 85

　4. 论元再实现方式之四：论元的升级 ………………………… 86

　　4.1　补语性论元升级为主语性论元 ……………………… 86

　　4.2　补语性论元升级为宾语性论元 ……………………… 87

　　4.3　宾语性论元升级为主语性论元 ……………………… 87

　5. 论元再实现方式之五：论元的降级 ………………………… 88

　6. 论元再实现方式之六：论元的调序 ………………………… 89

　7. 小结 ………………………………………………………… 89

第八章　句式重构 ………………………………………… 91

　1. 不及物句式的转化 …………………………………………… 93

　　1.1　不及物句式转化成及物句式 ………………………… 93

　　1.2　不及物句式转化成位移句式或运动句式 …………… 94

　　1.3　不及物句式转化成结果句式 ………………………… 96

　　1.4　原因性不及物句式转化成结果性不及物句式 ……… 96

　2. 致使句式、结果句式的转化 ………………………………… 97

　　2.1　致使句式转化成结果句式 …………………………… 97

　　2.2　结果句式转化成存有句式 …………………………… 97

　3. 存有句式的转化 …………………………………………… 98

　　3.1　存有句式转化成不及物句式 ………………………… 98

　　3.2　存有句式转化成及物句式 …………………………… 99

　　3.3　存有句式转化成运动句式 …………………………… 100

　4. 位移/运动句式的转化 ……………………………………… 101

　　4.1　位移/运动句式转化成双宾语句式 ………………… 101

4.2　位移/运动句式转化成结果句式 ………………………… 101

5.　判断句式转化成及物句式 ……………………………………… 102

6.　小结 ………………………………………………………………… 103

第九章　区域激活 ……………………………………………………… 105

1.　区域激活理论:活跃区域理论的派生 ……………………… 106

2.　隐性激活 ………………………………………………………… 108

3.　显性激活 ………………………………………………………… 109

   3.1　身体区域激活 …………………………………………… 109

   3.2　感知区域激活 …………………………………………… 110

   3.3　文化区域激活 …………………………………………… 111

4.　逆向激活 ………………………………………………………… 114

5.　汉英翻译中的激活距离和激活数量 ……………………… 114

   5.1　近距激活 ………………………………………………… 114

   5.2　远距激活 ………………………………………………… 115

   5.3　单项激活、等量激活和减量激活 …………………… 115

   5.4　多项激活与增量激活 ………………………………… 116

6.　小结 ………………………………………………………………… 117

第十章　隐喻映射 ……………………………………………………… 119

1.　零度映射 ………………………………………………………… 121

2.　映射 ……………………………………………………………… 123

3.　再映射 …………………………………………………………… 124

4.　消解映射 ………………………………………………………… 129

5.　小结 ……………………………………………………………… 130

第十一章　事件化和再事件化 ……………………………………… 133

1.　引言 ……………………………………………………………… 134

2.　汉英翻译的事件化 …………………………………………… 135

   2.1　汉语存在句的事件化处理 …………………………… 135

   2.2　施动性附加的事件化处理 …………………………… 139

   2.3　状态成分的事件化升格 ……………………………… 140

3.　汉英翻译中的再事件化 ……………………………………… 142

4.　小结 ……………………………………………………………… 143

第十二章　非事件化的名词化方式 ……………………………… 145

1.　引论 ……………………………………………………………… 146

2. 汉英翻译非事件化的名词化方式 ·················· 147
　2.1　完全名词化 ································· 147
　2.2　部分名词化 ································· 151
　　2.2.1　动词协助下的名词化 ·················· 151
　　2.2.2　介词协助下的名词化 ·················· 152
　　2.2.3　形容词协助下的名词化 ················ 155
3. 小结 ·· 156

第十三章　事件化和去事件化 ····················· 159
1. 以事件作为单位的翻译倾向 ···················· 160
2. 事件化和去事件化 ··························· 161
　2.1　事件化 ··································· 161
　　2.1.1　述谓化或动词化 ····················· 161
　　2.1.2　动态化 ···························· 161
　　2.1.3　致使化和施事化 ····················· 162
　2.2　去事件化 ································· 163
　　2.2.1　非述谓化 ··························· 163
　　2.2.2　状态化 ···························· 164
　　2.2.3　非致使化和非施动化 ·················· 165
3. 小结 ·· 166

第十四章　运动事件的再词汇化过程 ················ 169
1. 词汇化与汉英翻译 ··························· 170
2. 词汇化过程中的动词组织模式 ·················· 170
3. 运动事件再词汇化原则 ······················· 172
4. 再词汇化在汉英翻译中的体现 ·················· 173
5. 以动词为组织核心的运动事件再词汇化 ·········· 174
　5.1　运动事件和伴随事件的词汇化 ·············· 175
　　5.1.1　核心事件和方式伴随事件同现 ········· 175
　　5.1.2　方式伴随事件的独现:方式的动词融入 ··· 176
　5.2　致使力的动词融入 ······················· 177
　5.3　路径的动词融入 ························· 179
　5.4　图形动词融入 ··························· 181
　5.5　结果动词融入 ··························· 182
　5.6　背景动词融入 ··························· 184

6. 小结 ·· 184

第十五章　事件的虚拟性再概念化 ·················· 187

1. 理论框架:认知概念化的事实性和虚拟性 ············ 188

2. 虚拟路径的添加:汉英翻译的虚拟性再概念化的标志 ········· 189

  2.1　方向路径 ·································· 189

  2.2　照射路径 ·································· 192

    2.2.1　光线路径的添加 ···················· 192

    2.2.2　动词动态性的增强 ·················· 194

    2.2.3　活跃性—决定性原则的遵循 ·········· 195

    2.2.4　隐喻性照射事件的映射 ·············· 196

  2.3　感知路径 ·································· 197

3. 小结 ·· 199

第十六章　事件体的识解转换 ···················· 201

1. 事件体识解理论及其在翻译中的应用可能 ·········· 202

2. 汉英翻译中事件体的识解特征 ·················· 204

  2.1　零度再识解 ································ 204

  2.2　事件体再识解 ······························ 205

    2.2.1　终结阶段识解为持续阶段 ············ 205

    2.2.2　持续阶段识解为终结阶段 ············ 208

    2.2.3　持续阶段识解为初始阶段 ············ 209

    2.2.4　终结阶段识解为初始阶段 ············ 209

    2.2.5　初始阶段识解为持续阶段 ············ 210

  3. 小结 ······································ 210

第十七章　动词与句式再匹配现象研究 ·············· 213

1. 绪论:动词和句式 ······························ 214

2. 汉英翻译中的动词—句式关联原则 ················ 218

3. 源语动词的对应动词和译入语句式的匹配 ·········· 219

  3.1　动词对应词和译入语句式的完全兼容 ········ 219

  3.2　动词对应词同译入句式相匹配的认知理据 ······ 220

    3.2.1　认知转喻关系对语际间动词—句式再匹配的推动 ······ 220

    3.2.2　动词和句式的再匹配:以双及物句式为例 ······ 222

  3.3　动词和句式再匹配后的主要影响:语义的转移 ······· 224

  4. 小结 ······································ 225

第十八章　汉语多事件句的英译压模…………………………………… 227

　　1. 引言 ………………………………………………………………… 228

　　2. 汉英翻译中的跨语零度压模和非零度压模 ……………………… 229

　　3. 汉英翻译中多事件句压模的句法表现 …………………………… 230

　　　　3.1　多事件句的跨语单级压模 ……………………………… 230

　　　　　　3.1.1　从独立述谓句到从属述谓句的压模 ……………… 231

　　　　　　3.1.2　从独立述谓句到非述谓性结构的压模 …………… 232

　　　　3.2　多事件句的跨语多级压模 ……………………………… 233

　　4. 汉英翻译中多事件句压模的语义理据 …………………………… 234

　　　　4.1　事件性 …………………………………………………… 234

　　　　4.2　致使力 …………………………………………………… 236

　　　　4.3　施动性 …………………………………………………… 237

　　　　4.4　话题性 …………………………………………………… 238

　　5. 汉英翻译中的多事件句压模的语用功能转换 …………………… 239

　　6. 小结 ………………………………………………………………… 239

第十九章　多事件句的翻译处理原则以及意合—形合转换 ………… 241

　　1. 像似原则:蕴涵关系的多事件句的翻译处理 …………………… 242

　　2. 经济原则和聚焦原则:非蕴涵关系多事件句的翻译处理 ……… 244

　　3. 汉语多事件句的英译原则之间的关系 …………………………… 248

　　4. 意合与形合:两种句间关系在汉译英中的处理 ………………… 249

　　5. 汉英翻译中意合和形合转换的功能基础 ………………………… 250

　　6. 汉英翻译中意合与形合结构的处理:继承、转换和离析 ……… 253

　　7. 意合—形合转换的译例比较 ……………………………………… 255

　　8. 小结 ………………………………………………………………… 257

第二十章　结语:当代语言学基础上的翻译三维论 ………………… 259

外一篇:阐释、训诂与翻译 …………………………………………… 265

参考文献 ………………………………………………………………… 273

索　引 …………………………………………………………………… 281

后　记 …………………………………………………………………… 287

本书图表

图 2-1 事件的句法轴和语义轴的互动关系 ……………… 12

图 2-2 运动事件的原型性程度变化 ……………………… 12

表 5-1 词汇范畴及其语用功能 …………………………… 52

表 5-2 三种语用功能例示 ………………………………… 52

表 5-3 语用功能的翻译转换模式 ………………………… 53

表 6-1 "热闹地"的语义指向模式 ……………………… 73

表 7-1 论元的翻译再实现模式 …………………………… 81

表 8-1 句式的翻译转换模式 ……………………………… 92

表 10-1 隐喻的翻译映射机制 …………………………… 121

表 10-2 隐喻零度映射译例 ……………………………… 123

表 10-3 再映射机制的伴随效应 ………………………… 128

表 13-1 事件单位的翻译取向 …………………………… 160

图 14-1 运动事件的再词汇化流程 ……………………… 175

表 16-1 事件体的再识解转换特征 ……………………… 204

图 17-1 句式语义框架的动词融入 ……………………… 215

图 17-2 动词和句式的翻译再匹配过程 ………………… 222

表 18-1 多事件句翻译压模的句法表现 ………………… 233

表 18-2 句子语义类别与事件的对应关系 ……………… 235

表 18-3 翻译压模的语义理据 …………………………… 239

表 18-4 翻译压模的语用功能转换 ……………………… 239

表 19-1 多事件句的翻译原则 …………………………… 249

表 19-2 句间结构的功能分类 …………………………… 250

第一章　引言：差异、认知和界面

导　读

　　翻译理论和翻译实践操作之间一直以来都存在着对接问题，对翻译的认识要么偏重于理论这一端，要么偏重于实践这一端。总之，两者好像存在着很小的可融性，彼此之间是一种排斥的关系。即使勉强把翻译理论和实践结合起来，也总让人感觉相互之间的贴合度极差。但是，如果我们树立翻译最为切实的目标，即译文在语义、语法、语用和认知这四个方面获得认可，鉴于这四个方面都属于语言层面，那么，不妨用语言学理论去描述为实现这四个认可而实施的翻译操作。这样的话，理论尽管不是所谓翻译本身的理论，但也可以做到很大程度上与翻译实践的对接。并且，这样一个对翻译的理论切入视角还可以离开传统上的翻译理论话语，重新建构一套以对比语言学、认知语言学和界面理论为基础的翻译理论话语，生成出一套针对翻译单位、翻译过程、翻译技巧等的理论体系。这一翻译理论话语体系的建设当然也是建立在对汉英翻译的语料使用基础之上的，这样也符合理论从实践中来，回到实践中去的理论与实践的互动关系。

　　无论是翻译实践能力的提高还是对翻译的学理性的研究考察,都应该建立在对所涉及的语言的认识之上,离开对语言本身的认识而去制定所谓的翻译策略或技巧都会是无源之水。这也就是为什么当下将要进行的汉英翻译研究利用的是当代的语言学理论资源,采用的是语言学的理论视角。本研究主要是基于当代语言学理论,尤其是认知语言学和界面理论,针对汉英翻译中的翻译单位、过程、目的、方法、策略予以理论性的思考,以期对汉英翻译获得较为深入的认识,能够为从事汉译英的研究者和实践者提供翻译研究和翻译操作的路向,从而提供可能或潜在的研究空间,促进翻译理论视域的拓展和翻译实践水平的提高。

　　凡是翻译活动都有着相应的目的,翻译者需要依据这些目的去制定翻译的策略和方法,有效地实现既定的翻译目标。在这里暂且将翻译言外或文本之外的宏观目的搁置不论,而是要说明翻译活动本身通常情况下需要实现的目标。这些目标的实现也就是为了达到四个许可,即语义许可(semantic sanction)、语法许可(grammatical sanction)、语用许可(pragmatic sanction)和认知许可(cognitive sanction)。首先,要准确恰当亦即等量同质地将原文的语义内容传达到译文中去,译文中所蕴含的语义信息必须从量或质上与原文的语义信息相当。这是翻译行为所要实现的最起码的目的。其次,要保证译文在语法上符合译入语的语法要求,不能僭越译入语的词法和句法规范。再次,经过翻译获得的译文能够同样发挥原文所发挥的语用功能,主要是在语篇或文本层面上原文所实现的语用效应在译文中也能够取得等效性的实现。最后,经过翻译者的努力所取得的语际之间的转换应该是两种语言之间认知思维的成功转换,而不是机械地对译,这样获得的译文才能符合译入语的表达习惯,是地道的译入语语言。比较来看,这四种翻译目的最难实现的是认知许可,翻译活动需要以认知许可为中心,协调与其他三个许可之间的关系,从而综合性地实现翻译的目的。

　　翻译过程基本上分为诠释、表达和接受三个过程。在诠释过程(interpretation)中,译者作为诠释者需要正确解读出原文的意义,保证转化成译文后的意义与原文意义一致。翻译过程更是一个跨语修辞表达过程(expression),译者需要将从原文解读出的意义表达为译入语的表层结构,贯穿于表达过程的译者是一个修辞者的身份。同时,翻译过程不仅是一个主客互动的过程,即译者与原文文本和译文文本之间的互动过程,而且还是一个主体之间互动的过程,尤其是译者同隐含的译文读者之间的互动,这种互动有一个特点:译者主体在对自己初译而成的译文进行检验时,需要将自已化身为译文的读者,将自己同译文拉开一定的距离审视自己的译文是否合格,这个审视过程也就是翻译的接受过程(reception)。

经过三个翻译过程之后最终获得译文与原文之间的关系存在着辩证二元对立项。原文和译文之间可以被视作对等关系(equation),与其相对的就是变体关系(alternation)。原文和译文之间关系的实现方式如果是直译(literal translation),所实现的就是一种机械对应关系(mechanic correspondence),而相对的意译(free translation)所运用的就是认知联想方式(cognitive association)。机械对等要求译文要顺应服从原文,而认知联想方式则允许译文对原文形式上甚或语义上可以有所偏离(deviation)。原文和译文之间的关系其实是对应着实现这一关系的翻译策略或方法。比如原文和译文之间如果是上下义关系,那么实现这一关系的方法就是纵向方法(vertical approach);这两者之间的关系是隐喻或转喻关系的话,那么实现这种关系的方法就是横向方法(horizontal approach)。根据英汉两种语言的差异,如动静差异、概念与意象差异、综合与分析的差异,也可以将原文和译文的关系描写成动/静关系、概念/意象关系、综合/分析的关系,而在汉译英中实现这些原文和译文关系的方法更多的就是动态化方法(dynamicization)而非静态化方法(staticization)、以概念为载体的言表述(conceptualization)而非象表述(imagination)、综合性方法(synthesis)而非拆解式的分析性方法(analysis)。

在翻译过程中,译者会有意识或无意识地选择进行翻译操作的翻译单位。翻译单位与采纳的翻译策略、方法或技巧是有着对应性的。从大处上讲,如果将"文化"作为翻译单位,对应的翻译策略就是异化(foreignization)或归化(domestication)。如果再把翻译单位向下降到语篇(text),相对应的翻译方法就可能是话题化(topicalization)、连贯(coherence)和衔接(cohesion)。翻译单位如果落到言语行为(speech act)层面,翻译技巧需要考虑的就是如何让译文同原文一样地以言表意(locutionary)、以言取效(illocutionary)还是以言行事(perlocutionary),同时还要考虑译文的读者主体和译者主体之间的关系。从这个角度出发,我们可以制定出客观化(objectification)、主观化(subjectification)和互主观化(intersubjectification)的翻译策略。①

---

① 关于翻译的主体互动关系可参见刘华文. 翻译的多维研究[M]. 上海:上海译文出版社,2012:474-486.

当然,翻译者也可以将词语、词组和句子(包括单句和复句)这些常规性的语法形态作为翻译单位。但是,当下的研究倾向于用认知语言学中的相关理论表述在这些单位之上操作的翻译方法。除了上述常规性的翻译单位之外,这里要强调两种翻译单位:框架(frame)和事件(event)。其中框架又分为两种,即内框架(intra-frame)和间性框架(inter-frame)。内框架主要涉及的翻译方法是区域激活(zone activation),而间性框架所对应的翻译方法是映射(mapping),其中包括隐喻映射(metaphorical mapping)和转喻映射(metonymic mapping)。接下来的研究主要探讨汉译英中的隐喻映射问题。相比较静态性的框架,事件作为翻译单位更具有动态性。事件在翻译中所对应的翻译方法有事件化(eventualization)和非事件化(de-eventualization)。事件中语义角色(semantic role)如施事、受事等在翻译中也会受到影响,这时所使用的翻译方法会是角色升格或降格;当事件中的语义角色要呈现为译入语的表层句法成分时,译者就需要利用论元实现(argument realization)完成这种从角色到论元的跨语转换。在选择动词进行跨语表述事件的时候,译者会利用事件中的成分选择动词,这个过程可以被描述为事件的再词汇化过程(re-lexicalization)。而对于事件真实性和虚拟性表达来说,涉及虚拟路线的附加,那么这个过程又是事件的虚拟化过程(fictionalization)。如果汉译英中事件的某个语义成分无法用词或词组来表达,就有可能调动句式结构加强表达力,那么这就涉及事件的再构式方法(re-construction)。

从翻译的方式上来讲,翻译大致分为两种:其一是记忆性的翻译(translation by memory),其二是创造性的翻译(translation by creation)。前者是译者依靠所记忆的译入语的对应成分去比附原文相应的成分,通过别人的译文或自己的翻译经验来记忆这些成分,这种翻译方法可能会导致译文的机械与生硬。而创造性的翻译则是依靠译者对译出语和译入语这两种语言的把握程度,在充分认识两种语言的基础上,更加有效地利用记忆中的这些语言对应成分进行灵活变通的翻译,从而获得地道的译文。当下的这个研究就是力图对创造性的翻译有所侧重,使译者创造性地运用语言实施汉英翻译。

创造性的翻译又可以比作是灯式的翻译,译者要用自己的语言能力和智慧得来的译文照亮原文的意义,而不是一种镜式翻译,即只将译文看作是一面镜子机械地反射原文的意义。当然,也不能将镜与灯在翻译中完全对立起来,而是要把握好两者的关系,实现原文和译文之间圆满的认知转换,以实现最完美的原文和译文之间的互文关系。

翻译研究的认知进路还需要结合界面视角才能获得更深入的认识。翻译中的认知转换成功与否还取决于原文意义在译文中的句法实现，这样就要关乎语义和句法的衔接问题。尽管在 20 世纪 70 年代，国外语言学界就着手研究同一语义类动词及其相同句法表现的关联，从而发现其中语义—句法关联模式。但是，语言学界对语义—句法的界面研究仍在继续。直至 20 世纪 90 年代，句式语法的兴起为该领域的研究掀起了高潮。进入 21 世纪，这种对语义和句法之间关系的关注越来越受到国内语言学界的重视。①近几年，格语法、语义角色理论、构式语法和论元结构理论等涉及语义和句法互动关系的理论被应用于语言研究尤其是汉语研究中，并且取得了丰硕的成果。只是这些研究一般局限在汉语内部方言之间类型对比研究，或者通过介绍西方的语义—句法界面研究将这一理论视角引入到国内语言学界，对西方语言进行相应的理论探索，而很少将这一理论用于观照两种语言特别是翻译转换过程中源语语义和目的语句法之间的对接问题。

当下的研究将主要通过以当代文学的英译为资料来源选取译例，本研究将把汉英翻译过程中汉语语义和英语句法的映射关系作为重点考察对象，利用近几年西方语言学界所兴起的类型学研究模式寻找出影响语际转换过程中语义和句法的映射元素，如格、语义角色、论元、语义指向、句式等，并为这些元素建立各自在语义和句法映射关系中的层级，同时利用汉英平行语料库中与这些元素相关的句子层级的译例，借此也相应地为预测目的语句法表现的源语中的语义潜在因子建立一个预测模型，同时提供汉英平行句子对，为汉英翻译者的翻译操作提供参考。

本书将运用类型学观念对汉语和英语各自的语义—句法界面进行对比研究，尝试利用汉英翻译语料建立汉英语际转换过程中的语义—句法映射关联模式。在探讨从汉语到英语的语义—句法映射过程之前，研究将从两种语言的基本差异尤其是认知差异入手。如果研究者选取的是认知思维角度，即把语言看成是对人的经验的组织方式，那么不同的语言则会反映出各自的使用者对相同经验的认知思维方式有着或多或少的差异。比如，把英语和汉语放在这个视角下来审视，就可以发现，英语的形态句法表现多利用焦点思维的方法，无论从形式上还是语义上都能解析出句子的组成部分之间的主从关系；而相比之下，汉语从形式上则缺乏明示性的标记来划分句子

---

① 见沈园.句法—语义界面研究［M］.上海：上海外语教育出版社，2007.

各组成部分之间的主从关系,一般靠进入句法形态背后的语义内容才能判断出各部分之间的关系,所以说汉语句子的组成部分之间的分布是散点式的,也就说明了汉语使用者的散点式语言思维特征。这也就进而说明为什么英语语言会有那么多的明示性的形式标记,而汉语语言的明示性的标记则较少。

因此,本研究的重心也将会落在汉英翻译中汉语和英语两种语言的语义—句法的界面关系上,力图寻绎出汉英两种语言在语义—句法映射模式上的映射走向,借此建立在汉英翻译过程中汉语语义同英语句法衔接界面的特征,为汉英翻译建立语义—句法衔接模式。

本书所涉及的界面理论对汉英翻译的认知总结如下:

对于英语和现代汉语而言,它们的核心词类是动词和名词。如果说名词是古代汉语的主轴词类的话,那么现代汉语的主轴词类应该是动词。动词(尤其是谓语动词)是事件的载体。不妨这样说,现代汉语的事件性非常强。那么,汉语和英语的互译就是在以意象性和事件性居于两端所构成的连续统(continuum)上的双向滑动过程。

根据英汉这两种语言的差异性,我们就可以大致地做出一个汉译英的思维走向:汉译英的过程是从散点思维到焦点思维的聚焦过程,同时也是从非明示性的标记到明示性标记的形式标记化过程。

从类型学角度上讲,各种语言可以假定为分布于一个连续统上。对于同一个意义,不同的语言表达这个意义的点在这个连续统上的位置或者重合或者错位。翻译研究的对象在于考察这些相同意义为什么会处在不同的点上。翻译就是对同一个意义从一种语言过渡到另一种语言的表达,表现在连续统的位置就是从一个点到另一个点的滑动。上升到宏观层面上讲,从一种语言到另一种语言的滑动大致上会有一个趋势。那么,对于汉语和英语这两种语言而言,这个滑动的趋势可以由源语和目的语中各自表达式的事件性强度体现出来。

典型事件性句子要满足两个条件:句法条件和语义条件。从句法形态上讲,必须是独立述谓结构,而从句虽是述谓性句法结构但不独立,需要从属于主句,因此不属于典型的事件性句子;从语义上讲,谓语句子必须表达的是典型的行动。只有满足了这两个条件的句子才属于典型事件性的句子,否则,不能满足其中一个条件或满足得不充分都会削弱句子的事件性,那么这个削弱的过程就是一个非事件化过程。以此来审视翻译,原文句子和译文句子存在着事件性强弱的差异,这种差异就是由事件化或非事件化方式造成的。如果译文的事件性强,那么其翻译的过程就是事件化过程,反之,则是非事件化过程。这样,翻译就在事件性层面上找到了原文和译文之间的落差。这个落差就形成一个势能,似乎有一种力量推动着这种事件性落差的形成。这股力量从某种程度上讲就潜伏在原文汉语句子或句群中。翻译研究者需要通过原文句子或句群以及译文句或句群之间的事件性落差,寻绎出这一潜在的力量,挖掘出推动汉语原文转化为英语译文的内在动力。

选取事件作为汉英翻译及其研究的操作单位其优点在于,这样做既能够串联起句法—语义平面,又可以在这两个平面之间穿插,具备翻译和研究的可操作性。再者,这样做避免了强行将语言降解为理想化的语言状态,从而保存了语言的复杂性。

翻译思维跟单语思维有着密切的关系,或者从某种意义上讲就是一种单语思维。因为在单语思维中所运用的思维方式,在跨语思维中依然适用,比如范畴化、概念化、词汇化/语法化/再词汇化、事件化/非事件化/再事件化以及事实化/虚拟化等。不可能存在脱离译出语和译入语言而独立的翻译思维。本研究将把这些在认知语言学、界面研究等领域的理论点整合起来,以期对汉英翻译中汉语语义同英语句法的衔接界面达到更全面和深入的认识。

在翻译过程中,翻译者的任务就是在原文中探查出具有预测译入语句法表现即论元实现的语义潜在元素,在原文的语义结构中挑选出与译文句法最为相关的语义成分,根据这些语义成分具体地实现相应的句法转换,在此基础上建立汉英翻译的语义—句法映射模型,帮助翻译者在汉英翻译过程中选择与译文句法最为相关的语义成分,从而为译文的句法结构找到一个准确的接口,让原文语义和译文句法实现地道完美的对接。

我们接下来的研究将会体现理论与实践之间的依存关系:既要做到理论方向上的把握,又要做到赋予理论研究以实践意义。本书从第二章开始,将事件作为翻译的操作单位同时也是研究单位,逐渐从事件的语义角色、语义指向过渡到论元、语用功能和句式转换,也就是从语义层面逐渐向句法层面和语用层面过渡,这一研究次序体现了界面性特点。接着,本书的中间部分用认知框架和认知域作为翻译单位来替代事件作为翻译单位,但实际上这两个单位属于事件的变体单位。用认知框架或认知域作为翻译研究或操作单位使得我们又重新回到了翻译的语义层面,这样,我们的研究就做了一个小循环:从语义层又回到语义层。再接下来,研究的重心放在了表达事件的动词身上。研究的前半部分探讨的是事件的构件及其在语义层、语用层和句法层的选取与配置方式,研究的下半部分则将重心放在了以动词为核心的事件语义的句法形态化上面。从事件在翻译中事件化和去事件化的语义内容和句法形态变迁,到事件的再词汇化、动词与句式的再匹配以及事件的虚拟化再概念化,再到多事件句的压模及其处理三原则,研究主要游走在事件在翻译中的语义和句法的互动过程中。这项研究一方面能够将汉译英置于语言学视域中去观照,另一方面又可以在对具体的译例的分析中证明所做的理论观照对翻译实践有着相当程度的助益。也就是说,在对汉译英的研究建设一套新的理论话语的同时,始终不能放弃对汉英翻译实践的关怀。

思考与讨论

1. 汉语和英语的差异有哪些体现?这些体现对汉英翻译会产生什么影响?

2. 翻译单位的层次性表现在哪里?翻译单位与翻译过程是如何对应的?

3. 如何理解记忆性翻译和创造性翻译?在翻译的具体操作过程当中应该如何处理这两者的关系?

4. 如何从界面理论的角度认识翻译?

5. 差异、认知和界面这三个维度在翻译中是怎样互动的?

第二章　事件作为汉英翻译单位的可行性分析

导　读

翻译需要在一定的单位上实施，尽管译者对翻译单位的选取和使用有可能是有意识的，也有可能是无意识的。但对翻译单位的研究长期以来似乎处于停滞状态，因为一般认为翻译单位不外乎就是词、词组、句子或者语篇，可进一步挖掘的空间已经非常狭窄了。其实，我们可以将这些在翻译过程中常规使用的单位看作是必然单位，因为它们是译者在翻译中必然会在其上操作的语言片段。既然翻译有了必然单位，我们不妨提出这样一个问题：存不存在翻译的或然单位？所谓或然单位就是译者根据具体的翻译语境临时选取的翻译单位。这样一个思路就引领我们找到事件（或者框架、认知域）作为翻译的或然单位。这三种单位是译者针对翻译对象所处的具体情形或然性而非必然性选取的单位。那么，如果假设事件是汉英翻译的单位，就需要我们去论证它作为翻译单位的可行性。于是，当代语言学中涉及事件的相关理论就可以用作支持证实这一可行性的理论依据。这些理论包括原型性理论、语义角色理论、论元实现理论、词汇化理论、虚拟化理论、体识解理论和句式变体理论。

翻译是一个转化过程。原文和译文之所以需要转化,其中的原因在于两种语言存在着差异。转化手段即一般所讲的翻译策略、方法、技巧都是基于对两种语言之间的差异的认识基础上制定出来的。差异意识是在原文转化为译文之前翻译者就应该具备的。如果研究者选取的是认知思维角度,即把语言看成是对人的经验的组织方式的结果,那么不同的语言则会反映各自的使用者对相同经验的认知思维方式有着或多或少的差异。但是,这些差异大多是结构性的差异,而在翻译中需要有一个实际的操作单位。通常意义上的翻译单位有词、词组、句子、语篇,这些也都是局限在句法形式层面。使用翻译单位的意义应该不仅仅体现在句法层面上,最好跨越句法和语义层面,这符合在翻译时先是解读原文的意义,再将解读出来的意义外化为译文的句法表层这样一个次序。于是,事件作为翻译单位就映入了眼帘,其理论上和实践上的可行性可以借助与事件相关的理论得以证明,其可行性分析将主要覆盖三种语言学理论,即认知语言学、事件语义学和界面理论。

1. 翻译语境中的事件及其原型性

从类型学角度上讲,各种语言对相同意义的表达方式可以假定为分布于一个连续统(continuum)上。对于同一个意义不同的语言表达这个意义的点在这个连续统上的位置或者重合或者错位。翻译研究的对象在于考察这些相同意义为什么会处在不同的点上。翻译就是对同一个意义从一种语言过渡到另一个语言的表达,表现在连续统的位置就是从一个点到另一个点的滑动。上升到宏观层面上讲,从一种语言到另一种语言的滑动大致上会有一个趋势。那么对于汉语和英语这两种语言来讲,这个滑动的趋势可以由源语和目的语中各自表达式的事件性来体现。

对于英语和现代汉语而言,它们的核心词类是动词和名词。如果说名词是古代汉语的主轴词类的话,那么现代汉语的主轴词类应该是动词。动词(尤其是谓语动词)是事件的载体。不妨这样说,现代汉语的事件性非常强。相比之下,古代汉语中的名词为主轴词类,所以,古代汉语的意象性很强,因为名词是意象的载体。那么,汉语和英语的互译就是在以意象性和事件性居于两端所构成的连续统上的双向滑动过程。

事件的原型性(prototypicality of event)表现在语义和句法两个层面。在认知语言学看来,"范畴内部不是所有的成员都地位平等。人们直觉上认为某些范畴成员比其他成员更具代表性。"①这些更具代表性的范畴成员就是范畴的原型(prototype)或原型成员(prototypical member)。在认知语言学那里,一般讨论的是名词性的范畴原型,如蔬菜(VEGERTABLE)、水果(FRUIT)、鸟(BIRD)等,动词性范畴的原型性则少有论及。主要的动词性范畴是运动事件范畴(motion event)。运动事件的范畴原型性可以用"动态性"来衡量。动态性越强的动词所代表的运动事件的原型性就越强,反之就越弱。这是单纯从语义角度来判定事件范畴的原型性。但不同于名词所代表的事物性范畴的是,事件性范畴在句法层面上也会体现出原型性的强弱来。如果表达事件的动词是谓语动词,那么这一动词的事件范畴原型性就强;如果这个动词是非谓语动词,那么它的原型性就弱。这一观点是将界面理论引入到原型理论的结果。也就是说,对事件原型性的描述不能局限在语义这个单一层面上,还要延伸到句法层面上,需要加强语义和句法两个层面的互动。

比如,在"广场旁建有一座高楼"这个句子。"建有"是一个运动事件性很弱的动词,因为它表达一个状态。如果将它翻译成英语,可以通过影响它的原型性程度入手,即提高它的"动态性",并且这种运动事件性的加强可以持续下去。按照这个思路,我们可以提供以下四种译文,其中包括保持原句弱事件原型性的译文:

1) There is a tall building at the square.

2) There stands a tall building at the square.

3) At the square a tall building rises.

4) A tall building soars (into the sky) at the square.

从译句 1 到译句 4,英语动词分别为 is、stand、rise 和 soar。从表示状态的 is 到动感极强的 soar,译句的运动事件的原型性在不断提高。这种提高在语义层面就完成了,因为这几个动词在句法形态上没有变化,所以从句法层面上讲,这四个句子相对于原句的原型性是基本保持不变的。下面两个坐标轴图示中,图 2-1 演示的是事件的句法轴和语义轴之间的互动关系,图 2-2 演示的是上述四种译法在坐标轴上的体现:

---

① Croft, William & Cruse, Alan. *Cognitive Linguistics* [M]. Cambridge: Cambridge University Press, 2004, p. 77.

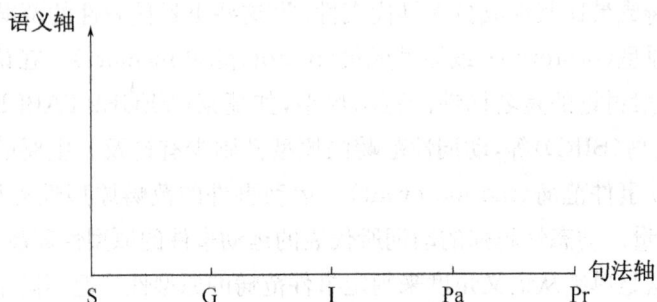

图 2-1 事件的句法轴和语义轴的互动关系

图 2-1 的坐标轴中的点 S 横向延伸的轴代表的是句法层(Syntax),点 S 纵向延伸的轴代表的是语义层(Semantics)。对于事件的句法表现而言,其原型形态是确定的,那就是最右端的那个点。这个点(即 Pr 点,代表 Predicative)表示运动事件的原型形态即谓语动词形态,而沿横向轴朝这个点的左方推,事件动词的句法形态原型性减弱,依次为分词(包括现在分词和过去分词,即 Pa 点,代表 Participle)、不定式(即 I 点,代表 Infinitive)和动名词(即 G 点,代表 Gerund)。"There is a tall building at the square."的谓语动词在坐标轴 1 上的位置就是横向轴的最右端。而这个句子语义部分表示状态,停留在语义轴即纵向轴(因为语义原型性及事件的动态性理论上可以无限大,所以纵向轴采用了箭头指示)的最底端。两个轴上的这两个点汇合到 Pr 点上。

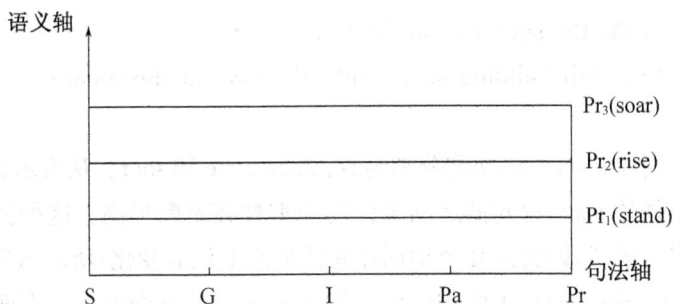

图 2-2 运动事件的原型性程度变化

在图 2-2 的坐标轴中,译句 2、3、4 的事件动词的位置依次为 Pr1、Pr2 和 Pr3。这说明这三个译句同译句 1 以及原句的句法原型性是一样的,使用的都是谓语动词,但是语义轴上的运动事件的原型性程度则依序不断攀升,到了第 4 句的 Pr3 点上,原型性程度达到最大值。

事件的原型性句子要满足两个条件:句法条件和语义条件。从句法形态上讲,必须是独立的述谓结构,诸如分词、不定式和动名词这些非谓语动词的句法形态原型性依次递减。从语义上讲,谓语句子必须表达的是典型的行动。只有满足了这两个条件的句子才属于事件性的句子,否则,即使不能满足其中一个条件或满足得不充分都会削弱句子的事件性,那么这个削弱的过程就是一个非事件化过程。[①] 以此来审视翻译,原文句子和译文句子存在着事件性强弱的差异,那么这种差异就是由于事件化或非事件化方式造成的。如果译文的事件性强,那么其翻译的过程就是事件化过程;反之,则是非事件化过程。这样,翻译就在事件性层面上找到了原文和译文之间的落差。这个落差就形成一个势能,似乎有一种力量推动着这种事件性落差的形成。这股力量从某种程度上讲就潜伏在原文汉语句子中。翻译研究者需要通过原文句子以及译文句子之间的事件性落差,寻绎出这一潜在的力量,挖掘出推动汉语原文转化为英语译文的内在动力。

2.　以事件作为翻译的可行性理论分析

在当代语言学界,一些研究对象常常与事件联系在一起,虽然没有事件语言学这个说法,但是这些研究内容合并起来足以构成事件语言学这一语言学研究支系。我们在运用认知语言学的原型理论认识事件的语言界面特征之后,下面将再选择一些与事件相关的理论用以建构一个以事件作为翻译单位的翻译理论话语体系。这些理论探讨的对象是语义角色、论元实现、词汇化、体、虚拟化和句式变体,它们依次分别与句子的名词性成分、句法成分、事件动词、时间性间接成分、空间性间接成分以及句式相关联。从这几个方面出发可以考察以事件作为翻译单位的理论话语建构的可行性。

2.1　语义角色(semantic role)

Croft 给语义角色下了这样一个定义:"动词或其他述谓成分指示的事件中的参与者所充当的角色。"[②] 可见,语义角色是相关于事件的。一个事

---

① 见刘华文. 汉英翻译中非事件化的名词化形式[J]. 外语与外语教学. 2009(10):53-56.

② Croft, William. *Verbs: Aspect and Causal Structure* [M]. Oxford: Oxford University Press, 2012, p. 405.

件往往包含施事（Agent）、受事（Patient）、经验者（Experiencer）、原因（Cause）、结果（Result）、工具（Instrument）、时间（Time）、方位（Location）等语义角色。这些语义角色是在实现为句法形态之前所呈现的事件成分样态。如果单纯从语义角色也就是语义层面观照翻译，这些角色都会潜在性地有着转化的可能。比如施事可能会转化为位事（即方位），如下面的译例（1）：

（1）*她的腹部还在叫，*（毕飞宇，2004：174）

Yet the words emerged from ***her diaphragm***，（Goldblatt & Lin，2007：53）

汉语句子中的"腹部"是施事，在句子中处于主语的位置。但是译成英语后，它的对译词 diaphragm 却在介词 from 的后面，这样就变成了位事。这样语义角色本为施事的"腹部"就转化成了位事。而在下面这个译例中，体事（experiencer）在译文中则被转化成了受事：

（2）*气息跟不上，筱燕秋只好在嗓子里头发力，声带收紧了，唱腔就越来越不像筱燕秋的了。*（毕飞宇，2004：179）

As her breathing faltered，she had to tighten ***her vocal cords*** and，as a result，she sounded less and less like Xiao Yanqiu. （Goldblatt & Lin，2007：62）

在原句中，"声带"经受了"收紧"的这种体验，为体事，但是在译文中其对译词 her vocal cords 在受事位置，说明虽然原句和译句都同指一个事件，但是其中的体事被置换成了受事。

语义角色的识别依靠的是满足充当某一语义角色的原型性特征是什么以及有多少。这里仍然拿施事和受事这两个语义角色来说明原型性的语义角色。Dowty① 给出过满足这两个语义角色的原型性语义特征：

施事原型角色的语义特征：
A. 事件或状态的自愿参与

---

① Dowty，David. *Thematic Pro-roles and Argument Selection* [J]. *Language* Vol，1991 (67)：572.

B. 直觉(和/或感知)

C. 给另外的参与者引发一个事件或状态变化

D. (相对于另外一个参与者的位置的)运动

(E. 独立于被事件动词命名的事件而存在)

受事原型角色的语义特征:

A. 经历状态变化

B. 递增性主题

C. 受到另外一个参与者的致使影响

D. 相对于另外一个参与者是静止的

(E. 不独立于事件而存在,或完全不独立地存在)

一般情况下,在翻译中原事件句中的施事或受事所满足的原型性语义特征越多,在译文中就越不容易被转化为其他的语义角色;否则,满足的语义特征越少就越容易受到转化。比如"声带"如果接受施事原型语义特征的检验,就会发现这个语义角色缺少 A 和 C 这两个施事角色的原型语义特征,无怪乎在译句中被转化成了受事角色。

2.2 论元实现(argument realization)

讨论翻译中语义角色的转化只是局限在语义层面。语义角色需要浮现在语言的形态句法表层(morphosyntactic level)。这就涉及翻译的界面研究。语言的界面问题主要体现在论元的实现上。Croft 给"论元"下的定义是:"对事件中充当参与角色的参与者编码而成的语法组"。[①] 论元是对事件中参与角色或语义角色编码实现的句法成分。它跨语义和句法两个层面,这是同传统上句子成分分类为主语、宾语、补语等是不同的,后者只是局限在句法表层。语义角色同论元有着对应性,也就是说具有某种语义特征的语义角色一般会实现为相应的论元。如施事这一语义角色,一般会实现为句子中的主语论元,而受事则一般会实现为宾语论元。如果施事实现为宾语论元,或受事实现为主语论元,那么就需要附加被动语态作为标记。

事件中语义角色的识别主要取决于该参与者在事件中所拥有的语义特

---

① Croft, William. *Verbs: Aspect and Causal Structure* [M]. Oxford: Oxford University Press, 2013, p. 398.

征满足某类语义角色的原型性语义特征的程度。而对于论元的选择,则取决于该论元在论元等级中的位置。某事件中语义角色同时要浮出句子表面。在这种情况下,施事就优先于凭事或体事或受事充当主语。而在施事角色缺席的情况下,凭事或体事则优先于受事充当主语。如果只剩下受事这个语义角色来表达事件,那么只能将受事实现为主语论元。这种论元的优先选择原则被 Dowty[①] 表述为:

$$\text{Agent} > \text{Instrument} > \text{Patient} > \text{Source}$$
$$\text{Experiencer} \qquad\qquad \text{Goal}$$

在这里,“>”表达的意思为“优先于”。在 Dowty 看来,语义角色在句法表层实现为相应的论元时要参照与同一事件中其他论元的关系。当然,早在 Fillmore[②] 那里就有类似对于论元选择优先性原则的表述,并且在后来也有了进一步认识和发展。Levin 和 Hovav[③] 引用了 Fillmore(1968)对“开门”这个事件的论元选择范式的演示:

> a. The door opened.
>
> b. John opened the door.
>
> c. The wind opened the door.
>
> d. John opened the door with a chisel.

这四个句子都表达了“开门”这个事件,但是论元选择和实现的方式是有差异的,说明了论元选择的优先性原则。为了更清楚地说明在“开门”这个事件的论元实现过程中的两种情况,即语义角色同在时的论元选择的等级性差异和有的语义角色缺席情况下论元升格现象,不妨对上述四个句子的排序做出调整,并且用“开门”这个事件的原型性凭事(即工具格)key 置换 Fillmore 所给句 d 中的 chisel,于是就可以得出这样的结果:

---

① Dowty, David. Thematic Pro-roles and Argument Selection[J]. *Language*. 1991(67): 578.

② Fillmore, C. J. "The Case for Case," in E. Bach and R. T. Harms, eds. , *Universals in Linguistic Theory*[C]. Holt, Rinehart, and Winston, New York, 1968, p. 33.

③ Levin, B. & Hovav, M. R. *Argument Realization* [M]. Cambridge: Cambridge University Press, 2005, p. 120.

a. John opened the door with a key.

b. John opened the door.

c. A key opened the door.

d. Wind opened the door.

e. The door opened.

句 a 中"开门"这一事件的语义角色基本同现,那么就可以根据论元选择的优先性原则将这些语义角色实现为相应的论元。而在句 c、d 和 e 中,key、wind 和 door 之所以能被实现为主语位置的论元,是因为最后优先权被实现为该论元的施事角色 John 缺席。并且,这三个语义角色被实现为主语论元的资格也有相应的等级,即依次递减。

根据论元选择的优先性原则,在翻译中可以有效地进行论元的再实现,比如下面这一中文句的翻译:

(3) 我下意识地理了理披散在肩头的头发,(卫慧,2000:188)

I automatically ran **my hand** through my hair, (Humes, 2001:188)

原句表达的是"整理头发"这一事件,接受论元实现的语义角色有"我"、"头发"、"肩头",而在英译文中语义角色进行了重新配置,出现了"手",去掉了"肩头"。"手"是作为工具角色即凭事出现的。按照优先性原则,I 实现为主语,hand 实现为宾语,hair 实现为间接成分(oblique)中的宾语。在下一个译例中,"其女"因为施事角色的缺席,而被实现为主语论元,但是到了英译文则被实现为宾语论元,给人以施事角色强行在场的感觉:

(4) 程先生有一回说某某企业的业主,号称某某大王的,其女也参加竞选,(王安忆,2008:50)

On one occasion Mr. Cheng came to them with the news that the head of a certain major industry, who went by the name of the "king" of something-or-other, was entering **his daughter** in the pageant and ... (Berry & Egan, 2008:55)

这个译例中的事件拥有三个语义角色:程先生、其女和竞选。从这三者的语义关系来看,"程先生"是依靠自己的势力让自己的女儿即"其女"参加竞选的,所以他应该是施事角色,需要升格为主语论元,而"其女"则是受事角色,在译句中降格为宾语论元。

这里可以同上一部分关于语义角色的翻译转换结合在一起,总结出一个与语义角色相关的事件翻译假论:

> 在汉语句子中的语义角色在事件句中实现为非其原型性的论元,就会易于在英语对译句中接受升格或降格,恢复实现为其原型性的论元。

2.3　事件的词汇化(lexicalization)

在 Beth 和 Hovav[①] 看来,论元选择的优先性原则(她们称之为 thematic hierarchy)"吸引人,但还是有问题的"。之所以有问题,是因为事件论元的实现不仅依赖语义角色自身的语义条件或语义角色之间的等级关系,其实还受到事件动词的影响。对事件的跨语识解实际上是一个综合性过程,从事件的参与者选择为事件的语义角色,再从语义角色实现为论元,并不单纯地由语义角色本身的语义特征以及角色之间的关系决定。此外,事件动词的选用也影响着论元的实现方式,就如"其女也参加竞选"被译为"was entering his daughter in the pageant"中动词 enter 的选用,实际上译者是将"参加"虚拟化(fictionalize)为沿着一定路线由外到里运动的事件,将路线(即由外到里)词汇化(lexicalize)为动词 enter。在 Talmy 的认知语义学中,事件的组织成分如方式(manner)、工具(instrument)、原因(cause)、路线(path)、图形(figure,也译为动体)、背景(ground)等都会潜在性地被词汇化为动词用以表达相关的事件。[②] 从这个理论视角出发,事件翻译中动词的选用就是一个再词汇化的过程。[③] 按照这个思路,以下这个译例中动词的选用就是再词汇化的结果:

---

① Levin, B. & Hovav, M. R. *Argument Realization* [M]. Cambridge:Cambridge University Press,2005,p. 155.

② 见 Talmy, Leonard. *Toward a Cognitive Semantics (Vol. II):Typology and Process in Concept Structuring*[M]. Beijing:Foreign Language Teaching and Research Press,2012,pp. 27 - 60.

③ 刘华文.汉英翻译中运动事件的再词汇化过程[J].外语教学与研究.2009(5):379 - 385.

(5) 两个孩子哭得伤心欲绝,走得跌跌撞撞,他们哭着哭着会突然噎住,过一阵子又哇地一声像颗手榴弹似的爆炸开来。(余华,2008:157)

The children wept until their hearts broke. They **stumbled** along, weeping and sobbing, until they choked up, but after a while their wails exploded again like grenades. (Chow & Rojas, 2009:132)

原句中"跌跌撞撞"表示走路的方式,在英译文中完全独立了出来充当谓语动词。这说明原句和译句对同一个事件的词汇化方式是不一样的,用来做动词所选取的事件成分不同。当然这种变化在这个译例中没有影响到论元的实现。相比较而言,下面同一个原句的法译文就没有进行再词汇化,而是继承了原句事件的词汇化方式,将"跌跌撞撞"翻译成行走的伴随方式(即Talmy 所谓的伴随事件 co-event):

Les deux enfants, brisés par le chagrin, avançaient **en titubant**. Par moments, leurs sanglots s'étranglaient pour repartir ensuite comme une grenade qui aurait explosé. (Pino & Rabut, 2008:152 - 153)

而下面的译例(6)经过事件的再词汇化后影响到了原来的语义角色,也波及到了译句的论元实现:

(6) 她却已经坐上专车了。(余华,2008:304 - 305)
While she could be **chauffeured** back on her own exclusive-use vehicle. (Chow & Rojas, 2008:304 - 305)

在原句事件中"她"扮演施事语义角色,条件充分地被实现为主语论元。而在译句中,"司机"即 chauffeur 被激活出来接受再词汇化充当事件动词,结果造成了 she 的语义角色转化成了受事,尽管 she 被实现为主语论元,但是被标记为被动语态中的主语。

2.4 事件的体识解(aspectual construal)

Levin 和 Hovav①(2005)总结了三种事件概念化(即识解)的方式,分别为方位方式(localist approach)、体方式(aspectual approach)和致使方式(causal approach)。后两种事件的识解方式都是集中在动词身上,同时也关注对论元的影响以及论元之间的致使结构。"体"(aspect)被定义为"事件在时间中展开方式的词汇和语法实现的语法域"。② Vendler(1967)类分了动词的四种体范式,分别是状态(state)、活动(activity)、完成(achievement)以及实现(accomplishment)。这四种体对应的动词类别如下:

> States: *be Polish*, *be polite*, *love*
>
> Activities: *sing*, *dance*
>
> Achievements: *shatter*, *reach* [*the summit*]
>
> Accomplishments: *cross* [*the street*], *read* [*the book*] ③

虽然在 Croft④ 那里,这四种体范式获得了进一步的修正和补充。但这里仍然沿用"体"的这四种分法。对事件的体识解往往伴随着目的(telic)、持续(durative)、递增(incremental)等概念对事件论元以及间接成分(oblique)的描述。尤其是句子中时间性间接成分要与动词的体相对应,否则就没有合法性,如在下面两句中:

> a. Pat sang for hours. (atelic)
>
> b. Pat sang herself hoarse in two hours. (telic)
>
> c. Pat sang the audience to their feet in twenty minutes. (telic)⑤

---

① 见 Levin, B. & Hovav, M. R. *Argument Realization* [M]. Cambridge: Cambridge University Press, 2005.

② Croft, William. *Verbs: Aspect and Causal Structure* [M]. Oxford: Oxford University Press, 2012, p. 398.

③ 同上, p. 33.

④ 同上, pp. 31 - 69.

⑤ Levin, B. & Hovav, M. R. *Argument Realization* [M]. Cambridge: Cambridge University Press, 2005, p. 104.

句子 a 中的 sang 的体为"活动",有"非目的性"要求,所以后面所跟的间接成分为 for hours。而句子 b 和 c 中 sang 的体分别为"实现"和"完成",要求间接成分为"有目的性",所以后面跟的是由 in 引导的时间状语。下面的译例就是因为译句对事件采取了不同于原文的体识解方式而波及了间接成分的表达:

(7) 什么叫女大十八变? 春来就是一个最生动的例子。
(毕飞宇,2004:173)
　　She was a perfect example of the common wisdom that a girl changes dramatically *at eighteen*. (Goldblatt & Lin,2007:51)

在原句中"变"是一个过程,属于"活动"体,在译文中虽然译成了 change,但是因为跟了 dramatically 而转化成了"完成"体,所以后面跟的是具有"目的性"的 at eighteen。有的事件动词的跨语识解转化可能不会体现在时间状语的间接成分上,而体现在空间状语的成分上,如下面的译例(8):

(8) 玉米望着纸,望着笔,绝望了,一肚子的话慢慢变成了一脸的泪。(毕飞宇,2003:27)
　　She stared at her paper and pen, and fell *into despair*. Everything she wanted to say turned to tears. (Goldblatt & Lin, 2010:16)

"绝望了"在中文中是被识解为"完成"体的结果,但是在译文中却被识解成了"实现"体,因为 into despair 这个表示空间的间接成分拉长了进入"绝望"状态的过程,不像原句是一下子完成的。译文中的 into despair 这个空间路线实际上是译者的虚拟性附加,这个现象涉及翻译中对事件的虚拟化识解,是下面将要讨论的议题。

2.5　事件的虚拟化(fictionalization)

Talmy(2012)从感知的真实度出发,认为对认知对象的识解有着不同方式,其中包括主要是事实性表征方式和虚拟性表征方式。Talmy 以真实性标准(standard of veridicality)来衡量接受认知的对象与表征这一对象的语言认知表层之间的差异。这种差异基本上分为两种类型:其一为事实性,指用来"显示较高真实性的认知评估";其二则是虚拟性,"指的是认知的想象能力"。① "这两个极端的认知表现只是用以表示认知的真实性程度,而与认知行为中的真实存在与否无关。它们的作用是为了表示涉及的认知真实性的两个倾向。"②事件作为认知对象,接受识解的方式也可以用"真实性标准"加以衡量。例如下面两句:

    a. He walked into the room.
    b. The news went into his ears.

句子 a 指的是 he 在走进房间时所经过的一个真实的空间路线。但是句子 b 中 into 表达的是一个虚拟性的空间路线,正如 Talmy 所举的这个例子中 from ... to ... 所表达的虚拟路线一样:

This fence goes from the plateau to the valley. ③

Talmy(2012)主要选取了朝向路径、照射路径、影子路径和感知路径,探讨了虚拟性运动事件的概念化特征。这些路径的虚拟性的语言表层体现在表示空间的介词添加上,适用于空间性间接成分在翻译中的运用。特别是在汉译英中,因为汉语的介词并不如英语介词那么发达,那么对介词虚拟性添加的考察尤为必要,例如在译例(9)中:

    (9) 每当风生竹院,月上蕉窗,对景怀人,梦魂颠倒。(沈复,1999:16)
    Every time I heard the breeze in the bamboo outside or saw the moon rising ***through*** the plantain leaves in the window, she would be called to my mind until my very dreams and soul were shaken. (Sanders, 2011: 6 - 7)

---

① Talmy, Leonard. *Toward a Cognitive Semantics* (*Vol. II*): *Typology and Process in Concept Structuring*[M]. Beijing: Foreign Language Teaching and Research Press, 2012, p. 100.
② 刘华文. 汉英翻译中的虚拟性再概念化特征[J]. 外国语文研究. 2010(1):152.
③ Talmy, Leonard. *Toward a Cognitive Semantics* (*Vol. II*): *Typology and Process in Concept Structuring*[M]. Beijing: Foreign Language Teaching and Research Press, 2012, p. 101.

原文中的"月上蕉窗"这个事件在译文中就接受了虚拟性路径的添加,即介词 through。因为有了这个虚拟性路径,相比较而言,译文就是对"月上蕉窗"的虚拟性识解,而原句则是事实性识解的结果。

路径介词的虚拟性使用还会是隐喻性识解的结果。如在英语中原因—结果的源域常常被映射到起点—终点的目标域上去,这样就会在原因和结果之间被识解为有一条虚拟路径,这个路径用 from 来表示,如下面这个译例:

(10) 我感到耳根剧痛,不由地低下头去。(莫言,2006:42)
My head sagged *from* pain. (Goldblatt,2008:52)

译句中 from 这个介词的使用在原句中找不到对应的介词,是先经过将原因—结果隐喻性地识解为起点—终点后虚拟出来的。可见,如果事件动词体的概念化会影响到时间性间接成分(oblique)在翻译中的使用,那么,事件的虚拟性概念化则会影响空间性间接成分的添加。

2.6 句式变体(alternation)

上述所论及的语义角色、论元实现、词汇化、体识解、虚拟化在翻译中体现为对原文事件句的译句影响各有侧重:语义角色侧重论元的选择、论元实现侧重论元之间的关系和组织方式、词汇化侧重动词的选用、体识解虽然侧重于动词的选用,但更重要的是会影响到时间性间接成分,而事件的虚拟性再概念化则会影响到空间性间接成分在译句中的表征。这些因素不能单方面决定译句结构的呈现,而是综合性地联手促成译句的构型。沿着这一思路,接下来就可以引入句式变体这一概念。Levin[①] 认为,两个动词或一组动词如果语义内容接近,它们的句法表现就会相似,就都有相同的变体句式表达各自的事件意义。如 spray 和 load 两个词语都有着相同的句式变体:

(1) a. Sharon sprayed water on the plants.

b. Sharon sprayed the plants with water.

(2) a. The farmer loaded apples into the cart.

---

① 见 Levin, Beth. *English Verb Classes and Alternations* [M]. Chicago: University of Chicago Press,1993.

b. The farmer loaded the cart with apples. ①

spray 和 load 都有方位句式变体(locative alternation),是由这两个动词所共享的语义内容决定的,也就是它们识解事件的方式属于同一类型。回到翻译的语境中,译句所采用的句式相对于原句的句式是句式变体,尽管意义内容可能有所出入,但这种出入只是由识解同一个事件的方式不同造成的,共指的同一个事件的语义内容是基本保持不变的。这种认识改变了一味将原句和译句看成是对等性关系的翻译思维惯性,而将译句看成是原句的句式变体。

句式具有赋意功能,可以帮助动词带上本不具有的语义内容。译者可以适时地利用句式的这一功能帮助译句的动词实现语义增殖。② 如下面这个译例:

恼怒和烦躁催促着我,我站了起来。(莫言,2006:15)
Rage and uncontrollable anxiety forced me *to my feet*.
(Goldblatt,2008:17)

这里原文尽管有两个句式,其一为及物句式(transitive construction),其二为不及物句式(intransitive construction),但是译文只用一个致使句式(causative construction)实现了原本两个句式表达的语义内容,原因就是致使句式让动词 force 获得了语义增殖。原文尽管是两个事件句,译文为一个事件句,但是依然可以将译句看成是原文的变体句式。当然这也可能与现代英语为综合性语言而现代汉语为分析性语言有关。

上述这个译例之所以能够成功地运用句式变体,是因为译者在原文中识别出了两个句子之间的致使关系,从而将这个语义内容在译文中用致使句式予以外化。所以,在翻译过程中,翻译者的重要任务之一就是在原文中探查出具有预测译入语中事件的句法表现即论元实现和句式结构中的潜在语义素(semantic potential),在原文的语义结构中甄别出与译文句法最为相关的语义成分,根据这些语义成分及其关系具体地实现相应的句式转换。

---

① Levin,Beth. *English Verb Classes and Alternations*[M]. Chicago:University of Chicago Press. 1993, p. 2.
② 见刘华文. 汉英翻译中动词和句式再匹配现象研究[J]. 中国外语. 2008(5):89 - 95.

因此,翻译者的任务是选择与译文句法最为相关的事件语义成分,从而为译文的句法结构找到一个合适的接口,让原文语义和译文句法实现准确对接。

3. 小结

选取事件作为汉英翻译及其研究的操作单位,其优点在于,这样做既能够串联起句法—语义平面,又可以在这两个平面之间穿插,具备翻译和研究的可操作性。再者,这样做避免了强行将语言降解为理想化的语言状态,从而保存了语言的复杂性。

用事件作为汉英翻译单位的可行性也说明了翻译思维跟单语思维有着密切的关系,或者从某种意义上讲翻译思维就是一种单语思维。因为在单语思维中所运用的思维方式,在跨语思维中依然适用,比如范畴化、概念化、词汇化/语法化/再词汇化、事件化/非事件化/再事件化以及事实化/虚拟化等。不可能存在脱离译出语和译入语而独立的翻译思维。从本质上讲,翻译能力就是语言能力,即理解和运用两种语言的能力。

> **思考与讨论**

1. 事件的原型性在语义层和句法层分别是怎样体现的? 事件的原型性对汉英翻译的意义在哪里?

2. 分析事件作为汉英翻译单位可行性所涉及的理论有哪些? 借助这些理论的分析事件作为翻译单位的可行性是否可以得到证明?

第三章　事件语义角色转换

导　读

　　语言中一个小句往往表达的是一个事件。一个事件至少包含一个或一个以上的参与角色，这些参与角色被称作语义角色，诸如施事、受事、凭事、因事、成事、体事、时间和位事等。对一个事件的表达要借助相关的语义角色，而在两种语言中对同样一个事件的表达选取和使用的语义角色是有差异的，关键是在原文事件句中所使用的语义角色到了译文中会发生角色转换。与一个事件相关的语义角色是有等级的。于是，原文的角色在译文中转换成低于原文角色等级的语义角色，这种情况就是语义角色的降格，反之就是升格。当然，事件里面也存在同级的语义角色，比如受事和体事、时间和位事，它们在翻译中如果发生了转换就是同级的语义角色转换。

一般来讲,一个句子负载一个事件。事件可以从三个层面来认识,即语义层、句法层和语用层。事件的语义层涉及语义角色及其关系。语义角色指的是"由动词或述谓成分所指示的事件中的参与者扮演的角色"。[①]这里的语义角色相当于格语法中的格。事件的句法层面是诸如主语、宾语、状语等的句法成分,但是在这里需要强调的是这些句法成分会被称作论元。其实,论元具有界面意义,它不是完全意义上的句法成分,还挟裹着语义内涵在里面,是语义角色的句法形态的实现,与语义角色有着很强的对应性。当语义角色实现为句法和语义界面上的论元后,论元就相应地发挥其语用功能。在汉译英的过程中,不论是语义角色还是论元,抑或是语用功能,都有改变的可能性,因为翻译中的原文和译文中的每个层面的成分不尽然是一一对应的,即直接移植过来不加改变的,都有可能接受翻译的转化,而转化手段就是翻译技巧。

下面会依次从语义、句法和语用三个层面认识汉英翻译的转化特征。首先进入我们视野的是事件语义角色在汉英翻译中的转化。

Palmer 将事件涉及的角色分为语法角色(grammatical roles)和观念角色(notional roles),认为在他之前所研究的大部分是观念角色。我们这里所使用的语义角色这个概念更接近后者,即观念角色。Palmer 引述了Fillmore(1968;1971)在其"格语法"中的"格"分类,"格"就相当于语义角色。这些语义角色包括施事(Agent)、受事(Counter-agent)、动事或变事(Object)、用事(Instrument)、来处(Source)、去处(Goal)、体事(Experiencer)。另外,Radford 和 Andrews 也分别给出了不同的语义角色单,有的是说法不一样而实指是一样的,有的增加了诸如致事(Causer)、因事(Reason)、位事(Locative)以及时间(Temporal)等。[②] 综合这些语义角色的分类,我们认为一个事件中包含有施事(Agent)、受事(Patient)、体事(Experiencer)、因事(Cause)、成事(Result)、凭事(Instrument)、时间(Time)和位事(Location)这些语义角色。在对事件进行句子表达时,这些语义角色会被选择出来按一定的顺序进行安排组织,表征为一定句式中的句法成分,这在认知语言学中被称作识解。在汉英翻译中,原文所选择和组织的语义角色有可能不会原原本本地被译文继承下来,而是可能再重新接

---

① Croft, William. *Verbs: Aspect and Causal Structure* [M]. Oxford: Oxford University Press, 2012, p. 405.

② 见 Palmer, F. R. *Grammatical Roles and Relations* [M]. Cambridge: The Cambridge University Press, 1994, pp. 4 - 5.

受选择和句法配置,甚至有些角色会发生转变。

由于语义角色存在着等级关系,主动性和施事性强的角色如果在翻译中被转化成受事性和变化性强的角色,那么就属于降格的角色转换(degrading);反之,则属于升格的角色转换(upgrading)。有时在翻译中译者会隐没原文的语义角色,这也应该属于降格;有时会添加原文没有实现为论元的语义角色,这也被归为升格现象。

1. 语义角色的降格

1.1 施事转变成受事

相对于英语来说,汉语句子的组织排布要灵活一些,在表达某一事件的时候,其中的语义角色会有可能处于本不属于它的论元位置,改变了本属于这一论元的语义角色原型性配置。而在英译时,这一论元往往会回归到本属于它的语义角色当中去,如原文的施事在英译中转变为受事。在下面这个多事件句中,其中"声带收紧了"这一事件中的"声带"因为处于主语这样一个施事所常居于此的句法位置,所以应该被看作是施事:

(1) 气息跟不上,筱燕秋只好在嗓子里头发力,声带收紧了,唱腔就越来越不像筱燕秋的了。(毕飞宇,2004:179)

As her breathing faltered, she had to tighten *her vocal cords* and, as a result, she sounded less and less like Xiao Yanqiu. (Goldblatt & Lin, 2007:62)

译者在这里将第二个事件"筱燕秋只好在嗓子里头发力"省译,把这句的施事角色"筱燕秋"作为施事者的主动性和施动力转移到了下一个事件即"声带收紧了"上面,所以在这一施事的压力之下,原本为施事的"声带"只好退居为受事角色,变成了动词 tighten 的受事宾语。

如果一个施事的施事性逐渐弱化,就会朝体事甚至受事转化,这样一个语义角色的施事性程度的减弱会在译文中反映到它所在的论元性质和句法位置上。比如下面这个译例:

(2) 玉米有一群狗腿子,玉秀当然是寡不敌众了。(毕飞宇,

2003：86)

But given Yumi's pack of henchmen, Yuxiu was hopelessly *outnumbered*. (Goldblatt & Lin, 2010：120)

虽然原句中"玉秀"是主语,却是一位经历了失败的体事者,或者还可以理解为是被打败的受事者,这种弱化的施事者的句法表现在译文中通过被动语态体现了出来,因为被动语态其实是将受事角色从原来宾语的位置强制性地抬升到了主语位置。

1.2　施事或体事转变为位事

施事一般指具备主观意向性地实施某种作为或动作的行为者。但是施事者具有不同施事能力或施事性(agentivity),也就是说施事具有等级性。一般意义而言,在汉英翻译中,施事性越强的施事者越不容易接受角色转换,相反就越可能受到角色转换,如在译例(3)中,施事性较弱的"腹部"在译文中就被转换成表示来源的位事(location):

(3)她的腹部还在叫,(毕飞宇,174)

Yet the words emerged from her *diaphragm*, (Goldblatt & Lin, 2007：53)

1.3　受事的角色弱化倾向

语义角色中与施事对立的语义角色是受事,它是施事施为的对象,与施事有着共生性,因为没有受事,施事就失去了施为的对象,其施事性也就不复存在了。在汉英翻译中物质性的施受关系常常在译文中保持不变,如下面的这个译例原文中的"老板……点烟",表达的是具体的施受关系,所以在译文中这种语义角色关系并没有变化。但是,原文中的"老板没有接他的话茬",其中的"接话茬"有着隐喻性,原来的语义角色关系容易受到影响从而发生变化:

(4)老板没有接他的话茬,点烟,做了一个意义不明的手势,把话题重新转移到筱燕秋的身上来了。(毕飞宇,2004:169)

The manager did not respond; lighting *a cigarette*, he made

an ambiguous gesture and turned the dinner-table conversation
back to Xiao Yanqiu. (Goldblatt & Lin, 2007：42)

表达心理或认知活动的施受关系在翻译中也会受到影响而导致语义角色发生变化，如在译例(5)中：

> (5) 自从认识老板以来，他对老板一直都心存感激，但在骨子里头，炳璋瞧不起这个人。（毕飞宇，2004:169）
> While *grateful* for what the man was doing, from ***their first meeting*** he had harbored a measure of disdain toward ***him***.
> (Goldblatt & Lin, 2007：42)

原文句中，无论是"认识老板"或"心存感激"，还是"瞧不起这个人"，都属于表达心理或认知活动的施受关系，并且所表达的施受性并不强烈，于是原来显性的、借助主语宾语表达的施受关系被隐性的、弱化了的施受关系表达式所替代，这些表达式包括名词词组 their first meeting、形容词词组 grateful for what the man was doing 以及介词词组 toward him。

2. 语义角色的升格

2.1　位事的角色强化

根据语义角色的等级观，不同的语义角色被安置在句子中的位置的优先性也不同。比如施事与其他语义角色相比，就会拥有被安置在主语位置的优先权，但是表示方位的位事则没有这个优先权，一般会被置于状语的位置。但这并不意味着位事就没有充当主语论元的可能，只不过如果与施事比较起来，后者更加优先地充当主语这个论元。所以，像施事这样的语义角色属于强势语义角色，在翻译中反而被弱化成其他弱势论元的可能性较大，而像位事这样的弱势语义角色被强化成强势论元的可能性较大。如下面这个译例：

> (6) 但是背上流了汗，腿觉得很软，眼睛有些刺痛……（萧红，2005:65）

My spine was soaked with sweat，my legs were getting rubbery，and my eyes were stinging by the time I arrived at the front gate. (Goldblatt，2015：47)

原句的"背上"表示方位，充当的是位事这样的语义角色，其句法位置也是状语的位置。但是到了译文中它被译为 my spine，变成了主语，尽管它的语义角色是受事，但也意味着原文中的充当位事的 my spine 在译文中接受了强化，被抬升为受事，借助被动语态被置于了主语的位置。同样的情况也发生在下面这个译例中：

(7) 她打开扇子斜搭在头顶上方，一张苍白的脸上便印了几条金色的条状光痕，(苏童，"桥上的疯妈妈"，2008：179－180)

She spread the fan so that it shaded her brow；golden strips of sunlight slatted *her pale countenance*. (Stenberg，2008：9)

原句中的"一张苍白的脸上"表示方位，属于位事，是状语论元，但是到了译文中则译成了 her pale countenance，处于宾语的位置，被抬升为受事。显然，这也属于位事被强化为受事的情况。

位事在翻译中的被强化在很多情况下是伴随着谓语动词的施事性加强而实现的。正如在前面所举的两个译例中，译文中的谓语动词 soak 和 slat 的施事色彩都要比它们在原文中的对应动词"流"和"印"要强。下面这个译例也同样反映了位事强化伴随动词施事性强化的现象：

(8) 她的手不知道被什么碎片刮破了，鲜红的血液流淌在水袖上，(毕飞宇，2004：174)

A shard of broken glass cut her hand and stained *the makeshift sleeves*，(Goldblatt & Lin，2007：53)

原句"在水袖上"表示方位，属于较低等级的语义角色，但是到了译文中则被强化为宾语，转变成了受事 the makeshift sleeves。不难发现，原文的谓语动词"流淌"被译为 stain。比较起来，stain 有着更强烈的施事色彩。

在汉英翻译中，位事不仅会被强化为受事，也会被抬升为施事，同样也会伴随着谓语动词的施事性色彩的加强而加强，如下面这个译例：

（9）这话里有着钻心的委屈，还有些哀告的意思。（王安忆，2008：198）

These heart-wrenchingly bitter *words* carried a plea. （Berry & Egan，2008：226）

原句中的"这话里"是位事，属于状语，而在译文中就被强化为 these heart-wrenchingly bitter words，译者将"钻心的委屈"移植到了 words 前面，说明译者一方面借助附加修饰语的方式提高 words 的施事力，同时还将原文的"有"译为 carry，在这些手段的合力之下，原来的位事被强化为施事。

为了强化位事的施事性，还可以通过转喻的方法，因为与原文中的位事有部分与整体关系即转喻关系的语义角色所拥有的施事性强，如以下这个译例：

（10）*施桂芳的胸口涌起了一股无边的酸楚。*（毕飞宇，2003：84）

Shi Guifang felt a crushing sadness. （Goldblatt & Lin，2010：116）

原句中的"施桂芳的胸口"应该是"在施桂芳的胸口"，属于位事，在译文中它被译为 Shi Guifang，它们之间是一种部分与整体的转喻关系，从而实现了施事性的加强，尽管译文的谓语动词 felt 的施事性较弱，体事色彩较浓。

2.2　因事的强化

论及因事在汉译英中的强化之前，有必要先探讨因事的弱化现象，在弱化的对比之下可以更好地理解因事的强化。因事作为语义角色一般指带来某种结果的原因。原因的表达在语言中不仅限于使用单个的词语或词组，也可能是一个原因状语从句。因事的存在必然会带来成事（effect）。因事和成事之间的关系在翻译中容易接受隐喻性的转化。在汉英翻译中，因果的隐喻性的转化一般有两种：其一转化为始发地与目的地的关系；其二转化为施受关系。在这里先来讨论第一种转化类型。先来看看下面这个译例：

（11）*我感到耳根剧痛，不由地低下头去。*（莫言，2006：42）

My head sagged from *pain*. （Goldblatt，2008：52）

原句中的两个小句表达的是因果关系:因为"我感到耳根剧痛",所以我"不由地低下头去"。汉语通过意合关系将原因和结果连接起来。而在译文中,原因和结果的次序被颠倒过来:先说结果,后说原因,并且两者之间用 from 连接起来。这样,原因 pain 就变成了始发地,而结果 my head sagged 就自然地转变成了目的地。原来直陈式的因果关系被"始发地—目的地"的隐喻关系所代替。同样的情况也发生在下面这个译例中:

(12) 等到了徐家汇,下了车来,她已头发蓬乱,纽扣挤掉了一颗,鞋也踩黑了。(王安忆,2008:197)

By the time she got off at Xujiahui, her hair was disheveled, a button had fallen off her dress, and her lips were quivering, and her shoes were dirty from ***being stepped on***;(Berry & Egan, 2008:225)

这个译例的原文中的最后一个小句包含因果关系:"鞋"因为被"踩"而变"黑"。"踩"是原因,"黑"是结果。原文的这一因果关系在译文中用 from 连接起来,从而将原因 being stepped on 隐喻性地转化为始发地,结果 dirty 则相应地转化为了目的地。

上述两个译例中的因事在译文中都转变为 from 后的位事,原本由述谓动词表达的因事被降格为介词后的宾语成分,属于因事的弱化现象。如果将因事和成事处理为施受关系,那么因事的地位就被升格为施事的地位,这样就属于因事的强化现象了。

除了通过将因果关系转变为始发地—目的地的隐喻关系之外,汉英翻译中还可以通过将因果关系转化为施受关系来完成跨语的转换。可以对比以下译例中因果关系的变化:

(13) 这时候玉米的父亲王连方过来了,叽叽喳喳的人群即刻静了下来。(毕飞宇,2003:83)

The arrival of Yumi's father, Wang Lianfang, silenced the jabbering crowds. (Goldblatt & Lin, 2010:115)

原文中作为原因的"王连方的到来"导致了"人群静下来"这样一个结果。作为意合语言的汉语隐性地将它们的因果关系表达出来。但是在英译文中,这种隐性关系则被明示化,而明示的手段就是借助动词 silence,silence 是有着强烈的施事性的动词,它将原来的原因和结果分别转变成了施事和受事。同样地,下面的译例(14)也是将原文语义角色之间的因果关系借助动词 cause 转化成了施受关系:

> (14) 做儿女的太懂事了,反而会成为母亲别样的疼。(毕飞宇,2003:84)
> *A sensible child* can cause all sorts of anguish in a mother. (Goldblatt & Lin,2010:116)

在翻译中将因果关系转化为施受关系也会伴随着相应的其他语义角色的转变的。像在下面这个译例中:

> (15) 我看到瘫坐在青砖地上的贤妻白氏,心中纷乱,(莫言,2006:42)
> Then my eyes fell on Ximen Bai,my virtuous wife,who was sprawled weakly on the tile floor,and *that* threw my mind into turmoil.(Goldblatt,2008:52)

这里的"我看到贤妻白氏"作为原因导致了我的"心中纷乱"。译者在利用 threw 这个动词把原文的原因变成了施事者的同时,还选择了 mind 作为受事者,而这个受事者的获得则是将原来的位事"在心中"强化而成的。

3. 语义角色的同级转化

3.1　体事转变为同级的受事

体事者往往有着被动性,特别是消极情绪的体验者,在这种情况下,体事往往与受事有着类似的语法待遇,也就是处在动词的宾语位置,即使是在主语的位置也往往使用被动语态。比如用 frighten 表示一种害怕的体验事件,会引起其中体事角色的心理变化,体事是被动的情绪收受者,所以在这一事件句中处在宾语的位置:

The dog frightened me.

me 作为体事在这一事件句中处于宾语的句法位置。当然,在另外一个体验动词 fear 所表达的体验句中,体事则处于主语的位置,如:

I feared the dog.

fear 所表达的害怕体验是有别于 frighten 的。前者常常表达常规性的害怕体验,而后者则表达一次性的害怕体验。fear 的主语即体验者已经形成了一种习惯性对狗害怕的心理,即使看到一只狗并不可怕他也会害怕,他的害怕心理并不一定由狗引起,而具有一定的自发性,也就同时带上了一定的主动性,所以更接近施事的语义角色。但 frighten 的体验基本上是由狗引发的,人则不具备主动性,所以处在宾语的位置,即使在主语的位置也是在被动语态中,这种体验关系也反映在下面这个译例中:

(16) 这些日子炳璋一直心事重重。(毕飞宇,2004:155)

Qiao Bingzhang had been weighted down with worries, waiting for days. (Goldblatt & Lin, 2007: 15)

这个句子中"炳璋"受到外界的影响而感到"心事重重",这种消极情绪是被动地造成的,有着强烈的收受性,所以"炳璋"是类似于受事的体验者,尽管在译文中处于主语位置,但也是在被动语态中。同样情形也发生在下例中:

(17) 然而,筱燕秋到底又不是别人,她不能忍受一起集中过来的目光。(毕飞宇,2004:179)

but Xiao Yanqiu wasn't just any performer, and *she* was mortified by all eyes fixed on her. (Goldblatt & Lin, 2007: 62)

"不能忍受"是一种消极的心理体验,是体验者即体事主观上不愿接受的,也就是说只好被动收受,因而体验者应该做译者所用动词 mortify 的宾语,或被动语态的主语。

3.2 时间语义角色和位事的同级转化

对于英汉两种语言,时间和方位这两种语义角色是同级的,它们在句子中的句法位置类似。并且对于时间角色而言,因为它的非物质性、不可把握性,英汉两种语言都倾向于使用方位来表达时间,所以,表示方位的介词或介词词组基本上既可以表达方位,也可以表达时间。当然在汉英翻译中也会出现用时间状语副词表达原文中的时间的,如下面这个译例:

(18) 这么多年了,即使在肾脏闹得最厉害的日子,筱燕秋也没有到这家医院就诊过一次。(毕飞宇,2004:158)

In all those years, she'd refused to see a doctor there even **when** her kidneys were causing her discomfort. (Goldblatt & Lin, 2007: 22)

原文中用"在……的日子"表达时间,其实是用表达位事的方式来表达时间。但是,到了英译文中,译者直接用时间状语副词 when 来表达,那么这就意味着原文用来表达时间的位事转化成了纯粹的时间角色。再看下面这个译例:

(19)《奔月》剧组到坦克师慰问演出是一个冰天雪地的日子。(毕飞宇,2004:151)

It was a world of snow and ice **on the day** a special performance of *The Moon Opera* was staged for the Armored Division as an expression of gratitude to the troops. (Goldblatt & Lin, 2007: 7)

原句中的"日子"是时间角色,但是到译文中因为介词 on 的使用,则让 day 隐喻性地变成了位事。尽管原义和译文中,"日子"与 day 的句法位置不同,但是单纯从语义角色来讲,事件角色和位事角色应该是同级,那么,在这个译例中发生的这一转换应属于同级转换。这种同级转换也一样地发生在下面这个译例中:

(20) 筱燕秋走出病房的时候满天都是大太阳。(毕飞宇,2008:160)

Xiao Yanqiu emerged **from** the room **into** bright sunlight. (Goldblatt & Lin, 2007: 24)

原文句子中的"时候"表达了前面的句子部分属于时间角色,但是到了译文中则出现了 into,表达的是位置的迁移,即从 the room 走进 bright sunlight,这些语义角色之间都是方位关系。这样,位事语义角色就完全置换了原来的时间角色,而这种置换属于同级性的角色置换。

4. 小结

以上的讨论集中在将句子的语义内容看作是对事件的表达,进而将句子中的成分切分为语义角色,分别是施事、受事、位事、因事、体事和时间。这些语义角色在句法层面所对应的论元基本上是稳定的。但是,由于英汉两种语言对相同事件的认知识解方式存在着差异,这样就带来了翻译中角色的再配置和再定位,从而导致语义角色的再认定和句法位置的再分配。通过对相关译例的分析,我们找出了这些语义角色在汉英翻译中的相互转化模式,总结了三大类转化模式,即弱化、强化和同级转化。不过,这一章并没有将凭事(instrument)或工具格这个语义角色的翻译处理囊括进去,我们会为此专辟一章(第四章)进行讨论。

思考与讨论

1. 事件中的语义角色有哪些?如何描述这些角色的等级关系?这种等级关系与汉英翻译中的语义角色升格或降格的关系是怎样的?

2. 语义角色中哪些角色是同级关系?为什么它们之间是同级关系?语义角色的同级关系在翻译中是怎样体现的?

3. 语义角色有没有界面性?如果有的话,它的界面性是如何在翻译中反映出来的?

第四章　工具格的还原度考察

　　事件的语义角色表达为语言表层成分的过程就是它在语义、句法和语用三个层面上的实现过程。表达完成后的语义角色集结了它在这三个层面上的具体定位。我们在这里选取凭事或工具格这一语义角色作为考察对象，看它在汉英翻译中会经历怎样的变迁。其变迁将用语义、句法和语用三个层面上的跨语变化来描述。译者在翻译中要具有"差异"意识，这个意识体现为相同事件中的同一个语义角色在译出语和译入语中被实现为语言表层成分的方式是不一样的，这种差异也会牵动语义角色在语言三个层面上的重新定位。我们将用还原度来描述工具格在汉英翻译中的变迁程度。还原度从高到低依次表现为一级还原度、二级还原度、三级还原度。一级还原度的工具格在译文中的三个层面定位与原文一致；当只在三个层面中的两个层面一致时，工具格的翻译还原度就是二级还原度；而译文的工具格只有在语义层面与原文一致时，还原度最低，为三级还原度。

1. 工具格及其句法表现

语义角色相当于 Fillmore 的格语法中的格。① 事件语义角色中的凭事在格语法中被称作工具格。对工具格可作如下定义:"工具格是施事者用以做某事的工具,施事者用以达到其目的的方式。它可以是通常意义上的工具、自然物体或者人身体的某个部位。"② 下面这一组英汉句子中每一句都包含一个工具语义角色或工具格:

(1) 我用毛笔写了一封信。

(2) 她很高兴,马上用筷子卷着面条吃起来。

(3) 他用石头打破了一扇窗户。

(4) 小李用头撞开了门。

(5) He opened the door with *the key*.

(6) He broke the window with *a stone*.

(7) He washed his car with *water*.

(8) He draws with *his fingers*.

汉语中一般用"用"表达工具格,而英语中一般用 with 表达。在这种语境中,原文动词的"用"已经转类成了介词,基本与英语 with 的词类相同。这说明,工具格无论是在汉语中还是在英语中一般都作介词宾语,这是工具格的主要句法表现,也是原型性的句法位置。但是,特别是在汉语中,工具格的句法表现不止充当介词宾语,而是有着灵活多样的句法位置,所充当的论元成分并不限于介词宾语。下面的例子就说明了工具格在汉语中的多种句法表现:

(1) 小碗喝白酒,大碗喝啤酒

(2) 喝大碗;洗冷水

(3) 土葬;雪藏

(4) 足球;手球

---

① 见 Fillmore, C. J. "The Case for Case," in E. Bach and R. T. Harms, eds. , *Universals in Linguistic Theory*[C]. Holt, Rinehart, and Winston, New York, 1968.

② 钱军. 句法语义学[M]. 北京:人民教育出版社,2001:121.

(1)中的"小碗"和"大碗"这两个工具充当的是句子的主语;(2)中"大碗"和"冷水"作为工具格充当的是宾语论元;(3)中的"土"和"雪"作为工具格充当的是定语论元;(4)中"足"和"手"作为工具格充当的也是定语论元。可见,在汉语中,工具格除了充当介词宾语之外,还有主语、动词宾语、定语这些句法表现。

英语也不例外。工具格除了作 with 后的介词宾语外,还可以充当其他论元成分,如在以下句中:

(1) *The key* opened the door.

(2) Chen trained *his telescope* on the spot.

(3) "A tragedy, no less," his *easy* voice continued.

(4) He smiled, *a segment of lotus root caked with mud in his hand*, and gestured toward the interior of the air-raid shelter.

(1)中的工具格 key 充当句子的主语;(2)中的工具格 his telescope 充当的是宾语论元;(3)中的 easy voice 作为工具格同(1)也是在主语论元的句法位置上;(4)中的 a segment of lotus root caked with mud in his hand 实际意思是"手中的沾满泥巴的一截藕"被用来指向"防空掩体的内部"(the interior of the air-raid shelter),充当的也应当是工具格,所在的句法成分则是独立主格结构。[①] 可见,在英语中,工具格所在的句法位置也不一而足。

在汉英翻译中,两种语言由于都存在着工具格的多种句法表现,原文工具格的句法位置和它在译文中的句法位置发生龃龉。龃龉的程度我们可以用还原度来表示:龃龉越大,还原度就越低;龃龉越小,还原度就越高。而衡量还原度高低的参数是语言的三个层面:语义层面、句法层面和语用层面。如果原文工具格同它在译文中的对译项在这三个层面一致,那么就属于一度还原;如果只有其中两个层面一致,就是二度还原;如果只在其中一个层面上一致,就是三度还原,这时的还原度最低。

---

① 见本章例18。

2. 工具格在翻译中的三度还原

2.1 一度还原

所谓的一度还原是指在翻译时原文中的工具格与其对译项之间在语义层面、句法层面和语用层面都是一致的。在这种情况下，工具格的还原度最高。例如下面这个译例：

(1) 熏不死，咱就用水灌洞，(姜戎，2004:91)

Since we didn't smoke them out, let's see how we do **with water**. (Goldblatt, 2008:145)

原文中的"水"作为工具格是"用"的介词宾语，在宾语的句法位置上，其作为名词的语用功能是指涉，即直接指示实体。到了译文，它的对译词 water 也是作介词 with 的宾语，依然是名词起到指涉的语用功能。所以，无论是语义内容，还是句法位置，还是语用功能，原文和译文都一样，这样就实现了工具格在翻译中的最高还原度：三度还原。

下面这个译例的情形也一样：

(2) 她向人家挥动檀香扇，扭着美人腰款款地迎上去，她拿扇子柄去戳人家的手臂……(苏童，2008:180)

She would wave at them with her fan, slowly undulating her svelte waist in greeting. Then she would poke playfully at their hands **with her fan** and say ... (Stenberg, 2008:9)

原文中"拿扇子柄"的"拿"可以看作是介词，紧跟其后的是它的宾语即工具格"扇子柄"。在译文中，"拿"译成了 with，"扇子柄"译为 fan，它们之间在意思上稍有出入，是部分与整体的转喻，但可以看作是基本上保持了原意。这样，我们仍然将这个译例视作是工具格的一度还原。

不过，有意思的是，这个译例中首句的"檀香扇"为受事语义角色，而非凭事角色，但是译者却将其转换成了工具格，成了介词 with 的宾语 her fan。这属于上一章讨论的对象。

在汉语中，工具格的原型句法位置是介词宾语论元，但是介词并不只局

限在"用"上面,也可以是"拿"(如上一个译例)、"凭"等。又如在下面这个译例中:

(3) 你必须凭声音和气味判断周围的一切。(韩少功,2009:267)

You could only figure out your surroundings **by sounds and smells**. (Lovell,2003:302)

原文中的"凭"作为介词,后面所跟"声音和气味"是工具格,亦即"用声音和气味判断"。在译文中,"凭"被对译为 by,仍然是介词,后面的工具格被译为 sounds and smells,在语义内容、句法位置(介词宾语)和语用功能(指涉)三个层面都与原文一样,所以这里实现的是一度还原。

除了原型性的工具格可以在翻译中实现一度还原之外,处于非原型性句法位置的工具格也可以实现一度还原。如下面这个译例:

(4) 毛巾轻轻地擦到了我的脸上。(韩少功,2009:268)

The towel mopped lightly my face. (Lovell,2003:303)

该译例中原文的"毛巾"实际上是工具语义角色,是被用来擦"我的脸"的工具,只不过处在主语论元这样一个句法位置上。译文中,"毛巾"的对译词依然在主语位置,保持句法位置不变。这样一来,它在三个层面上都与它在原文的对应项一致,所以也属于一度还原。

下面这个译例中的工具格处在动词宾语这个工具格非原型性的句法位置上:

(5) 有了月亮她才进家,油灯底下天宽在吸烟袋锅,旁边炕桌上给晾着一碗稀粥。(刘恒,1993:11)

She didn't get home until the moon had appeared in the sky. Under a lantern Tiankuan was **smoking a long bamboo pipe**. On the table next to kang a bowl of rice porridge had been left for her. (Knight,2007,p. 375)

原文中的"烟袋锅"虽然是"吸"的宾语,但充当的语义角色却是工具格。它在译文中被对译为 a long bamboo pipe,意思稍有出入,但在句法位置和语用功能上没有改变,也算是具有高度还原度的一度还原了。

处于主语位置的工具格的判断依靠它所处的上下文中的其他语义角色,主要根据它与其他语义角色比较之后施事性和凭事性孰高孰低来决定,如下面这个译例:

> (6)忽然老人干亮的嗓音吼起来:"喔……嗬……"(姜戎,2004:114)
>
> Then the old man's ***dry, shrill voice*** broke the silence: "Wu-hu-"(Goldblatt,2008:181)

原文中"老人"和"干亮的嗓音"在句法特性上有着一定的歧义性:"老人"是"干亮的嗓音"的定语,还是在它们之间省略了"用"。这里姑且将"干亮的嗓音"看作是主语论元,"老人"是它的定语。虽然"干亮的嗓音"处于主语位置,但是它并不是"吼起来的"施事,而是凭事,即工具格,施事者是"老人"。所以,"干亮的嗓音"是处在主语论元位置的工具格。同样的,其对译项也处于译句的主语位置,语义角色依然是凭事,当然也是名词。所以,它在译文中获得了高度还原。

但在下面这个译例中就无法将"飘忽的昏灯"看成是工具格,因为没有施事作为参照:

> (7)飘忽的昏灯,只照亮鼻子前的泥壁……(韩少功,2009:267)
>
> ***The flickering dusky light*** illuminated the mud wall your nose was rammed up against ... (Lovell,2003:302)

相比较而言,下面这个译例中的"她的'嗯'"就可以确定地被判断为工具格:

> (8)我后来发现,她的"嗯"有各种声调和强度,可以表达疑问,也可以表达应允,还可以表达焦急或拒绝。(韩少功,2009:268)
>
> I later discovered ***her "uh's"*** covered an enormous spectrum of tones and degrees of vehemence, could express doubt, assent,

even anxiety or refusal. (Lovell，2003：303)

这里，"她的'嗯'"中的"她"显然是施事的语义角色，"她"用"嗯"表达后面的各种态度或情绪。所以，"嗯"是工具格，在原文和译文中的句法位置没有变化，都是主语，因此也做到了高度还原。

2.2 二度还原

工具格的翻译无法在语义、句法和语用三个层面全部实现还原，而只是在其中两个层面实现了还原，那么这种还原就是二度还原。在这里我们主要探讨句法和语用、语义和语用这两对层面的二度还原。

2.2.1 句法和语用层面的还原

工具格的翻译只在句法和语用层面实现了还原，意味着语义层面译文和原文发生了偏差。这个偏差主要体现在语义角色的转换上。工具格在翻译中较为容易地转换为方位格，如以下三个译例：

（9）那人身后立一匹矮骡儿，也不计分量，只掂了掂就用肩一顶，将粮袋拱到骡鞍上。（刘恒，1993：2）

The man had a squat mule behind him. Without bothering to gauge the weight，he lifted the sack *onto his shoulder* and swung it over the mule's saddle. (Knight，2007：367)

（10）煮一大锅马肉汤，再用肉汤煮狼夹子。（姜戎，2004：76）

First I cooked a pot of horsemeat in water，and then cooked the traps *in the soup*. (Goldblatt，2008：122)

（11）她拖了一块浇湿了的大毡，冲进火场，用大毡裹住自己，拼命在火里打滚……（姜戎，2004：123）

She ran out with a large piece of wet felt straight into the flames，wrapped herself *in it*，and rolled on the ground …(Goldblatt，2008：196)

这三个译例中原文都是"用"后接工具格，它们分别是"肩"、"肉汤"、"大毡"。但是这些工具格在译文中都分别转换成了 onto 和 in 之后的方位格，语义角色发生了变化。而它们的句法位置都是介词宾语论元，它们仍然都是名词或介词,所以在句法和语用层面保持不变。

同样的情形也发生在下面这个译例上面,只不过原文的工具格转化成了施事而已:

(12) 她嘴伤人,心也伤人。(刘恒,1993:4)

Her *deeds* were abusive as well as her foul *tongue*. (Knight, 2007:369)

原文的工具格"嘴"被译为 tongue,跟"心"的对译词 deeds 一样都具有 abusive 的属性,也就是说都可以实施 abuse 的行为,所以是施事角色。同时,这两个对译词与它们的原文对应项也有语义上的差异。所以说,这里的工具格的翻译没有实现语义层面的一致。

2.2.2 语义和语用层面的还原

工具格如果只在语义和语用层面实现了二度还原,也就意味着原文和译文在句法层面上是不一致的。如下面这个译例:

(13) 他站起来,用望远镜向西北边的苇地望去……(姜戎,2004:90)

He stood up and trained *his telescope* on the reeds in the northwest ... (Goldblatt, 2008:145)

原文中的"望远镜"作为工具格是"用"的介词宾语,但是到了译文中其对译项 his telescope 则成了动词 trained 的宾语,这样原文和译文在句法位置上发生了偏差。

同样地,下面这两个译例也是工具格由介词宾语转化成了动词宾语:

(14)(他)又用浮雪小心地盖住马粪,最后用破羊皮轻轻扫平雪,与周围雪面接得天衣无缝。(姜戎,2004:80)

He sprinkled *a little snow* over the dung and smoothed out the surface *with a sheepskin* until it appeared undisturbed. (Goldblatt, 2008:128)

(15) 说完就拿起套马杆调了一个头,用杆子的粗头往洞里慢

慢捅。（姜戎，2004：100）

He picked up his lasso pole, turned it front to back, stuck *the thick end* into the hole, and moved it around. (Goldblatt, 2008：160)

下面的(16)、(17)两个译例则是将介词宾语的工具格转化成了主语工具格：

(16) 用雪洗洗，去去味，方便干活。（姜戎，2004：78）

The snow gets rid of the smell and makes the job easier. (Goldblatt, 2008：124)

(17) 受惊的马为了甩掉狼，会发疯地用后蹄蹬踢狼的下半身，一旦踢中，狼必然骨断皮开，肚破肠流。（姜戎，2004：49）

As the panicky victim tried to throw the tormenter off, *its powerful hooves* could shatter the attacker's bones and tear her hide, even disembowel her. (Goldblatt, 2008：80)

工具格在翻译中也会转化成其他的句法成分，如译例(18)：

(18) 他笑了笑，用手里一节泥糊糊的藕，朝防空洞指了指。（韩少功，2009：272）

He smiled, *a segment of lotus root caked with mud in his hand*, and gestured toward the interior of the air-raid shelter. (Lovell, 2003：308)

原文中的工具格"手里一节泥糊糊的藕"从原来的宾语论元转换成了译文中的独立主格成分，体现了只有句法层面变化的二度还原。

2.3　三度还原

工具格在翻译中不仅可以实现一度和二度还原，也可以实现三度还原，也就是说其译文只在一个层面上与原文一致。如下面这个译例：

(19) 不能说，他嘴打不过她，手打怕也吃力。（刘恒，1993：8）

He couldn't stop her, because he was not her match,

verbally or ***physically.*** (Knight, 1995：372)

原文中的"嘴"和"手"的语义角色都是工具格,都在主语的句法位置上,都是名词,因此语用功能都是指涉。但它们在译文中的对译项 verbally 和 physically 则处在状语句法位置上,都是副词,所起的语用功能是指涉,只剩下语义内容与原文一致了。

3. 工具格动词化的翻译处理方式

工具格作为语义角色常常是附属性的,属于弱势语义角色,这样在翻译中就较容易受到消融的待遇,往往会"走失",就会遭遇消隐式的还原,即原文的工具格在译文中没有独立表达出来,成了动词或动词短语的附带语义内容。特别是有些涉及人身体部位的工具格,作为工具这些部位往往有着相应的动作,英语中表达这些动作的动词将相关部位或器官融合进自身中去了,如果再把这些作为工具的部位或器官表达出来就是冗余的。比如下面的 4 个译例,在汉语句子中分别出现了"头脑"、"巴掌"、"脚步"和"手"这些身体部位或器官充当工具格,它们的翻译处理都用相关动词(或与动词同源的名词)或动词短语给消解掉了,分别消融进了 coin、slap、pace 和 catch 中:

(20) 鸿渐说:"philophilosophers 这个字很妙,是不是先生用自己头脑想出来的?"(钱锺书,2003：180)

"Philophilosophers?" said Hung-chien. "Now that's an interesting term. Did you ***coin that yourself***?" (Kelly & Mao, 2003：181)

(21) 陈阵用巴掌猛一拍自己的膝盖说,(姜戎,2004：92)

Chen ***slapped*** himself on the knee. (Goldblatt, 2008：148)

(22) 老人看了看四周,又用脚步量了量距离……(姜戎,2004：80)

The old man surveyed the area and ***paced off*** a few steps.…(Goldblatt, 2008：128)

(23) 他摘下手套,又用手接了一点雪擦了一把脸,(姜戎,2004：78)

Taking off a glove, he *caught* a bit more snow and rubbed it all over his face. (Goldblatt，2008：124)

当然,也有一些非身体部位或器官的工具格,它们因为在英语中与相关动词有着紧密关系,动词是工具的关键功能,这种情况也会在翻译中将原文的工具格消隐掉,只剩下相关的动词:

(24)巴图慌忙用电筒向沙茨楞猛摇了几个圈,让他向前边靠拢……(姜戎,2004:48)

He *flashed* a signal for Laasurung to catch up …
(Goldblatt，2008：78)

(25)巴图看见沙茨楞有些犹豫,便一夹马冲过去,照他的脑袋就是一杆子。(姜戎,2004:44)

Seeing that Laasurung was holding back, Batu dug his knees into his horse, rode over, and *smacked* his comrade on the head.
(Goldblatt，2008：71)

上述两个译例中的 flash 和 smack 根据上下文就可意会出它们分别属于"手电筒"和"杆子"的关键功能,那么这两个原文中的工具格也就不需要在译文中对译出来了。

而由动词的名词化得来的工具格就更容易被译回其同源动词,如下个译例中的工具格"奔跑"就译回了它的同源动词 run:

(26)然后用奔跑来加速消化,加速体内养料储存。(姜戎,2004:58)

Then they *run* to facilitate digestion and store up as much nutrition as possible. (Goldblatt，2008：93)

从这个译例不难看出,工具格的原型性(prototypicality)越差,在译文中被动词化的可能性就越大。这个译例中的"奔跑"虽然是凭事或工具格,却因为具有行为性而削弱它作为原型性工具格的属性,工具格的原型性特征之一是质料性。"奔跑"不属于原型性工具格,也就意味着它没有资格在译文中被形态化为工具格的原型性句法位置。

4. 小结

工具格作为一种语义角色在翻译中有其特殊性。因为工具格的句法表现无论是在汉语中还是在英语中都灵活多样,它在原文和译文中的对应性就会受到这样那样的影响。具体来讲,工具格在语义层面、句法层面和语用层面上原文和译文都会发生错位,会在数量不等的层面上产生还原龃龉:两个层面相同,就称之为二度还原;只在一个层面上一致,就称之为三度还原;当然,如果是在三个层面上一致,那么就属于还原度最高的一度还原了。

思考与讨论

1. 语义角色和格有没有区别?如果有区别,它们之间的主要区别在哪里?

2. 工具格在汉英两种语言中的句法表现是否相同?都有哪些句法表现?

3. 如何在翻译的语境中理解还原?工具格在汉英翻译中的三度还原是什么?

4. 在汉英翻译中是否有必要实现工具格的一度还原作为最高目标以保证译文对原文的忠实度呢?为什么?

第五章　语用功能转换

　　上一章讨论了工具格这一语义角色在汉译英中语义、句法和语用层面上的还原度,这是从语义角色出发考察它在三个层面上的翻译变迁。第五章我们将从三个层面之一的语用层面出发,考察翻译中语用功能的转换。语用功能与词类有着对应性:名词对应指涉功能,动词对应述谓功能,而形容词或副词则对应修饰功能。在翻译中词性转类是一个常见的现象,词性转类必然会牵动语用功能的转换。用词性转类描述翻译的过程只是在句法层面上的描述,使用语用功能转换代替词性转类描述翻译过程则会突破局限在句法层面上的描述,从而拓展到语用层面,这样就可以使对翻译的考察有着更多的面向。

凡是谈到一个句子的表层结构，人们一般就会认为有主语、谓语、宾语、状语和定语这些句子成分。而这些成分一般是由名词性成分、形容词性或副词性成分和动词性成分担当。名词性成分运用事件的语义角色理论去探讨较为合适，语义角色之间的关系往往可以用来讨论动词性成分。至于形容词性或副词性成分，因为它们不是修饰名词性成分就是修饰动词性成分，所以依赖性很强，也就是说，它们在语义上都指向各自修饰的名词性成分或动词性成分，那么运用语义指向理论来讨论很合适。句法结构属于语言的表层，在本书只是被附带性地讨论。语义结构在汉译英中的变化是这里最为关注的问题。但是，语义结构的转化既要兼顾句法表层的转变，也要兼顾语用功能的转换。在翻译中，语言的三个层面即句法、语义和语用是相互呼应的，这也反映了当下研究的界面性特点。根据 Croft，每一种成分都对应着各自的语用功能：名词性成分对应指涉功能（reference），形容词性或副词性成分对应修饰功能（modification），而动词性成分对应述谓功能（predication）。[①] 如表 5-1 所示：

表 5-1　词汇范畴及其语用功能

词汇范畴（Lexical category）	语用功能（Pragmatic function）
名词词组（Nominal phrase）	指涉（Reference）
动词词组（Verbal phrase）	述谓（Predication）
修饰语（Modifiers）（如：adjective、adverb、prepositional phrase）	修饰（Modification）

当然，如果某个成分想要发挥并非属于它的原型性的语用功能，就需要对其进行标记，如表 5-2 所示：

表 5-2　三种语用功能例示

	指涉（Reference）	修饰（Modification）	述谓（Predication）
物体（Objects）	vehicle	vehicle's, vehicular, of/in/etc. the vehicle	be a/the vehicle

---

① Croft，William. *Syntactic Categories and Grammatical Relations：The Organization of Information*[M]. Chicago and London：The University of Chicago Press，1991，p. 53.

（续表）

	指涉（Reference）	修饰（Modification）	述谓（Predication）
属性（Properties）	whiteness	white	be white
行动（Actions）	destruction, to destroy	destroying, destroyed	destroy

　　指涉名物的名词性成分要想从发挥指涉的语用功能转变为发挥修饰的语用功能就要进行标记，如将图中的 vehicle 标记为 vehicle's 或 vehicular 或 of/in/etc. the vehicle；而如果转变发挥述谓性的语用功能则要标记为 be a/the vehicle。所以，语用功能的转换必然伴随着词性的转换。同样地，在翻译中原文句子的某个成分在译文中转变了语用功能，那么也必然伴随着词性的转换。

　　在翻译中原句的这些成分到了译句中很可能会发生变化，从而也带动了与它们相对应的语用功能的变化。这一章我们集中探讨上述三种语用功能在汉英翻译中的转化特点。根据观察，在汉译英中，原文中的每一种句子成分都有改变其语用功能的潜在可能性。这些可能性列于表 5-3，随后我们再利用译例分别予以讨论。

表 5-3　语用功能的翻译转换模式

语用功能（Lexical function）	转换模式（Pragmatic shift）
指涉（Reference）	Reference-to-modification
	Reference-to-predication
述谓（Predication）	Predication-to-modification
	Predication-to-reference
修饰（Modification）	Modification-to-reference
	Modification-to-predication

　　当然，因为每一种语用功能都对应着一种词性成分，所以也可以将朝向指涉功能的转换表述为名词化（nominalization），将朝向述谓功能的转换表述为动词化（verbalization），将朝向修饰功能的转换表述为形容词化或副词化（adjectivization/adverbalization）。但是这样表述出来的翻译方法或技巧局限在结果这一端，而无法顾及作为起始地原文这一端。而如上表所示的

汉英翻译中的语用功能转换兼及了原文和译文这两端,所以有着一定的全面性。下面将运用具体的译例例示在汉英翻译的过程中,上述三种语用功能的转换特征。

1. 指涉功能的转换

1.1 指涉功能转换为修饰功能(Reference-to-modification shift)

一般来讲,指涉功能和修饰功能有着共生性,因为负载这两个功能的名词性成分或动词性成分和形容性成分或副词性成分之间有着被依附和依附的关系。这样,人们在翻译处理前后这两对成分的时候就会有一种过渡性思维,即会考虑将原来名词或动词译为形容词或副词,反之亦然。这样在翻译中也就自然会发生指涉功能和修饰功能互转的现象。如下面的译例(1):

(1) 水底有些地方是沙,有些地方是草;沙地有软有硬,草地也有软有硬。(杨绛,1992:76-77)

Some of the ground beneath the water was **sandy**, while in other spots it was **grassy**; both the sand and grassy spots were sometimes spongy, sometimes firm. (Goldblatt, 1984:71)

原文的前两句中的"沙"和"草"分别被译成了两个形容词 sandy 和 grassy。相应地,它们的语用功能也自然从原来的指涉功能转变为修饰功能。

有时候,名词性成分的指涉功能也可转变为副词性成分的指涉功能,如在下面这个译例中:

(2) 我跟表姐朱砂通了个电话,她的声音果然带着十分明显的阴郁,(卫慧,2000:48)

I got through to Zhu Sha **on her mobile**. She **sounded clearly depressed**. (Humes, 2001:50)

原句中的"电话"属于名词宾语,起到的是指涉功能,而在译文中则是 on 的介词宾语,从整体上看,原文的"电话"译成了 on her mobile,相应地,原来的指涉功能转变为了修饰功能。在这个译例的第二句中,"十分明显的"作为形容词性成分在译文中被译为 clearly，是副词性成分，但语用功能没有转变。原文的"她的声音"被译成了 she sounded，这种情况属于指涉功能向述谓功能的转变，是下一个小节要讨论的议题。

1.2 指涉功能转换为述谓功能（Reference-to-predication shift）

句子成分所发挥的语用功能有强弱之分。原型性的名词性成分所起的指涉功能要强于非原型性的名词性成分。而指涉功能较弱的名词性成分也较容易在翻译中朝其他语用功能转化，正如下面这个译例：

> （3）一路坑坑坡坡，一脚泥，一脚水，历尽千难万阻，居然到了默存宿舍的门口。（杨绛，1992：78）
>
> The road back was full of bumps and hollows, and if I wasn't *stepping into mud* I was *sloshing through water*; but after more hardships and obstacles than I could count, I somehow managed to make it to the front door of Mo-cun's dormitory. (Goldblatt，1984：72-73)

原句中的"一脚泥"和"一脚水"虽然都是名词性词组，但都是用来指行走的方式，并非是纯粹的名词性成分。不妨将这两个名词性词组与"一手泥"和"一手水"做个比较。后两个名词性词组的原型性或纯粹性要强于前一组，因为"一手泥"和"一手水"中的"手"应该理解为"容器"，与"泥"和"水"搭配在一起指"泥"和"水"是"一手"之量。但是，"一脚"却并非指"一脚"之量，而是表示行走的方式，与动词有着密切的关系。在这种情况下，原来的这对名词性词组及其所发挥的非原型性的指涉功能就易于发生转换。于是，它们在这里被分别译为 step into mud 和 slosh through water，这两个动词词组所起的语用功能显然是与原文不同的。这样，原文的指涉功能就转换为译文的述谓功能。

2. 述谓功能的转换

2.1 述谓功能转换为修饰功能（Predication-to-modification shift）

当原句中的谓语动词描述的是人或事物的一般性特征，而非一时一地

完成的行为或动作时,其述谓功能就容易在翻译中发生转变,倾向于用修饰功能取代原来的述谓功能,如在下面这个译例中:

(4) 和单纯的雨媛相比,曲蔓丽见多识广,(周旋于达官贵人之间如鱼得水。)(叶兆言,1996:267)

Compared to the rather naïve Yuyuan, Qu Manli was much more ***experienced*** and ***knowledgeable***. (Berry,1996:303)

原句中的"见多识广"描述的是主语"曲蔓丽"本身固有的特征,虽然用的是"见"和"识"这种具体的一时性的动作动词,但在"见多识广"中被"常态化"了,更多表达的是属性。在这种情况下就很容易朝修饰功能转变。于是,"见多识广"在译文中被译成了形容词 experienced 和 knowledgeable。当然,这两个形容词的修饰功能有所弱化,因为它们是放置在 was 之后,充当的是表语,如果将它们同 was 连接起来,其实仍然是动词性成分,只不过其述谓性功能从形式上判断要弱于原句的"见多识广"。

同样地,谓语动词的述谓功能也可以在翻译中转换成修饰功能,而这种情况下发挥修饰功能的成分不是形容词性成分而是副词性成分。下面的译例就属于这种情况:

(5) 罗大妈是中午来的。李慧泉正趴在桌子上吃方便面,炉子上的水壶正哧哧地喷着白气,(刘恒,1998:4)

Auntie Luo dropped in at noon, while Li Huiquan was sitting at the table ***over a bowl of instant noodles***. Steam spewed from the kettle on the stove. (Goldblatt,1994:7)

"吃方便面"在原句中属于述谓成分,同其前面的"趴在桌子上"表面上是并列的谓语成分,其实是用来描述"吃方便面"的方式的。但到了译文中,这种关系被颠倒了过来,因为"吃方便面"被译成了 over a bowl of instant noodles,反而起到修饰 was sitting at the table 的功能,这也就说明它已经从原来的述谓功能转变为了修饰功能。

表示存有状态的谓语成分因为其事件性或动态性弱而易于转化为起修饰功能的修饰性成分即定语或状语,如下面译例中的"有"、"无"句:

(6) 这样的生活无风无浪,有闲但不无聊,有钱但没有多到吓死人,(卫慧,2000:49)

It was an **uneventful** life, **leisurely yet not boring**, with an adequate but not enormous income. (Humes, 2001：51)

"无风无浪"这个谓语成分被译为 uneventful,用来修饰 life,这样就从述谓功能转成了修饰功能。同样地,"有闲但不无聊"被译成 leisurely yet not boring,被置于 life 之后,作后置的定语成分,也从述谓功能转变为修饰功能。最后的"有……但没有……"的述谓句式则被译成了介词词组,修饰前面的句子,发挥着修饰功能。

2.2 述谓功能转换为指涉功能(Predication-to-reference shift)

从句子表层结构来讲,述谓功能转换成指涉功能也同时意味着动词名词化的完成。无论是语用功能的转化还是词性范畴的转变,在这种情况下一般都会伴随着另外一个谓语动词的附加。如在下面这个译例中:

(7) 阳光越来越毒,地面热雾蒸腾,(姜戎,2004:214)

The temperature **continued** its inexorable **rise** above the steaming ground. (Goldblatt, 2008：326)

原来句中的动词"蒸腾"被译成了名词 rise,说明原来的动词的述谓功能转变成了现在的名词的指涉功能。同时,也附加了 continue 这一动词用来补充因将原句的谓语动词名词化而造成的动词缺失。还应当注意的是,附加的这一动词较为虚化和抽象。同样的情况也可以在以下这个译例中发现:

(8) 那一天本来阳光灿烂,当新人在丁香花园的草地上拍录像留念的时候,天上突降大雨。(卫慧,2000:47)

At first it was a bright, sunny day, but when the **videotaping** of the newlyweds **began** on the lawn at Dingxiang Lilac Gardens, heavy rain suddenly bucketed down. (Humes, 2001：49)

原句中的"拍录像"的"拍"是具体的实义的动词,这个动宾结构发挥的是述谓性的语用功能。而在译文中则被译为动名词 videotaping,同时附加了一个抽象的动词 begin。

3. 修饰功能的转换

3.1　修饰功能转换为指涉功能(Modification-to-reference shift)

在句子中起到修饰功能的一般是定语性或状语性成分,它们都具有句法或语义上的依附性特征,在句子中处于从属地位,属于弱势成分。一般来讲,弱势成分在翻译中容易受到影响,它们所代表的语用功能也随之发生改变。这一点从下面的译例(9)中可以看出:

(9) 后园的树木,雨里绿叶青翠欲滴,铺地的石子冲洗得光洁无尘;自己觉得身上清润,心上洁净。(杨绛,1992:75)

The leaves on the trees in our rear garden turned the color of jade when they were washed clean of their dust. I felt that ***my body*** was refreshed, ***my heart*** cleansed. (Goldblatt, 1984:69)

原文最后两句中的"身上"和"心上"实际上是"在身上"和"在心上",都省略了"在"。因此,它们都是介词结构发挥修饰功能。但是到了译文,它们都被译成了名词成分 my body 和 my heart,同时也带来了语用功能的转变:从原来的修饰功能转变为指涉功能。

3.2　修饰功能转换为述谓功能(Modification-to-predication shift)

修饰功能属于弱势功能,而指涉功能和述谓功能则属于强势功能。前者向后两者的转化就是弱势功能朝强势功能的转化,都属于语用功能的升格现象。我们在下面这个译例中就可以发现翻译中语用功能升格的现象:

(10) 丁问渔被两岸的景色所吸引,良辰美景,突然情不自禁地想到了雨媛。(叶兆言,1996:243)

The scenic vistas on that bright day suddenly ***drew*** Ding's mind to Yuyuan. (Berry, 1996:274)

原句的"情不自禁地"是状语修饰成分,发挥的是修饰性的语用功能。但到了译文中,"情不自禁"被译为了 drew,升格为谓语动词,原来的修饰功能也同时升格为述谓功能。在原句的其中一个语用功能升格时也有可能同时伴随其他语用功能的降格。在这个译文例中,原句中的"想到"这个述谓性成分被译成了 mind,即降格为了指涉性成分,如果说在英语中谓语动词比宾语名词更为核心的话。

在汉语句子中,形容词性的修饰成分一般作定语,而英语句子中的定语往往是置于被修饰的名词成分后的定语从句。这样的放置,在汉译英过程中就很容易把原来的修饰性成分处理成译句中的定语从句的述谓性成分。如在下面这个译例中:

(11) 营地上纵横交错的路,也不知有多少。(杨绛,1992:88)

I don't know how many roads *crisscrossed the camp*, but there were plenty. (Goldblatt,1984:82)

原句中的"纵横交错"用来修饰"路",是修饰性成分,但是在译文中则是 crisscross,则变成了述谓性成分,同时又联动性地将原来的修饰性成分"营地上"译成了指涉性成分 the camp。

4. 汉英翻译中的语用功能转换类型

汉英翻译过程中出现的语用功能转换可以分为三种类型:单对式转换、连锁式转换以及集束式转换。

4.1 单对式转换(One-to-one shift)

在单对式的语用功能转换中,被转换的成分只单一地在翻译中改变语用功能,一般不影响其他成分。上述所举的译例大部分都属于这种类型。

4.2 连锁式转换(Chain shift)

连锁式转换意味着原句一种发挥语用功能的成分在转换为译文中的另外一种成分的同时,会牵拉其他成分也跟随转换功能,要么一起升格要么一起降格,要么升降交错。如上面引用的译例(11):

（10）营地上纵横交错的路，也不知有多少。（杨绛，1992：88）

I don't know how many roads **crisscrossed the camp**, but there were plenty. (Goldblatt，1984：82)

原句中的"纵横交错的"作为修饰性成分在译文中被升格为起到述谓性功能的 crisscrossed，这一升格式转换将原文的修饰性成分"营地上"也同时升格为发挥指涉性功能的 the camp，这种语用功能牵拉着一起升格的现象这就是连锁式转换的体现。

4.3 集束式转换（Concentration shift）

集束式的语用功能转换意味着将原句中的语用成分集中起来，在翻译中转换为与它们原来的语用功能不同的成分。如下面这个译例就体现了集束式的转换类型：

（12）思念雨媛的情绪突然之间是那么强烈，以至于除了满脑子雨媛之外，他竟不能再去想别的什么事。（叶兆言，1996：243）

In an instant，longing for her **consumed** him and Ding seemed unable to think of anything else. （Berry，1996：274）

原句中的"强烈"和"满脑子"都属于修饰性的语用成分。在译文中表面上无法找到与它们对应的译文。其实，这两个修饰性成分都被融入 consumed 中了，所以作为述谓性语用成分的 consumed 集中了原文"强烈"和"满脑子"这两个原本发挥修饰性功能的成分。

5. 小结

考察汉英翻译中语用功能的转换有着积极的意义。这样做一方面打破了原来只注重翻译的句法层面考察的不足，如词类的翻译转换，可以做到汉英翻译研究三个层面即语义、句法和语用的兼顾，弥补了翻译研究中语用维度的缺失；而另一方面，将语用功能转换引入翻译研究中来，丰富了翻译技巧的表述语汇，对加强翻译研究的理论性认识和实践能力的提高都有好处。更为重要的一点是，我们进行的汉英翻译研究的三个维度中既然包含界面这一维度，那么这一维度不应该单单强调原文语义表层化为译文形态句法，还应该强调语义层和句法层与语用层的界面互动关系,这样,我们的界面性研究才能够全面和深入。

思考与讨论

1. 本章中所涉及的语用功能有哪些?分别对应什么词类?

2. 语用功能与语义内容和句法表现之间的关系是怎样的?利用语用功能转换描述汉英翻译过程的优势是什么?

3. 汉英翻译中的语用功能转换有哪些类型?请分别举出译例予以说明。

第六章 语义指向模式的转换

导读

　　一个句子中的成分需要协同起来表达相关事件。各个成分之间的关联度和紧密度是有差异的。句子成分之间语义上的紧密度可以用语义指向来描述。在汉英翻译中,成分之间的指向和被指向关系会发生变化,这种变换就是语义指向模式的转换。如果说第五章讨论的是汉英翻译在语用层面上的展开,那么本章则把焦点集中在语义层面上,主要探讨句子中成分之间语义关系在翻译中的变迁。我们主要会从语义指向的方向、数量和程度三个方面展开对语义指向转换模式的考察。语义指向模式的转换主要体现为以下指向关系的相互转换上:前指和后指、顺指和逆指、邻指和隔指、专指和兼指、单指和多指、强指、弱指和均指、显指和潜指、内指和外指。

1. 语义指向及其结构模式

语义指向指的是句子中成分之间的动态语义关系。在一个句子中,用来说明、修饰、限制句子中其他成分的成分是指向成分,而被说明、被修饰或被限制的成分则是被指向成分。语义指向就是用来表达句子中指向成分和被指向成分的概念:"语义指向就是句法成分在语义平面的动态指归性,它体现为由指向成分和被指向成分一起构成的语义指向结构体"。① 这个定义将语义指向看成是一种语义的动态指归性,同时也是一种语义关系结构。

先前讨论过翻译中语义角色的转换问题。语义角色虽然与语义指向有类似的地方,描述的也是句子中成分之间的语义关系,但语义角色需要放在事件框架里才可以厘定,并且局限在名词性论元成分以及动词和论元之间的关系上。语义指向所涵盖的句子成分则更为全面,而包括形容词和副词在内修饰语的语义指向更为明显。在翻译研究中,笔者曾经讨论过汉英翻译中修饰语的语义指向与句法位置、语用功能之间的互动。② 这里我们将集中讨论语义指向在汉英翻译中的变化特征。

从一定程度上讲,一个句子的语义内容要想保持稳定性,其中成分之间的语义指向和被指向关系也需要保持一定的稳定性。汉语学界制定了三个原则来保证语义指向关系的稳定性、非歧义性。③ 这三个原则是语境制约原则、语义制约原则和邻近选择原则。但是在翻译的环境中,一方面,原文的汉语句子满足不了这三个语义指向关系的稳定条件,另一方面,语言的差异性也会波及译文中语义关系的调整。因此,难免会让译文的语义指向关系同译文的不一致。当然,这些不一致不能导致原文和译文语义的彻底相左,而只是对原文语义在译文中的传达的忠实度稍有影响而已。

在上面给出的语义指向的定义中出现了"语义指向结构体",是句子中成分之间语义指向和被指向的关系,也就是语义指向的结构模式。语义指向结构体往往由两个相反的对举项构成:前指和后指、顺指和逆指、邻指和隔指、专指和兼指、单指和多指、强指和弱指、显指和潜指、内指和外指。④ 在翻译中,每个指向结构体中的两个项目都有互相转换的可能,甚至会发生

---

① 邵敬敏等.汉语语法专题研究[M].北京:北京大学出版社,2016:211.

② 见 Liu, Huawen. Semantic Orientation, Syntactic Position and Pragmatic Function in Chinese—English Translation[J]. *Meta*, 2009(54):131-145.

③ 同①,2016:213-215.

④ 同①,2016:218-222.

被指向成分改变的现象。我们将被指向项不改变的情形称作"同指",而被指向项改变的情形称作"转指"。接下来,我们就利用这些语义指向的结构模式描述汉英翻译中语义指向的变化特点。首先考察的是同指和转指现象。

2. 语义指向结构模式的翻译转换

2.1　同指和转指

语义指向结构体可以表述句子中指向成分语义性地关指被指向成分的结构。原则上讲,在翻译中,原文句子中的语义指向结构应该如实地在译文句子中体现出来,最好不要改变语义指向的方向或者置换指向成分或被指向成分。但是,因为有时原句中的指向成分存在着模糊性或歧义性,在译文中被译者明确之后,改变了原来所指向的成分,这种现象可以称之为"转指",如下面的译例(1):

(1) 我飞快地把箱子关上,可我的手脏了,衣服也脏了。(卫慧,2000:77)

I *rushed* to close the chest, but my hands and clothing were already dirty. (Humes, 2001:76)

原文句子中的"飞快地"指向的是"关上箱子"的速度,"关上箱子"应该是被指向成分。但在译文中"飞快地"被对译为 rushed,倾向于指向 I,疏离了与 close the chest 的指向关系,在理解上更让读者将其看作只是对 I 的指向。所以,在这个译例中,被指向成分发生了改变,故称之为"转指"。

翻译中发生的转指会伴随着指向成分的范畴变化,正如上述译例中本来是副词的"飞快地"被译成了动词 rushed。这种语义转指伴随词类变化的现象也发生在下面这个译例中:

(2) 他用佩桃所不懂得的外国语言恶狠狠地咒骂她,轮番使用那些只有在底层社会才流行的俚语脏话。(叶兆言,1996:188)

Instead he ruthlessly cursed her in foreign languages she didn't understand, berating her *with a barrage of dirty slang* only popular among the dregs of European society. （Berry，2004：213）

原文中的"轮番"语义指向的是"使用"，但在译文中"使用"被弱化为介词 with，原本指向它的"轮番"面临转指之虞。结果就是"轮番"用 a barrage 来表达，这样语义指向也就转落到 dirty slang 身上了。语义转指同样发生在下面这个译例中：

（3）我这会却又不饿了，一点胃口都没有，什么也吃不下，只是一小口一小口地喝咖啡。这杯咖啡里有股化学味道，像在喝家具亮光剂。（卫慧，2000：151）

Suddenly，I had no appetite at all. I couldn't eat anything and just sipped ***a few mouthfuls*** of coffee，which had a chemical taste，like furniture polish. （Humes，2001：153）

原文中的"一小口一小口"指向的是"我"，表示"我"喝咖啡的方式，而在译文中其对译成分 a few mouthfuls 的指向重心转移到了 coffee 身上，强调的是咖啡的量。语义转指因此发生了。

汉译英中语义指向不仅可以转指到原句中本来就存在的成分，而且还可以转指到译者添加的成分上，如下面这个译例：

（4）由于丁问渔连续两天都是魂不附体地出现在任府，大家以怀旧的心情，开始大谈丁问渔。（叶兆言，1996：77）

Because for the last two days in a row，Ding's ***old distraught self*** had appeared at the Ren compound，everyone started talking about him with a feeling of nostalgia. （Berry，2004：87）

原文中的"魂不附体"语义指向的成分是"丁问渔"，但到了译文中它转化成了形容词成分 old distraught，语义指向的不是原句中的"丁问渔"，而是译者添加进译文中在原文没有对应成分的 self。所以，这里实现的语义转指是通过添加新的成分实现的。

2.2　前指和后指

语义指向具有方向性。如果句中的某个成分指向的是前面的成分，那么就是前指；如果指向的是其后面的成分，那么就是后指。如在下面这两个句子中：

> 小晴小心翼翼地捧着玫瑰花篮。
> 小晴稳稳当当地捧着玫瑰花篮。

第一句中的"小心翼翼地"指向的是位于它前面的"小晴"，属于前指；第二句中的"稳稳当当地"指向的是位于它后面的"玫瑰花篮"，所以是后指。

不难理解的是，英语句子和汉语句子的顺序是有着较大的差异的，前者较为固定，后者较为灵活，所以语义指向的方向也就很容易在翻译中发生变化，如下面这个译例：

> （5）疯妈妈从绍兴奶奶的声音和动作中感受到某种敌意，这敌意使她下意识地向后退却，一只手举起来遮挡着什么。（苏童，2008：180）
>
> The madwoman reacted instinctively to the Shaoxing woman's ***hostile*** tone and gesture, retreating and raising one hand as if to shield herself. (Stenberg，2008：11)

原文中的"某种敌意"语义指向的是位于它前面的"声音和动作"，但是到了译文中，它的对译成分 hostile 语义指向的是它后面的 tone and gesture，显然是发生了由前指到后指的转向。

2.3　顺指和逆指

顺指指的是"一个句法成分按照它和别的成分形成的自然的语义指向方式"[①]，反之则是逆指。这两种对立的语义指向模式可以用下面两个译例来说明：

> 苹果囡囡吃了三个。
> 囡囡（吃苹果）吃坏了肚子。

---

① 邵敬敏等.汉语语法专题研究[M].北京:北京大学出版社,2016:219.

第一句中的"吃"逆指"苹果",因为它本来的自然指向顺序是"吃苹果";而"吃"与"囡囡"的语义指向顺序是顺指,译文这两个指向成分和被指向成分在句中符合自然的指向顺序。在翻译中,语义指向顺序也是较易受到干扰的语义指向模式,比如下面这个译例:

(6)丁问渔感到心口隐隐作痛。(叶兆言,1996:188)

Ding Wenyu felt a sharp pain *deep in his heart*. (Berry, 2004:213)

原句中的"作痛"前指"心口",这是一种自然的指向和被指向的顺序,属于顺指。但是到了译文中 pain 后指 his heart,这不是自然的指向关系,属于逆指。也有逆指转化成顺指的现象,如下面这个译例:

(7)手机的效果也不十分好,听上去像在沙沙地下冷雨。(卫慧,2000:48)

And because the connection wasn't very good, it sounded as if cold rain was *pitter-pattering* in the background. (Humes, 2001:50)

按照自然顺序,原文中的"沙沙地下冷雨"应该是"冷雨沙沙地下",其中"沙沙地"都是顺指"下",但是前一个顺序"沙沙地"逆指"雨",后一个顺序中则是顺指"雨"。到了译文中"沙沙地"被融合进 pitter-pattering 中,符合"冷雨"即 cold rain 的自然指向顺序,属于顺指。

2.4　邻指和隔指

邻指指的是语义指向成分和被指向成分之间基本没有其他成分,指向关系直接发生;与邻指相对的是隔指,这种指向关系说明指向结构中的两个成分之间有其他成分存在,指向关系间接迂回。下面两个汉语句子分别体现了这两种指向关系:

小明有一块金表很漂亮。
小明有一块金表很得意。

第一句中的语义指向项"很漂亮"直接后指其被指向项"金表",中间没有其他成分,属于邻指;第二句中的语义指向项"很得意"与其被指向项"小明"之间存在着"一块金表",它们之间的指向关系因此受到隔离,变得间接了。

在翻译中,邻指和隔指之间也会互相转换。如下面这个译例:

　　(8) 在另一个房间里,在一堆器械中我看到我的表姐在汗淋淋地跑步。(卫慧,2000:48)

　　In another room I found my cousin amid a mass of equipment, ***sweating heavily*** as she jogged on the treadmill. (Humes, 2001:50)

原句中"汗淋淋"虽然被放置在"跑步"前面,但它在指向"跑步"的同时,更多的是后指"我的表姐"。"汗淋淋"具有两个指向项,尽管指向的程度有所不同。到了译文中,"汗淋淋"的对译成分 sweating heavily 与其强指项"我的表姐"的对译成分 my cousin 之间有着 amid a mass of equipment 相隔,而其弱指项的对译成分 jogged 中间也有 she 将它们隔离开来。可见,sweating heavily 与它的两个被指向项之间的指向关系由原文的邻指都变成了隔指。

2.5　专指和兼指

语义指向有时会发生专指或兼指现象,下面的对话 A 包含的是专指,对话 B 包含的是兼指:

　　对话 A
　　甲:他不是去欧洲度假。
　　乙:他去欧洲干吗?
　　甲:搞调查。

　　对话 B
　　甲:他不是去欧洲度假。
　　乙:他干吗去?
　　甲:他去欧洲调查。

对话 A 中的"不是"语义指向的只是"度假",并不指向"欧洲",属于专指;但是对话 B 中的"不是"语义指向的既包括"欧洲"也包括"度假",属于兼指。

在翻译语境里讨论专指和兼指,指的是被指向成分在译文中仍然存在,但是原来的指向项的对译项变成了专指或兼指。比如下面这个译例:

（9）出租车带着我晕头转向地在街道上兜来兜去。（卫慧,2000:71）

The taxi made me *dizzy* racing around in circles. （Humes,2001:71）

原句中的"晕头转向"所指向的是两个语义成分:"出租车"和"我",所以这里是兼指。但在译文中"晕头转向"被译为 dizzy,只专指 me,即"我"的对译项,而不兼指"出租车"的对译项 taxi。所以,这个译文将原文的兼指转化成了专指。

下面这个译例则是由专指转换成了兼指:

（10）夏日的夜晚,低矮的四堵墙小屋闷如蒸笼,有跳蚤,有蚊子,有臭虫,光棍们就集中到村口水田边的一座破旧不堪的古戏楼上。（贾平凹,"油月亮",引自 Balcom,2013:170）

Summer nights and the small four-walled houses were as *hot and stuffy as food steamers*; they stank and were filled with fleas and mosquitoes, too, so the unmarried men would go to a shabby, old opera house by the paddy field at the entrance to the village. （Balcom,2013:171）

原文中的"闷如蒸笼"所指向的是"低矮的四墙小屋",只有这两者发生语义指向关系,并不指向"夏日的夜晚"。但是译者在译文中将"夏日的夜晚"和"低矮的四墙小屋"的对译项 summer nights 和 the small four-walled houses 用 and 连接起来。这样一来,"闷如蒸笼"的对译项 as hot and stuffy as food steamers 就兼指它们这两个语义项了。显然,原文的专指就转化成了译文的兼指。

2.6 单指和多指

专指和兼指还可以表述为单指和多指。区别在于,前两对语义指向模

式强调的是语义指向项,后两对语义指向模式强调的是被语义指向项及其数目。下面两个句子分别体现了单指与多指现象:

> 病人只给牛奶喝。
> 我只借给他一本英语书。

第一句中的"只"指向"牛奶",是单指;但第二句的"只"指向"借给""他""一本"和"英语书"四个语义成分,是多指。

翻译中专指和兼指的转换如果说是在译文中保留被指向成分的前提下实施的话,那么,单指和多指的相互转换则是在译文中人为地去掉或添加被指向项,从而变成了单指或多指的现象。如下面的译例(11)、(12):

> (11) 丁问渔忘乎所以地说着。(叶兆言,1996:189)
> Ding Wenyu *got completely carried away*. (Berry, 2004:
> 213)
> (12) 当女儿发泄完了她的仇恨以后,张氏叹着气说,女儿这么做也许是对的,(叶兆言,1996:171)
> Once her daughter began to calm down a bit, Mrs. Zhang
> *sighed*; she knew that Little Moon was right. (Berry, 2004:
> 193)

两个译例原文中的"忘乎所以"和"叹着气"都有两个指向成分:前者是"丁问渔"和"说",后者是"张氏"和"说",都是多指。但是到了译文中,它们都失去了"说"的对译项,这样只有语义指向一个被指向项了,都变成了单指。类似的转换也发生在下面这个译例中:

> (13) 他顶着一头金发,高高地站在我面前,(卫慧,2000:58)
> I saw Mark, with his golden crown, *towering* in front of
> me. (Humes, 2001:60)

这里,原文中的"高高地"既指向"他",也指向"站"。但是,因为译文没有给出"站"的对译词,"高高地"对译项 towering 就只指向"他"的对译项 Mark了。于是,原来的多指就变成了单指。

有时译者也可以通过句法位置的变换人为地去掉一个被语义指向项：

（14）她的一张作天真微笑状的照片还被南京路上的上海照相馆天天地贴在玻璃窗上，引得不少熟人朋友同学去看。（卫慧，2000：47）

A photo capturing **her** innocent smile was even blown up huge and mounted in the display window of Shanghai Photo Studio on Nanjing Road. (Humes，2001：49)

原文中"她的"既指向"照片"，也指向"作天真微笑状"，但是在译文中译者调整了语序，把"照片"的对译项 a photo 调整到"她的"对译项 her 前面，从而让 her 失去了其中一个指向对象，只剩下 innocent smile 了。

2.7　强指、弱指和均指

如果句中的一个成分兼指或多指句中其他两个语义项，对这两个语义项的指向程度会有强弱之分，如下面这句：

告别家乡的磨坊。

句中的"告别"既语义指向"家乡"，也同时指向"磨坊"。如果逻辑重音落在"磨坊"，那么"磨坊"就是"告别"的强指，"家乡"就成了弱指；如果逻辑重音落在"家乡"上，那么"家乡"就成了强指，"磨坊"就成了弱指。

当然，一个语义项也可以均衡地指向两个语义项，而没有强指和弱指之分。如下面这句：

（15）在机场，飞苹果和我匆匆地互吻道别，嘴唇上一直是湿湿的感觉……（卫慧，2000：150）

这个句子中的"匆匆地"语义指向另外两个语义项："互吻"和"道别"。对这两个语义成分的指向程度是均等的，不偏向其中任何一个，这就是均指。而在这句话的英译中，我们会发现"匆匆地"对译成分对"互吻"和"道别"的指向程度是不均衡的，有了强弱之分：

At the airport Flying Apple and I kissed a ***hasty*** good-bye
that left my lips wet … （Humes，2001：152）

译句中对译"匆匆地"的 hasty 放在了"道别"的对译词 good-bye 前面，说明
它强指的是 good-bye。虽然它也指向 kissed，但是这一指向变成了弱指。
这样就打破了原句的语义指向强度的均衡性，从而有了强指和弱指之分。

如果原句包含语义多指或兼指现象，指向成分和被指向成分之间语义
指向关系的强弱程度不均衡，在翻译中就容易受到影响。这样一来，原文中
的强指会转换成弱指，或者弱指转换成强指。如下面这个译例：

（16）他们像一朵一朵云热闹地浮上桥头，风一吹，便散了。
（苏童，"桥上的疯妈妈"，2008：180）

They were like ***lively*** clouds，floating one by one across the
bridge，only to disperse at the slightest puff of wind. （Stenberg，
2008：9）

这个译例的原句中"热闹地"语义指向三个语义成分："浮上"、"他们"和"一
朵一朵云"。但是，它对这三个语义项的指向程度是不一样的，强弱程度如
表 6-1 所示：

表 6-1　"热闹地"的语义指向模式

语义指向结构	句中成分	指向和被指向程度
语义指向项	"热闹地"	
语义被指项	"浮上"	强
	"他们"	中弱
	"一朵一朵云"	次弱

到了译文，对译"热闹地"的成分 lively 被放置在"一朵一朵云"的对译
成分 clouds 前，说明它们之间是强指关系，"他们"的对译成分 they 包含
lively 句子的主语，它们之间的被指向和指向关系比 lively 同 clouds 之间的
指向关系稍微弱一些，但是原文中"热闹地"强指项"浮上"的对译词
floating，与 lively 疏离得更远，所以它们之间的指向程度最弱。

语义指向程度的变化会因其他语义指向模式变化而受到牵扯。比如，

转指就会造成指向程度的变化,如在下面的译例(17)中所体现的:

（17）许三观就放下筷子,也先拿起酒盅抿了一口,黄酒从他嗓子眼里流了进去,暖融融地流了进去,他嘴里不由自主地也吐出了咝咝的声音,(余华,2004:11)

Xu Sanguan put down his chopsticks, lifted his wine pot, and took a sip. The wine flowed down his throat, ***warming his insides*** as it went, and he too unwittingly emitted a long hissing sound. (Berry, 2004:14)

原句中的"暖融融地"语义指向"流"和"黄酒",有着兼指或多指行为,但是它所强指的是"黄酒",弱指的是"流",尽管它更靠近"流"。在译文中,"暖融融地"对译为 warming,它所指向的是其后面的宾语 insides,并且对 insides 作用更大,所以它们之间是强指关系,而 warming 的另一个被指向项 the wine 则变成了被弱指项。这种语义指向强弱程度的变化是因为 warming 转指了 insides 的连带结果。

语义指向项和语义被指向项在原文中的强指关系如果是因为它们之间邻近亦即是邻指关系而带来的,但到了译文中它们之间变成了隔指的话,那么就有可能带来指向程度弱化的结果,如下面这个译例:

（18）雨嫒迷迷糊糊地刚要睡着,被窗外熙熙攘攘的人声吵醒了。(叶兆言,1996:165)

Yuyuan was just beginning to ***groggily*** drift asleep when the first light of dawn began to shine down and she was disturbed by the bustling of sound of voices coming in through the window. (Berry, 2004:187)

原句中的"迷迷糊糊地"因为紧跟着它的一个被指向项"雨嫒",中间没有其他成分间隔,所以它们之间是强指关系;而它的另一个指向项"睡着"与它之间有着"刚要"这样的成分,它们之间的语义指向关系就成了隔指。到了译文中"迷迷糊糊地"与它的两个所指项 Yuyuan 和 drift asleep 之间的语义指向关系正好和原文相反,这样它与 Yuyuan 就成了弱指关系,与 drift asleep 就成了强指关系。

2.8　显指和潜指

有时候,句子中的语义被指向成分可以潜隐,让本不该被指向的成分成为了被指向项。潜隐的语义成分就成了潜指,因实际被指向项潜隐而带来的语义转指项就成了显指。如下面这两对汉语句子:

A. 这件大衣价格便宜。
B. 这件大衣便宜。

A. 老师在黑板上写字。
B. 老师写黑板。

第一组句子中的"便宜"语义指向"价格",但是在句子 B 中由于"价格"的潜隐,"便宜"转而指向"大衣",这样"大衣"就成了显指,"价格"就变成了潜指。在第二组句子中"写"本来的语义指向项是"字",但在第二句中由于它的潜隐,使得"黑板"成了"写"的语义指向项。

在汉译英中也会出现显指和潜指的更替现象,如下面这个译例:

(19) 郭轸的话说得暴躁了些,朱青扭过头去,羞得满面通红。
(白先勇,"一把青",2013:93)

Kuo Zhen was being a little too rough on **her**, really! Verdancy turned away, her face red with embarrassment. (白先勇,叶佩霞,2013:92)

原文中的"暴躁"语义指向的是"郭轸的话",但是在译文中"话"失去了对译词,变成了"暴躁"的对译词 rough 的潜指,而"郭轸"的对译项 Guo Zhen 则成了 rough 的显指。

有时在翻译中原来的潜指也可以变成显指,例如下面这个译例:

(20) 从瘪家沟到县城是五十里。从县城到瘪家沟是五十里。
(贾平凹,"油月亮",2013:172)

It was ***fifty li*** from Biejia Gully to the county town and ***fifty li*** from the county town to Biejia Gully. (Balcom, 2013:173)

原文中的两个"五十里"语义指向的是"从瘪家沟到县城"以及"从县城到瘪家沟"的"距离"。但是,"距离"这个语义被指项在原文中是潜指,并没有显示出来。到了译文中,it 的意思就是"距离",所以"距离"这个语义被指项就显在地出现了,尽管不太彻底。

汉英翻译过程中,不仅潜指会转换成显指,显指也同样会转换为潜指,比如下面这个译例:

> (21)倒是郭轸在一旁却着了忙,一忽儿替她拈菜,一忽儿替她斟茶,直怂着她跟我聊天。(白先勇,"一把青",2013:93,)
>
> Kuo Chen kept himself busy, though, helping her to food one moment and pouring her tea the next, all the while trying to prod ***her*** into making some kind of conversation. (白先勇,叶佩霞,2013:92)

原文中的"聊天"同时语义指向"她"和"我","她"和"我"都是显指。但在译文中"她"对译为 her,而"我"却没有了踪影,因为它变成潜指了。

2.9 内指和外指

显指和潜指针对的是语义被指向成分,这里的内指和外指所强调的是语义指向的方向,指的是句中的语义指向成分所指向的对象如果出现在句子中,那么就是内指,如果不出现在句中,指向的是句外可以意会的语义信息,那么就是外指。下面两个句子都包含外指:

> 他被粗暴地押上了牛车。
> 没有调查就没有发言权。

第一句中"粗暴地"所语义指向的成分没有在句中出现,它所指向的是句外的语义信息,属于外指。同样地,第二句中的"没有"所指向的成分也并没有出现在句中,只能根据所关涉语境信息在句外寻找,也属于外指现象。

翻译中的内指和外指转换也是常见的情形,下面的译例(22)就发生了从外指到内指的转换:

> (22)和尚不顾一切地追了进去。(叶兆言,1996:173)

Putting everything on the line, Monk pursued *her* inside.
(Berry，2004：196)

原句中"追"所指向的对象应该有两个，其一是它后指的"和尚"，其二则没有出现在句子中。译文则根据语境提示意会出这个被指向 her，将其补了进去。这样就由原文的外指变成了译文的内指。

下面我们再来看一个由内指变为外指的译例：

（23）大家都乱哄哄地搬了家，所以小时候玩过的宝贝都不见了。（卫慧，2000：77）

And *in the hustle and bustle of* moving，those treasures of youth were lost. (Humes，2001：76)

原文中的"乱哄哄地"有两个语义指向对象："大家"是它的后指项，"搬了家"是它的前指项，也分别是它的两个内指，并且它对这两个语义指向对象的指向力基本上是均衡的，属于均指。但是"乱哄哄地"在译文中被译成了 the hustle and bustle 之后，它的所指项只剩下了"搬了家"的对译词 moving，另外一个所指项"大家"则变成了外指。

而下面这个译例中，语义指向不仅发生了内外转换，而且也发生了转指，即被指向成分也发生了变化。

（24）绍兴奶奶是小脚，却承担着香椿树街牛奶站的全部工作。（苏童，2008：180）

The old Shaoxing woman had bound feet，but still undertook to deliver milk to *the whole* of Mahogany Street.
(Stenberg，2008：11)

这里，原句中的"全部"语义指向的是该句中的另外一个成分"工作"，属于内指。到了译文中，"全部"被对译为 the whole，其语义指向的成分不在句子中，而在句外，并且所指向的不再是"工作"，而是"香椿树街"上的全部居民，所以又同时发生了转指现象。

当然原句中的内指和外指在翻译中也有不发生变化的，如下面这个译例：

(25) 郭轸被记了过,革除了小队长的职务。(白先勇,"一把青",2013:95)

Kuo Chen **got a letter of reprimand in his record** and **was demoted** from squadron leader.(白先勇,叶佩珍,2013:94)

这里给"郭轸""记过"和"革除职务"的实施者即这两个行为的语义指向对象在原文中是外指,到了译文中"记过"和"革除职务"的对译成分 a letter of reprimand 和 demote 的发出者和实施者也是外指,没有变化。

3. 小结

通过上述考察,我们会发现,在翻译中原文的语义指向结构模式是不稳定的,很容易受到干扰。无论是指向的方向和指向项的数量,还是指向的程度和指向的距离,都有可能在翻译中发生转化,表现为前指和后指、顺指和逆指、邻指和隔指、专指和兼指、单指和多指、强指、弱指和均指、显指和潜指,抑或是内指和外指的相互转换。运用语义指向理论观照汉英翻译,可以帮助我们更深入地认识翻译中语义结构变迁的可能性,了解原文语义结构与译文句法结构之间界面的衔接特征。

思考与讨论

1. 什么是语义指向? 为什么在汉英翻译中语义指向模式容易发生变化?

2. 语义指向的指向方向、指向项的数量、指向程度以及指向距离是如何具体体现的? 如何理解指向模式在翻译过程中转换的双向性?

3. 专指和兼指与单指和多指的区别在哪里? 请分别用汉译英的实例说明这两对指向模式的转换。

4. 语义指向模式的转换主要发生在翻译过程中的语义层面,对句法层面是否有影响? 如果有的话,是如何影响的?

第七章　论元的再实现

翻译具有界面性，因为它是一个从原文的语义实现为译文的句法的过程。翻译的这种跨语的界面性特征要求对它的研究也应该具有界面性。这一章所选取的论元这一范畴就有着界面性：论元是事件的语义角色在句法层面接受编码后获得的句法成分。翻译的界面过程就是原文的语义角色实现为译文的论元的过程。论元不同于传统语法中的主语、宾语、补语等句法成分，这些成分是纯然的句法成分，而论元则甩不掉与语义角色的关联，也就是说论元是语义角色在句法层面上的对应成分，甚至语义角色对论元有着强烈的决定性，论元在句法层的编码并不仅仅受到句法规则的影响。我们在这一章中主要从论元的数量增减、论元级别的升降以及论元顺序的调整，对汉英翻译中论元再实现过程加以描述。使用论元实现理论描述翻译过程是为了能够贯彻汉英翻译研究的界面性，探究原文的语义和译文的句法之间的界面性互动关系。

论元这个概念具有强烈的界面色彩。我们从 William Croft 给它下的定义就可以看出：“论元（词组）：指在事件中为一个扮演特定的参与者角色编码的语法词组。”①从这个定义不难看出，论元这个概念既有句法性，因为它是“语法性的词组”；同时又是一个事件中的语义角色，所以也具有语义性。这个语言学概念的提出，目的在于在讨论句子成分时不只局限在一个层面，要多个层面兼顾。

在上述对论元的定义中提到了“事件”这个概念，说明一个事件的表达往往对应一个小句，而论元就是小句中的句法兼语义成分。句子的表达就是事件的各个语义角色实现为论元的过程。Croft 也为“论元实现”下了定义：“指在论元结构句式中用格的标记将语义角色编码为论元词组。”②于是，我们需要把论元及其实现放在汉译英这个语境中去看待。原文中表达的事件所对应的句子有着一定的论元结构和论元实现的方式。在翻译过程中，原文的论元结构以及论元实现方式因为两种语言在处理事件表达上的差异而会接受重构或者再实现。所以，有必要考察汉译英中的论元再实现的方式，这也是翻译的界面研究的体现，因为这一研究进路使句法和语义两个层面都得到了兼顾。

为了论说的方便，本研究将按照传统语法中的句子成分分类来对应各种论元，于是会有主语论元、宾语论元和补语论元。由于论元同语义角色有着对应性，那么它们之间也有层级关系，在翻译中也有升格和降格问题。论元的数量在翻译中也会发生变化，或增加或减少。此外，论元之间的排序在翻译中也会受到影响。基于这些原因，不妨将汉译英中论元的再实现方式总结为以下几种：论元继承（Argument inheritance）、论元替换（Replacing argument）、论元增加（Adding argument）、论元减略（Deleting argument）、论元重组（Reordering argument）、论元升格（Upgrading argument）、论元降格（Degrading argument）以及论元替序（Combination of replacing and reordering）。将上述论元再实现的方式综合起来，形成以下表 7 - 1：

---

① Croft, William. *Verbs：Aspect and Causal Structure* [M]. Oxford：Oxford University Press, 2012, p. 398.
② 同①。

表7-1 论元的翻译再实现模式

Argument Realization	Techniques for translation			
Replacing argument （论元替换）	Metonymic replacement（转喻性替换）			
Upgrading argument （论元升格）	Object →subject	complement→object	complement→subject	
Degrading argument （论元降格）	Subject →object	subject→ complement	object→ complement	subject/object/ complement → syntactic absence
Adding argument （论元增加）	Addition of subject	Addition of object	Addition of complement	
Deleting argument （论元简略）	Deletion of subject	Deletion of Object	Deletion of complement	
Re-ordering arguments （论元重组）	Subject-object→object-subject			

接下来,我们就通过译例,具体说明上述表格所包含的汉译英中论元再实现的特征。

1. 论元再实现方式之一:论元的增加

在增加论元的情况中,译者往往从原文中析出论元,所以这种增加论元的方式也可称之为析出式添加。析出式添加的方式又可以具体地分为转喻式、激活式以及转类式。

1.1 转喻式添加

在转喻式论元添加的情况中,译文中添加的论元与原文中相关的论元之间存在着整体与部分的相互关系,该添加的论元是借助与原文相关论元之间的转喻关系从后者中析出来的。如以下这个译例:

（1）丁问渔躺在床上胡思乱想,（叶兆言,1996:93）

Ding Wenyu lay in bed as ***his mind*** drifted off into space.

（Berry,1996:105）

表面上看来,译文中的 his minds 在原文中是没有对应论元的,是由译者额外添加到译文中去的。但是,如果进一步深究的话,其实就不难发现,his mind 与丁问渔之间存在着部分与整体的转喻关系,译者正是借助这一关系将其析出,作为论元添加到译文句子中。

同样地,下面这个译例也是利用隐含的转喻关系将论元添加到译文中去的:

（2）她也不懂婉转措辞,开口就提选票的事,（王安忆,2008：48）

Jiang Lili had never learned the art of tact, and when she met people at these parties **the first words** tumbling out of her mouth always had to do with garnering votes for Wang Qiyao. (Berry & Egan,2008：56)

译文中的论元 the first words 在原文中找不到对应论元,但是译者利用它跟原文中"口"的转喻关系将其析出,添加到译文中去。当然,这种转喻式的论元析出与下面的激活式的论元添加方式有着异曲同工之处。

1.2 激活式添加

译者在翻译时往往会将原文所表达的事件进行还原,在脑海里呈现整体事件的组成部分。如果需要,译者就会激活原文中隐在的语义角色以及负载它的论元,添加到译文中去,如下面这个译例:

（3）我知道擅自外出是犯规,可是这时候不会吹号、列队、点名。（杨绛,1992：75）

I knew that it was against regulations to go see him without first **getting permission**, but at that time they wouldn't blow the bugle, **line us up in formation**, or take roll. (Goldblatt,1984：69)

原文中的"擅自"被译为 without first getting permission,其中 permission 是译者增加的论元。这一论元的添加是译者还原了"擅自"这一动词所关联的事件后,将原文中隐在的这一论元作为显在的论元添加到译文中去的。

原文中的"列队"本来没有译文中 us 的对应项,但也是通过区域激活被添加出来的。[①] 同样的情况也发生在下面这个译例身上:

> (4) 我下意识地理了理披散在肩头的头发,手背上还有一两点墨水的黑色污渍,(卫慧,2000:188)
>
> I automatically ran ***my hand*** through my hair, which I'd left loose, and notice a few ink stains on my fingers. (Humes, 2001:188)

原文的表层结构中是没有"手"这一论元的,但是在"我下意识地理了理披散在肩头的头发"所表达的事件中包含"手"这一参与角色。所以,译者就自然地将其激活出来,添加到译文中去。

1.3 转类式添加

在翻译过程中,词类会发生转换。如果这种转换体现在由原文的不及物动词或形容词转换为名词,那么这一被转换而成的名词词组显然是译者进行论元添加的结果,如以下这一译例:

> (5) 大家纷纷猜测,嫌疑集中在两人身上。(杨绛,2007:324)
>
> Everyone made their own ***guesses***, but suspicion centered on two people. (Amory & Shi, 2007:325)

原文中的"猜测"作为动词在译文中转类为名词 guesses。比较起来,译文显然比原文多了一个论元。这个被添加的论元是由原文的动词"猜测"经过转类成名词得来的。所以,我们可以将这种论元增加方式称之为"转类式添加"。

上述所讨论的是再汉译英过程中论元数量在译文中的增加以及增加的理据。原句和译句之间的关系追求的是对等性,这种对等性一般指的是意义也就是质的对等,但是质的对等并不意味着其前提是量的对等,尤其是句子表层结构的量的对等,也正如当下所讨论的这个话题即论元再实现那样,论元的数量在原句和译句中会出现增加或减少的现象。以上讨论了汉译英

---

① 关于区域激活请参见第九章。

中的论元增加,那么接下来我们再看看论元的减少。

2. 论元再实现方式之二:论元的减少

语言的表达讲求经济原则(Principle of economy),尽量使用少的语词表达意义。这个原则既适用于单语表达也适用于跨语表达。在汉译英中论元的减少一般是因为英语动词的极强吸纳力量将原文中的论元吸入,从而造成译文论元的减少。如这样一个汉语句子:"天下雨了",在将其译成英语时,就可以利用动词 rain 将原文的论元减少掉:It is raining。这里就是利用 rain 作为动词将原文中的"雨"吸纳进来,从而在句子的表层结构减少了一个论元。同样的情况也可以在下面这个一原文两译文的译例(6)中找到:

(6) 我听船上人说,你上次押船,船到三门下面鸡关滩口出了事,从急浪中你援救过三个人。(沈从文,2009:95)

译文1:I heard them say you saved three men's lives when your junk *foundered* in the rapids at White Cocks-comb below the gorges. (Yangs, 2009:94)

译文2:I heard some boatmen say that last time when you were piloting a boat and it *wrecked up* below the Three Gorges in the rapids at White Rooster Pass, you rescued men from the dashing waves. (Kinkley, 2009:70-71)

上述两个译文都将"船……出了事"这一句中的论元"事"省译掉,将它隐含在动词 founder 或动词词组 wreck up 中表达,这样就客观上造成了译句比原句少一个论元。但是,需要注意的是论元的这种省译带有一定的有机性,而不是强行实施的省译。后者体现在上述译文1中对"你上次押船"这句话的省译上。译者将这句话在译文中略掉不译有着主观的强制色彩,缺乏有机性。但是,比较看来,译文2则将这句话译了出来:when you were piloting a boat。这也说明译文1的译者并不具备充分的理据将这句话省译掉。

3. 论元再实现方式之三：论元的替换

原句中的论元与译句中的论元有时不是完全意义上的对译成分，它们之间存在转喻的认知关系。两个论元之间存在着认知的相关性，要么是互为整体和部分之间的关系，要么是邻近关系。这些认知关系的存在是推动译者对原文的论元实施更替的理据所在。下面这个译例中的翻译就体现了其中邻近的认知关系理据：

(7) 他把存在里屋的自行车抬到外边，磨掉厚厚的黄油，把车架和瓦圈擦地闪闪发亮。打足了气，来不及洗净脏手他就上街了。（刘恒，"黑的雪"，1998：6）

By then he had retrieved his bicycle and was removing the protective grease. Once he had it gleaming, he pumped up *the tires* and rode off without even stopping to wash his hands. (Goldblatt，1993：9)

原文中出现了"打足了气"这样一个句子，其中的论元"气"在译文中没有被直译过来，而是被替译成了 the tires。这一替换的根据是"气"和 tires 之间存在着邻近关系，是认知转喻的体现。具体来说，它们之间的转喻关系是"内容"与"容器"之间的邻近关系。原文的论元和译文的论元之间也可以是"结果"和"方式"的转喻关系，如下面这个译例：

(8) 程先生后来又给王琦瑶拍过两次室外的照片。（王安忆，2008：48）

After their first session，Mr. Cheng had done two *outdoor photo shoots* with Wang Qiyao，(Berry & Egan，2008：56)

原句论元"照片"和译句的对应论元 shoots 之间是"结果"与"方式"的关系，在译文中译者用后者取代了前者，这一置换的背后体现了译者的认知转喻思维方式。除此之外，译者还可以利用"整体"与"部分"的转喻思维进行论元的跨语替换，如下面这个译例：

(9)（翠翠）便把脸背过去，抿着嘴儿，很自负的拉着那条横

缆,船慢慢拉过对岸。(沈从文,2009:97)

Turning her head away and pursing **_her lips_**, she smartly attended to her business pulling on the cable, until she'd slowly pulled the boat onto the shore. (Kinkley,2009:72)

原文第二个句子"抿着嘴儿"中的"嘴儿"在译文中被换成了 her lips。不难看出,这两者之间是"整体"与"部分"的转喻关系。

4. 论元再实现方式之四:论元的升级

为了方便起见,论元所充当的句子成分将主要分为三种:主语性论元、宾语性论元以及补语性论元。事件中的语义角色是有层级的,那么它们对应的论元也应该有层级,论元所充当的句法成分也应该有层级。这也正是论元的界面性特征的反映。上述三种论元句子成分如果按层级由高往低排列,可得出这样一个层级(hierarchy):

主语性论元＞宾语性论元＞补语性论元

如果在汉译英中,译文中的论元同对应的原文中的论元是一种与上述这一层级的逆向关系,那么这就意味着一种论元的升级。论元升级可以有以下三种:宾语性论元升级为主语性论元(object→subject)、补语性论元升级为宾语性论元(complement→object)和补语性论元升级为主语性论元(complement→subject)。

4.1 补语性论元升级为主语性论元

补语性论元指的是一个句子的补足成分,在现代语言学中往往包括状语成分。补语性论元是在论元层级的最底层,也相应地容易在翻译中获得升级的待遇。如在下面这个译例中:

(10)陈小姐的婚礼很热闹,报纸上预先登了三天的广告,(叶兆言,1996:92)

It was quite a scene; **_the newspapers_** had run wedding announcements three days in advance. (Berry,1996:104)

原句中的"报纸上"是一个状语成分,也是所谓的补语成分。但是到了译文中,这个补语成分被升级为主语性论元 the newspaper,说明原文中的这一补语性论元被升至论元层级中的最高级。

4.2　补语性论元升级为宾语性论元

补语性论元一般包括时间性论元、空间性论元、方式性状语论元等。下面的译例(11)就包含一个时间性论元的升级:

(11) 我走进厨房找了半天,(卫慧,2000:188)

I went into the kitchen and ***spent ages*** looking around. (Humes,2001:1988)

原句中的"半天"属于时间性的补语成分,是补语性的论元。而在译文中它被译为 ages,跟随动词 spent 之后,变成了宾语性论元,上升到了论元层级中的第二级。

4.3　宾语性论元升级为主语性论元

上述两种论元升级的情形是属于最低层级的补语性论元上升到宾语性论元或主语性论元,前者升了一级,后者升了两级。既然宾语性论元和主语性论元存在级差,那么在翻译中也会发生前者往后者升级转换的现象,比如下面这个译例:

(12) 事情一开头就令人尴尬紧张。(卫慧,2000:188)

I was wrong-footed from the start. (Trans. by Bruce Hume,2001:1988)

在这个译例中,译者首先是利用泛指—特指的转喻认知思维将原文中的"人"替换为 I。不仅如此,译者还将原来处于动词之后的宾语性论元升级为主语性论元,尽管译者使用的是被动语态完成的这次论元升级。

5. 论元再实现方式之五：论元的降级

如果在翻译中，论元的变化走向按照论元层级的反方向运行，那么这就属于论元的降级。论元降级也基本上分为三种：主语性论元降级为宾语性论元（Subject→object）、主语性论元降级为补语性论元（subject→complement）、宾语性论元降级为补语性论元（object→complement）。相对于论元升级中因为补语性论元处于论元层级的最底层，所以可以升两级；而在论元降级的情况中，因为主语性论元在最高层，所以可以降两级。除了上述三种论元降级之外，还有一种情形，即原文中的论元在译文中被隐现而缺席，也可以将这种情形视为宽泛意义上的论元降级。不妨将这种情形统称为论元离场式降级（subject/object/complement→syntactic absence）。首先来看一看主语性论元降级为宾语性论元的情况：

> （13）事情已经沸沸扬扬，王琦瑶的小照却刚刚寄出。（王安忆，2008：50）
>
> Although it was only recently that Wang Qiyao had sent in **her headshot**, rumors were starting to spread. （Berry & Egan, 2008：55）

原文中的"小照"充当主语性论元，而到了译文中它的对译词 her headshot 却充当了动词词组的宾语，变成了宾语性论元。这样既从原来的主语性论元降级为宾语性论元，属于降了一个层级。

接下来再讨论宾语性论元的降级。先看下面这个译例：

> （14）程先生有一回说某某企业的业主，号称某某大王的，其女也参加竞选，（王安忆，2008：50）
>
> On one occasion Mr. Cheng came to them with the news that the head of a certain major industry, who went by **the name of the "king" of something-or-other**, was entering **his daughter** in the pageant and ... （Berry & Egan, 2008：55）

原文中的"某某大王的"是谓语动词"号称"的宾语性论元，而在译文中我们会发现它变成了介词 by 的宾语 the name of the "king" of something-or-other,降级成了补语性的论元成分。在同一个译例中的最后一句,主语性论元"其女"被译成了 enter 的宾语,降级为宾语性的论元。可见,这个译例发生了两次论元的降级现象。

6. 论元再实现方式之六:论元的调序

其实,随着论元在翻译中的升级或降级,原文中论元的次序必然也发生调整。所以,论元的调序实际上是翻译中的一个伴随现象。如下面这个译例:

> (15) 河南闹水灾,各地赈灾支援,这城市捐献的也是风情和艳,(王安忆,2008:48)
>
> When ***torrential floods*** hit ***Henan province*** and people all over China were donating to the disaster relief effort, Shanghai offered its passion and romance—(Berry & Egan, 2008:55)

原文中的主语性论元"河南"在译文中降级为宾语性论元 Henan province,同时,原来的宾语性论元"水灾"在译文中升级为主语性论元 torrential floods。这样一来,原来的论元的顺序因为受到降级和升级的影响从而发生了调整。当然,在翻译中可以将论元次序的调整作为考虑的手段,尽管这种手段有着极强的伴随性。

7. 小结

论元跨句法和语义的界面特质决定了它的应用既可以拉动翻译中两种语言的句法层也可以拉动语义层。这样,我们讨论汉译英时,考虑到论元所负载的语义角色的层级特征的同时,也可以顾及论元所负载的句法成分的句法位置。相比较而言,用语义角色理论探究翻译只是局限在语义这个层面上的考察,用句法成分则是局限在句法这一单层面上,未免缺乏全面性。而论元理论的出现则为较全面地研究翻译提供了有效的路径,其价值在上述讨论中可见一斑。

思考与讨论

1. 论元和语义角色之间的区别在哪里? 它们之间的关系是什么?

2. 与语义角色一样,论元也有等级,那么论元的等级与语义角色的等级是否有着对应性? 汉英翻译中,论元的升格或降格是否与语义角色的升格或降格有着对应性?

3. 如何理解论元的界面性特征? 单语表达中的论元实现同跨语表达即翻译中的论元再实现的异同是什么?

第八章　句式重构

导　读

　　句式是论元接受组织而组建成为句子的结构样式。句式作为结构形态，不纯粹是形式性的，还具有语义性，句式往往带有一定的语义内容。所以，句式也是界面性的范畴。这种界面性从这一章所要讨论的句式种类的命名就可以看出。这些句式包括存在句式、运动句式或位移句式、致使句式、结果句式、及物句式和不及物句式。这些句式之前都有着限定词，如存在、运动、致使、结果、及物等。这些限定词其实都是句式的语义特征。如果说这些句式限定词指的是语义层面的话，那么它们所限定的句式这个范畴就不仅仅是句法范畴，也被同时赋予了语义性。那么，探讨汉英翻译中上述句式之间的转换实质上就是借助原文句式和译文句式之间的语义关系，挖掘出句式转换背后的语义理据，转而帮助译者翻译时在原文句子中识别出实施句式转换的潜在语义元素，从而更为有效地获得译文句式。

句式是组织论元的方式。句式不是纯粹意义上的句法概念,而是与论元之间的语义关系密切相关的句法层面的结构形态。所以,这里的句式分类依据的是每个句式的语义特征,如致使句式(causative construction)、及物句式(transitive construction)、存在句式(existential construction)及其所相对的结果句式(resultative construction)、不及物句式(intransitive construction)和运动句式(motional construction)。除此之外,在英汉两种语言中还有方位句式(locative construction)、意动句式(conative construction)、比较句式(comparative construction)等。在汉英翻译中,由于论元的转化,无论是论元地位的升降、论元次序的调整还是论元数量的变更,都可能会影响到译句句式结构的转化。尤其是致使句式和结果句式、及物句式和不及物句式、存在句式和运动句式这三对句式,在翻译中各对句式之间更容易发生相互转换。汉语的上述每个句式都有转换成与其相对的句式或其他句式的潜在可能性。这一章将主要讨论表8-1所示的汉英翻译句式转换模式:

表8-1 句式的翻译转换模式

句式(Constructions)	句式重构(Re-constructions)
存在句式(Existential construction)	Existential construction→motional construction; Existential construction→intransitive construction; Existential construction→Intransitive construction; Motional construction→resultative construction
运动或位移句式(Motional construction)	
致使句式(Causative construction)	Causative construction→resultative construction; Resultative construction→causative construction
结果句式(Resultative construction)	
及物句式(Transitive construction)	Intransitive construction→Resultative construction; Transitive construction→resultative construction; Intransitive construction→motional construction; Intransitive construction→resultative construction
不及物句式 (Intransitive construction)	

由于句式是界面性的语言单位,也就不奇怪它具有句法性和语义性的双重特性。因此,我们可以将句式分为句法性句式和语义性句式。句法性句式偏重句式的句法形态,如及物句式、不及物句式、双宾语句式等;而语义性句式则强调句式的语义内容,如存在句式、致使句式、结果句式、位移/运

动句式,等等。这样就会出现一种现象,即某种句式会兼具另外一类句式的特征,如不及物句式有可能兼具位移/运动句式等。在以下的讨论中,我们对这些兼性的句式一般会选取其中一类为主来加以说明解析。

1. 不及物句式的转化

1.1 不及物句式转化成及物句式

不及物句式一般是对一个论元予以表述,不直接论及额外的论元。但是,在翻译中如果呈现出相关的第二个论元,并且译者用及物性的动词将两个论元连接起来,那么原来的不及物句式就转换成了及物句式。这里需要说明的是,及物句式不一定按照及物论元、及物性动词和被及物论元的顺序呈现,也可能借助被动语态,常规语序被调整为被及物论元、及物性动词和及物论元。例如下面的例句(1):

> (1) 当他与石华在一起的时候,忘乎所以,但一个人静静地躺在宿舍里了,就极为沮丧,隐隐地感到在新的生活中,他的头脑里滋生了另外一种可怕的东西。(贾平凹,2006:151)
>
> He forgot everything when he was with her, but when he was in bed back at the dormitory, *he would be overcome by dejection*, feeling that in his new life something frightful was taking over his mind. (Goldblatt, 2003: 239)

原文句子的前三个小句的翻译都是依照原有句式来翻译的,但是到了"(他)极为沮丧",译文将"沮丧"翻译成了及物性论元,"他"则成了被及物性论元,只不过这一及物句式是用被动语态的语序表呈出来的。再比如下面这个译例:

> (2) 这句话使王琦瑶想起了吴佩珍,心里不由一阵暗淡。(王安忆,2008:50)
>
> These words made Wang Qiyao think back to Wu Peizhen, and *she was overcome with dismay*. (Berry & Egan, 2008: 55)

如果说在用 by 引出及物性论元可以保持及物性论元的及物力 (transitivity)，尽管这一及物力已被后置在介词之后从而有所弱化，那么如果用 with 引出及物性论元的话，该论元的及物性则进一步受到弱化。出现这种及物性弱化的情况，原因在于被及物者是"人"，他或她对自己的心理或情绪有着一定程度的自控力，其心理状态的产生主要来自自己的内心。这样就可以理解为什么上述第一个译例用被动语态造成及物论元的及物力弱化，而第二个译例则借助介词 with 引出的及物论元使及物力受到进一步弱化，这种及物力弱化的情况在下面这个译例中也得到了二次弱化：

(2) 且说陈善保从余家出来，心上犹有余怒。（杨绛，2007：298）

Chen Shanbao had left the Yu house, *still consumed with rage*. (Judith & Shi,2007:299)

这个译例中及物句式的使用加强了原文所缺失的及物性，尽管及物性论元 rage 和被及物论元 Chen Shanbao 的及物力和被及物力因为被动语态和 with 的使用受到了弱化，但是这种及物关系是译者额外附加的。原文"心上犹有余怒"完全可以继续使用不及物句式来翻译：

Anger still lingered in his heart.

1.2　不及物句式转化成位移句式或运动句式

不及物句式在翻译中属于易变性句式，原因在于不及物句式只是表达了它所关涉的事件的一个侧面，是整体事件的一部分。从认知语言学视角判断，部分性的表述可以被另外的部分或它所关涉的整体转喻性替代。此外，如果不及物句式的语义内容是抽象性的、心理性的或感知性的，又很容易接受隐喻性的表达。如下面这个译例：

(3) 金狗心酸起来，两腿只觉得沉重，一步步上到山上……（贾平凹，2006：155）

A sadness came over Golden Dog, and his legs felt as if they were weighted down as he walked up the mountain, one slow step at a time ... (Goldblatt，1991：245)

原文"金狗心酸起来"的"心"在译文中变成了"金狗"的整个身体，这涉及由部分到整体的转喻性转化，而其中的"心酸起来"是一个用不及物句式表达的隐喻性心理活动，但是到了译文中转化成了用 came over 表达的隐喻性运动句式。

不及物句式属于偏重句式表面的句法性句式，而运动性句式属于偏重句式内部语义信息的语义性句式。而这一语义性句式会有多种句法性句式变体。这里暂且将运动句式的句式变体放置一边，单纯地讨论不及物句式在汉英翻译中是如何转变为位移或运动句式的。再如下面这个译例：

（4）*石虎突然脸色十分难看，嘴哆嗦起来说不出一句话……*（贾平凹，2006：136）

Pain spread its shadow across Stone Tiger's face，and he mumbled words Golden Dog couldn't make out ... （Goldblatt，1991：217）

原文中的"石虎突然脸色十分难看"属于一个不及物句式，译文则把该句子所反映的事件的关联成分 pain 调动了出来，这属于转喻性转化，然后再用运动句式（从句法性上讲也是及物句式）翻译出来。

对心理性或感知性的不及物句式在翻译中转化成了运动或位移句式这一现象，我们不仅可以从原文和译文的转喻或隐喻关系上找到理据，还可以从名词化这个角度说明这一转化的特征。我们看看以下两个译例：

（5）（小水）被人踢过一脚的肚子又疼起来。（贾平凹，2006：286）

The pain in her stomach **returned**. （Goldblatt，1991：446）

（6）人似乎全变了。（贾平凹，2006：74）

A change had come over everyone. （Goldblatt，1991：121）

这两个译例中的原文分别有动词"疼"和"变"，但是到了译文中它们所对应的是名词 pain 和 change，动词被名物化之后就具备了具象性，也就是拥有了实体性，即获得了接受运动或位移句式表达的理据。

1.3　不及物句式转化成结果句式

不及物句式如果表达的是事件开端或发展过程,其译文并不一定也用表达开端或过程的不及物句式来与之对应,也有可能表达同一事件的结果部分,采用结果句式。下面这个译例就反映了这一句式转换:

(7) 她听见他连蹭带跑,三脚两步下去,梯级上不规则的咕咚喊嚓声。(张爱玲,"色戒",2007:288)

She heard ***his footsteps break into a run***, taking the stairs two or three at a time, thudding irregularly over the treads. (Lovell,2007:30)

原文中的"连蹭带跑"是"一边蹭一边跑"之意,指的是行走的两种交叉动作。而其译文表达的是"跑了起来"的意思,强调的是事件的结果部分。这样就由原来的不及物句式转化成了结果句式。

1.4　原因性不及物句式转化成结果性不及物句式

在某种情况下,虽然原文和译文采用的都是不及物句式,在句法层面上似乎没有转变,而实际上则产生了语义层面的转变。如下面的译例(8):

(8) *万籁俱静,伤感虽是伤感,但他闻到了州河水面的腥味和水草的腐败味。*(贾平凹,2006:152)

Silence reigned, and even though he was feeling melancholy, his nostrils were filled with the smells of the river and of the rotting water weeds. (Goldblatt,1991:242)

正是原文中的"万籁俱静"才导致了 silence reigned 这样一个结果,原文的不及物句式是原因,而译文中对应的不及物句式则是结果,句法层面没有转化,但是句法层下面的语义层则发生了由原因到结果的转换。

2. 致使句式、结果句式的转化

2.1 致使句式转化成结果句式

从某种意义上讲,致使句式属于及物句式,后者是一个更宽泛的概念。只不过致使句式更强调致使力的存在,并且隐含着相应的结果,尽管没有将这一结果明示出来。如果将致使力所造成的结果明确地呈现出来,这种句式就成了结果句式。原文句子如果是致使句式,但是到了译文则变成了结果句式,这也是一种常见的汉英翻译转换模式。如下面这个译例:

(9) 粉荷色小鸡蛋脸的奚太太,轻描淡写的眉眼,轻轻的皱纹,轻轻的一排前刘海,剪了头发可是没烫,(张爱玲,"等",1992:165)

Mrs Xi's egg-shaped face had a pinkish-purple tinge, and her eyebrows were lightly sketched, her wrinkles faint, her bangs wispy—she'd **cut her hair short**, but hadn't permed it. (Kingsbury, 2007: 45)

原文中有"剪了头发"的表述,属于致使句式,但是到了译文中译者则添加了 short 这一致使的结果,这样就将原来的致使句式转化成了结果句式。

2.2 结果句式转化成存有句式

致使力和结果在一个句子中的在场、缺席或同在这样的语义结构决定了句式的类型:只有致使力存在(cause-present)的句式为致使句式,致使力和致使结果共在(cause/result co-present)的句式为结果句式,而只有结果的句式可能为不及物句式或存有句式。如下面这个译例:

(10) 不静岗的寺里少不得有了给神灯送油的人,送得多,灯碗里点不了,和尚就拿去炒菜,吃得平日吐口唾沫也有油花。(贾平凹,1987:2)

People frequently donated lamp oil to the Restless Hill Monastery. When **there was plenty of it**, the lamp never went out and the abbot used the excess for cooking, until *even his spit glistened*. (Goldblatt，1991：5)

原文中的"送得多"属于致使力(cause)"送"和致使结果(result)"多"都在的句式，因而是结果句式。但在译文中，致使力没有译出，只是将致使的结果译出来了，这样就影响到了译文的句式类型，于是我们看到的不是原文中的结果句式，而是一个存有句式。有趣的是，原文中的最后一句"吃得平日吐口唾沫也有油花"本为结果句式，即致使力"吃"和致使结果"平日吐口唾沫也有油花"同时在场。但是到了译文中"吃"这个致使力是不在场了，从而只剩下致使结果 even his spit glistened，只有致使结果这一语义内容存在的对应句式是存有句式。这样就把原来有着致使力这一充实而具体的语义内容的结果句式简约为只有结果在场的存有句式。如果反过来，原文是存有句式，那么在翻译中其语义内容就很容易被充实，从而转化成其他类型的句式。

3. 存有句式的转化

3.1 存有句式转化成不及物句式

存有句式只是单纯地表示某事物或人的存在，不涉及具体的存在方式，但是在翻译中因为有着存有的具体场景，借助这一场景可以将存有的方式具体化，从而启用具体的谓语动词将句式转化成不及物句式。如下面这个译例：

(11) 社里只寥寥几人……(杨绛，2007：36)
Only a few people rattled around in the Institute ... (Judith & Shi，2007：37)

原文句子只表示"寥寥几人"的存在，但是译文用 rattle 这个动词将其存在方式具体化，也就相应地将原来的存有句式转化成不及物句式了。

由于存有句式对具体存在形态的空置，导致了在翻译中译者易于实化的倾向。在这种情况下，译者会发挥联想力，激活原文中存在的具体方式，从而将句式转化为诸如不及物句式这样具有充实意义的句式。再比如下面两个译例：

> （12）他叫罗厚代表朱千里，随同他和杜丽琳去找傅今，建议为了工作方便，把研究用的书籍集中在组办公室里，那儿现成有空着的书橱。（杨绛，2007：230）
>
> He asked Luo Hou, as Zhu Qianli's representative, to accompany him and Lilin to Fu Jin's. They would suggest that the books needed for research should be collected in the department office, *where empty bookcases awaited.* (Judith & Shi, 2007：231)

原文中"那儿现成有着空着的书橱"表示"书橱"的"存有"，而译文则使用了await，拟人化地表达了"书橱"的具体存在方式，同时也将原来的存有句式转变成了不及物句式。下面这个译例也基本上是同样的情形：

> （13）河面上虽然有风，但州河的水好……（贾平凹，2006：52）
>
> *Winds swept across* the surface of the Zhou River, but it was still a good river … (Goldblatt，1991：87)

原文中的"河面上有风"被具体化为"风扫过河面"，"风"存在的方式变得更为具体，这种语义的转变投射到句法层面上就导致了原来的存有句式转化成了不及物句式。

3.2　存有句式转化成及物句式

存有句式还可以转化为及物句式。由于存有句式的存有性往往表示的是一种状态，而这个状态可能是一种起始状态或结果状态，这样就容易用及物性动词将原文句式中的主语论元变为及物性论元，而原来的存有状态则成了被及物性论元。如下面这个译例：

> （14）那群学生组成的勇敢的闯入者正在离去，已经到了尾声的婚礼再次有了冷落的迹象。（叶兆言，1996：23）
>
> Just as that flock of students who had barged in were leaving, the wedding ceremony, which was already beginning to

wind down, *reached another lull*. (Berry, 2004：28)

原文的第二个句子是一个存有句式："婚礼有了冷落的迹象"。而其译文则将原来的拥有者"婚礼"变成了及物性论元,原来的存有状态"冷落的迹象"变成了被及物论元,引起这一变化的根本原因是在它们中间使用了位移动词 reach。

3.3　存有句式转化成运动句式

如果用语义的充实性或具体性来审视句式的话,存有句式在语义充实性或具体性上程度最低,从而也最容易在翻译中获得充实或被具体化。那么语义的充实或具体化所伴随的句式转化不只是转变成不及物句式,也会转化为其他句式,比如运动句式。其实这一句式转化模式是与汉英翻译中的事件化或动态化相对应的。如以下这个译例:

> (15) 隔断店堂后身的板壁漆奶油色,靠边有个门,门口就是黑洞洞的小楼梯。(张爱玲,"色戒",2007:283)
>
> To one side of the cream-colored back wall of the showroom was *a door leading to a pitch-dark staircase*. (Lovell, 2007：22)

原文中的"门口就是黑洞洞的小楼梯"表示"进门之后有黑洞洞的小楼梯",含有"存有"的含义。到了译文,这个存有句式变成了现在分词形态的 a door leading to a pitch-dark staircase,尽管 lead to 在这里的用法是隐喻性的,但仍然动感十足,属于运动句式。当然,这里的情形是为了相对于原文存有句式的静态性将其转化而成的句式成为运动句式;也可以从及物性或不及物性上来界定转化而成的句式,所以这个译例中的句式转化也可以被认为是朝向及物句式的转化,而前面 3.1 中的最后一个译例(即"河面上虽然有风"被译为 winds swept across the surface of the Zhou River)的句式转化既可以说成是朝向不及物句式的转化,也可以称之为朝向运动句式的转化。

4. 位移/运动句式的转化

4.1 位移/运动句式转化成双宾语句式

有时原文只是单纯地表示位移或运动,但是译者可能会结合语境进行其他句式的附加,例如下面这个译例:

> (16) 天忽然回过脸来,漆黑的大脸,尘世上的一切都惊惶遁逃……(张爱玲,"桂花蒸",1992:190)
> Suddenly the sky **had turned around to show the world its enormous pitch-black face**, and everything in this mortal sphere fled away in panic ... (Patton, 2007: 112)

原文只是表达了"天忽然回过脸来",但是译文却添加了 show the world its enormous pitch-black face 这样一个双宾语句式。

4.2 位移/运动句式转化成结果句式

位移或运动句式一般强调过程,在翻译中过程是较容易被由过程所带来的结果取代的。于是,在汉译英中常常会看到原文的位移/运动句式转化为译文中的结果句式:

> (17) 多少天来,他第一次心里稍稍平衡了一些,脸上泛上一丝无声的笑。(贾平凹,2006:100)
> He suddenly felt more at peace than he had for days, and *a smile creased his face*. (Goldblatt, 1991: 160)

原文中的"脸上泛上一丝无声的笑"属于运动句式,但是到了译文却表达为因为脸上泛上笑容而导致的结果:脸起皱(crease)。所以,原来的运动句式变为了语义性的结果句式(或句法性的及物句式)。同样的情况也发生在下面这个译例上:

> (18) 痛楚的青,白,紫,一亮一亮,照进小厨房,玻璃窗被逼得往里凹进去。(张爱玲,"桂花蒸",1992:190)

An anguished blue, white and violet *lit up the small kitchen* time and again. Wind bowed the glass of the window inwards. (Patton, 2007: 112)

原文中的"照进小厨房"是语义性的运动句式,但是到了译文,译者使用了 lit up,语义上则变成了"照亮了",成了语义性的结果句式了。

5. 判断句式转化成及物句式

虽然从一定意义上讲,存有句式也包括判断句式,因为判断句式也意味着存在的状态或特点。但我们在这里单独把判断句式拎出来予以讨论。如果在汉英翻译过程中潜在地隐含者一种动力的话,那么这个动力就是由于原文的静态性和译文的动态性之间的落差而产生的。原文句子的静态性蕴含着一种潜在的可能性,即有可能使其对应的译文句子拥有动态性。据此,我们就可以根据以下译例的句式特征即属于静态的判断句式做出推测:这样的句式很有可能在译文中转化成动态性句式。而在这个译例中,这个动态性句式就是一个及物句式:

(19) 旱是这里的特点。(贾平凹,2006:2)
Drought *characterized* the place. (Goldblatt, 1991: 5)

当然,这个原文的句子也可以用静态的判断句式来翻译,如:"The place was drought-stricken."。从静态句式到动态句式的转换并非是唯一的翻译取向,还有其他的可能性。

上述译例中译文的及物句式所用动词是抽象动词,而下面这个译例中译文的及物句式使用的则是具象性动词:

(20) 白石寨城南门外,沿州河是一溜高低错落的破房子,(贾平凹,2006:52)
Outside the southern gate of White Rock Stockade a row of run-down shacks, some tall, some low, *lined* the bank of the Zhou River. (Goldblatt, 1991: 87)

原文中的"一溜高低错落的破房子"沿河成线型排列着。译文的及物句式将"房子"与"州河"用 line 这个具象动词关联起来,从而改变了原文句式的关联模式,由判断转化成了及物。

6. 小结

以上考察了句式在汉英翻译中的转化。将句式转换作为翻译研究的对象是为了在句法层面上考察翻译,但是由于对句式的界面性特征,即有的句式属于句法性的,而有的则属于语义性的,所以在讨论是会发生界限不明的现象时。但这里的讨论不妨作为一次初步的尝试,待以后再做进一步的深入和细化。

思考与讨论

1. 本章中讨论了哪些句式?在汉英翻译中有哪些句式转换模式?

2. 句式有没有界面性特征?这些界面性特征是怎么体现的?

3. 句式之间是否存在相对性?为什么有着相对性的句式在汉译英中容易相互转换?

第九章　区域激活

　　事件往往会发生在一定的场域,这个场域就是框架语义学中的"框架"。在涉及特定框架的语言表达中,就像对事件的表达一样,表达者也会选择框架中的成分,这些成分被称作"区域"。在汉译英中,译者会选取原文和译文所共同分享的同一个框架中的不同区域表达原文的意义。原文中潜在的区域在译文中被显化出来,那么这个过程就是翻译的区域激活过程。在单语环境的理解中,理解者会将没有显化在语言表层的区域激活出来,让它浮现在头脑中,这属于隐性激活的类型。翻译者所关心的则是对在汉英翻译的理解过程中激活出来的区域做出显性激活的判断,让被激活的区域显化在译文的语言表层。这要求译者不仅有着相关的百科性知识,而且还要意识到两种语言在对同一个认知框架进行识解时所存在的差异,从而有效地获得恰当的原文激活项和译文被激活项之间的激活距离和激活项的数量。

1. 区域激活(zone activation)理论:活跃区域理论的派生

在认知语言学中,活跃区域理论(theory of active zone)所关涉的是关系性述谓结构与其论元之间的匹配性,如在以下两个句子中:

1. Max heard *the trumpet*.
2. Max saw *the trumpet*.

两个句子中的述谓动词 heard 和 saw 分别激活出了 trumpet 不同的区域:句 1 中 trumpet 的活跃区域是"声音",句 2 中的 trumpet 所激活的区域则是 trumpet 的"颜色"、"形状"。① 可见,所谓的"活跃区域"是在理解过程中一个句子要被激活出来,但在句子表层却被隐含的那个区域,而区域的激活需要借助相关的表层成分尤其是述谓动词来完成。

我们可以从句子的述谓成分(predication)来理解"活跃区域"。"一个句子往往具有中心性的关系述谓成分,这一成分凸显了构成一个有机完整整体的活跃区域"。② 我们不妨用以下这个句子来说明"活跃区域"与述谓成分之间的关系:

Your dog *bit* my cat.

在这里,述谓成分 bite 关涉了 dog 和 cat 之间的互动,而这两个成分之间的互动所涉及的只是它们各自的某些方面。dog 涉及的是"牙齿",cat 涉及的是"被狗咬的部位"。这样,两个论元成分就通过 bite 这个述谓语成分激活出了各自相关的"区域",也就在相互之间产生了互动关系。③ 这就是认知语言学中的活跃区域理论。如果把这一理论放在句子的理解过程中表述,也不妨称之为区域激活理论。

当然,当相关论元在理解中被激活时也可能是该论元所指代的客体的全部,如下面这个句子:

---

① Evans, Vyvyan. *A Glossary of Cognitive Linguistics*[M]. Edinburgh: Edinburgh University Press Ltd, 2007, p. 5.

② Langacker, R. W. *Concept, Image, and Symbol: The Cognitive Basis of Grammar*[M]. 1990:190. Berlin & New York: Mouton de Gruyter, 1990, p. 189.

③ 同上,p. 190.

The *spacecraft* is now approaching Uranus.

该句中的 spacecraft 就是指代"宇宙飞船"的整体,这种情形其实在理解这个句子时无须激活相关区域,所以可以称之为零度激活。

在翻译语境下,我们需要重视的是翻译所涉及的两种语言的区域激活机制会存在差异,这会直接影响译者在翻译中实施跨语区域激活。如在下面这三个句子中,原本在句子表面并不显在而是被隐含的区域在理解中分别被激活了出来:

a. David blinked.
b. She heard the piano.
c. I'm in the phone book.

在句 a 中,虽然主语论元是一个名叫 David 的人,但是通过谓语动词 blink,这个人的"眼睛"则被激活了出来。需要注意的是,因为英汉两种语言的认知激活模式的差异,在一种语言中可以被表层结构隐含并能够在理解中被激活的区域,到了另一种语言中则只能显在地表达出来。所以,句 a 的中文译文是:

甲:大卫眨了眨眼睛。

在中文里,"眼睛"必须出现在句子表层。同样地,句 b 的理解需要把"钢琴声"从 piano 这个词中激活出来,但翻译成中文,这一激活结构就不复存在了:

乙:她听见了钢琴声。

但是句子 a、b 的情形并不适用于句 c,因为在汉语中仍然可以保存英文句子的激活结构:

丙:电话簿里有我。

这里的"我"同英语句子中的 I 一样,也需要被激活出"我的名字"才能得到理解。这个例子说明,在译者将其原句翻译成中文时当然会分别激活 I 及其对译词"我"的真正含义,但是这一激活的结果跟在原句一样并不会落实在句子的表层,属于一种隐性激活的方式。这种隐性激活是相对于显性激活而言的。这两种激活方式是我们下面要讨论的话题。

2. 隐性激活

在理解单语表达式过程中,理解者往往借助字面的词句意会出表面上隐在的意义成分,而这个意义成分只在理解者头脑中出现,这种情况属于隐性激活。隐性激活的现象在跨语转换即翻译过程中也会出现:翻译者只是在翻译的阐释过程中意会出原文没有表面化的意义成分,这一成分在译文中也是隐没在语言的表层下面没有明示出来。如下面这 8 个句子里面都有 photograph 一词,但是在各自句子的理解过程中这 8 个 photograph 意会出的意义是不同的;如果将这些英语句子翻译成汉语,这 8 个 photograph 也都一样翻译成"照片",各自的意义依然处在隐性状态而不必激活出来:

1. The *photograph* is torn. /照片撕了。

2. The *photograph* is out of focus. /照片拍虚了。

3. This is a *photograph* of me at age 10. /照片上的我 10 岁。

4. This is not a very good *photograph* of you. /这张照片你拍得不好。

5. This *photograph* has been re-touched. /这张照片修过。

6. The *photograph* was awarded a prize. /这张照片获了一个奖。

7. The *photograph* appeared on the front page of all the newspapers. /这张照片上了所有报纸的头版。

8. I'll send you the *photograph* as an electronic attachment. /我用电子邮件把这张照片发给你。

上述 8 个句子中的 photograph 无一例外地都被译成了"照片"。译者在使用"照片"对译原文的 photograph 时需要将其在各个句子中的含义激活出来,只是激活出来的含义隐含在译文表层下面,没有明示出来而已。这种激活方式属于隐性激活。

3. 显性激活

但是,除了隐性区域激活之外,还有显性区域激活,而后者是我们要讨论的重点。在汉英翻译中,理解过程的激活结果需要显性地体现在英语的译文中。译者所关心的是如何激活以及怎样将激活结果安置在译文的表层结构中。这里将总结出三个框架内的跨语显性激活。

3.1 身体区域激活

原文中有成分涉及的是身体框架中的元素,而这个元素在原文中是隐性,需要依靠理解才能激活出来。但在译文里,这个激活出来的身体元素则要在译文中体现出来,变成译文中的显性成分。如下面的译例(1):

> (1) 初二的下午王连方正在村子里检查春节,他披着旧大衣,手上夹了半截子飞马牌香烟。(毕飞宇,2003:4)
>
> ***With an old overcoat draped over his shoulders*** and ***half a Flying Horse cigarette between his fingers***, Wang Lianfang went on holiday inspection of the village on the second day of the new year—a raw, cold day. (Goldblatt & Lin, 2010:11)

当理解原文中的"他披着旧大衣"时,读者会联想到"他"的身体的"肩膀"部分,但是原文中没有将"肩膀"显性地表达出来。而到了英文中,这个原本在理解中需要隐性激活的成分则需要显性表达出来,所以"披着旧大衣"就成了 with an old overcoat draped over his shoulders。

同样的情况也发生在了原文"手上夹了半截子飞马牌香烟"的翻译上。该句中的"手"就提示了这句话涉及身体框架,这也进一步提示译者这句话有区域激活的潜在可能性。于是,在"手"的提示下,fingers 就在译文中被激活了出来,也就有了这样一个译文:half a Flying Horse cigarette between his fingers。原文中的"手"和译文中的 fingers 之间的关系是整体和部分的关系。在汉英翻译中区域的显性激活也会是从原文中"部分"激活出"整体"来,比如在下面这个译例中:

> (2) 不知道要哭什么就不那么容易哭得出来。这一来筱燕秋的胸口反而堵住了。胸口堵住了,肚子却出奇的饿,(毕飞宇,"青

衣",2004:183)

It is hard to cry when you don't know what for, and that thought brought a lump to **her throat**; that lump, inexplicably, sent pangs of intense hunger through **her body**. (Goldblatt & Lin, 2007:69)

原文中的"肚子却出奇的饿",其中的"肚子"是身体框架内的成分,而对应"肚子"的译文则是 her body,它们之间是部分与整体的关系。但是该译例原文中的"胸口反而堵住了"的"胸口"在译文中则对应 her throat:"胸口"和 throat 之间的关系则是整体与部分之间的关系。

3.2 感知区域激活

感知区域激活与身体区域激活有着一定的关联,因为感知是指身体性的感知,视觉、味觉、听觉、触觉是身体的感知官能。

(3) 高音喇叭里杂七杂八的,听得出王连方的堂屋里挤的都是人。(毕飞宇,2003:5)

From **the clamorous background** emerging from the loudspeaker, Wang could tell that his living room was swarming with people. (Goldblatt & Lin, 2010:12)

在这个译例中,原文中的"杂七杂八"本来指的是听觉感知对象的特征,而在译文中感知对象 background 被激活了出来。

下面这个译例也同样是听觉感知的区域激活:

(4) 筱燕秋泪汪汪地盯着炳璋,知道他的好意。可是筱燕秋就想扑上去,揪着炳璋的领口给他两个耳光。(毕飞宇,"青衣",2004:180)

Xiao Yanqiu looked at him with teary eyes, fully aware of his good intentions; but what she felt like dong was rushing up, grabbing him by the collar, and giving him a couple of **resounding** slaps. (Goldblatt & Lin, 2007:64)

原文中的"耳光"关联的是听觉感知框架,所以在译文中就激活出 resounding 这个词来修饰 slaps。

3.3　文化区域激活

从一定程度上讲,语言是文化的反映和载体。文化之间的差异在各自所对应的语言中也有着不同的体现。语言对文化的表达是选择性的。一种语言表达类似文化时所选取的相应文化框架内的成分跟另一种语言表达像似文化时所选取的成分会不尽相同。这就是为什么在翻译处理涉及文化的框架时会激活出原本在原文字面中没有在场的框架成分的原因。我们下面将给出的译例所涉及的文化包括医疗、戏剧战争、饮食、博弈和婚姻文化。

医疗文化:

（5）筱燕秋挂的是内分泌科,开过药,筱燕秋特地绕到了后院。（毕飞宇,"青衣",2004:160）

Now, Xiao Yanqiu *registered to see a doctor in the urology department*. Once she *had her prescription filled*, she walked out behind the hospital. (Goldblatt & Lin, 2007:25)[①]

译者在翻译"挂的是内分泌科"时激活出了 see a doctor;在译"开过药"时激活出的是 prescription。可见原文和译文所要表达的是相同的文化内容,但却各自选择了相同文化框架的不同区域予以激活表达。

戏剧文化:

（6）一部戏总是从唱腔戏开始。（毕飞宇,"青衣",2004:176）

Songs are the primary elements of Peking Opera. (Goldblatt & Lin, 2007:58)

（7）演员的唱腔、造型还得与乐队、锣鼓家伙形成默契,没有吹、拉、弹、奏、打,那还叫什么戏? 把吹、拉、弹、奏、打糅合进去,这就是所谓的响排了。（毕飞宇,"青衣",2004:177）

The performers also need to develop a connection with the orchestra, with the gongs, the drums, and other instruments.

---

①　这个译例原文中的"内分泌科"应该译为 endocrinology department。

How could anything called "opera" exist without ***the winds, the strings, and the percussion***? Bring ***all the instruments*** together, and you have what is called the sound rehearsal. (Goldblatt & Lin, 2007:59)

这里的两个译例都涉及戏剧文化内容的翻译处理。第一个译例中的"唱腔戏"在翻译中被激活的 songs 对译了出来。第二个译例中的戏剧文化更具有中国特色:原文中的"吹、拉、弹、奏、打"本指乐器演奏的方式,译者巧妙地激活出这些演奏方式所对应的乐器,并且将最后一句重复出现的这些演奏方式综合地激活为一个词,即 instruments。

战争文化:

　　(8) 这是一场战争,一场掩蔽的、没有硝烟的、只有杀伤的战争。(毕飞宇,"青衣",2004:178)

　　It was a battle of stealth, ***devoid of gunpowder, but producing significant casualties*** nonetheless. (Goldblatt & Lin, 2007:60)

尽管这个译例中出现的"战争"是一个隐喻用法,但是其中也出现了涉及"战争"的文化元素,诸如"硝烟"、"杀伤"。这些战争文化元素在译文中没有直接对译,而是将它们各自相涉的区域激活出来,被分别译为 gunpowder 和 casualties。

饮食文化:

　　(9) 接下来控制的就是自己的嘴了。筱燕秋不允许自己吃饭,不允许自己喝水,更不用说热水了。(毕飞宇,"青衣",2004:178)

　　Then she attended to ***what she put into her mouth***. Neither ***rice*** nor water was allowed, especially hot water. (Goldblatt & Lin, 2007:61)

这里,译者激活出"所吃的食物"来翻译原文中的"自己的嘴";而在翻译"吃饭"时激活出 rice,因为这里的"吃饭"应该作笼统的理解,不是只包括"米饭"一种。

博弈文化：

(10) 男将们不容易看得到，他们一定躲到什么地方赌自己的手气去了。（毕飞宇，2003：4）

Obviously, the younger men had gathered at some secret spots to *try their luck at cards*. (Goldblatt & Lin, 2010：11 - 12)

中国文化中博弈形式很多。译者在翻译原文的"赌自己的手气"时，根据这句话所处的语境激活出了 cards。

婚姻文化：

婚姻文化是人类社会普遍性的文化。但是，涉及婚姻文化的相同语义内容在由不同的语言表达时会使用这一文化框架中的不同成分。这种差异常常会出现在英语和汉语中，例如下面这个译例：

(11) 皇帝的女儿不愁嫁，哪一个精明的媒婆能忘得了这句话。（毕飞宇，2003：8）

All shrewd matchmakers believed the saying that *an emperor's daughter never had to worry about finding a husband*. (Goldblatt & Lin, 2010：16)

原文中的"皇帝的女儿不愁嫁"在译文中并没有直接翻译成：an emperor's daughter never had to worry about marrying herself off，而是激活出 a husband 进行翻译。同样的情形也发生在下面这个译例中：

(12) 玉米至今没有婆家，村子里倒是有几个不错的小伙子，玉米当然不可能看上他们。（毕飞宇，2003：10）

But she *remained single* nonetheless. The village was home to a few passable young men, none of whom she considered to be *a good match*, (who clammed up if she approached when they were talking to other girls.) (Goldblatt & Lin, 2010：19)

原文中的"没有婆家"没有被直接译为 did not have mother-in-law,而是激活出了"单身状态(single)"。最后一句中的"看不上他们"则是通过激活出 a good match 翻译出来的;当然,这里也可以激活出 Mr. Right 来翻译。

4. 逆向激活

这里讨论的激活指的是显性激活,即通过对原文的解读,激活原文隐性的框架成分并将其在译文中显性地表达出来。如果说这是一种顺向激活的话,那么将原文中显性激活而表达出的成分进行隐性处理,这种情况就属于逆向激活了,如下面这个译例:

> (13)减肥见了成效之后筱燕秋整日便有些恍惚,这是营养不良的具体反应。精力越来越不济了。头晕、乏力、心慌、恶心,总是犯困,贪睡,而说话的气息也越来越细。(毕飞宇,"青衣",2004:179)
>
> Once she began to see the results of ***her weight-loss regimen***, she suffered from light-headedness, a clear sign of malnutrition. She was becoming lethargic, ***was often dizzy and fatigued***, ***grew anxious***, ***and suffered from nausea and a lack of energy***. With all this came a notable weakening of ***her voice***. (Goldblatt & Lin,2007:61-62)

这句话的翻译包含顺向激活:"减肥"的译文激活出了 regimen(配方),"说话的气息"的译文激活出了 voice,这些都是原文无而译文有,属于顺向激活。但是,原文中的"头晕"中的头,"乏力"中的"力","心慌"、"恶心"中的"心"在译文中既没有被直接翻译出来,也没有激活出相关的区域将它们替代,在译文中都被隐没了,所以它们的翻译是逆向激活的结果。

5. 汉英翻译中的激活距离和激活数量

5.1 近距激活

在汉英翻译中,被激活项如果与其在原文中的对应项之间的距离较近,

这种情况就称之为近距激活,如以下这个译例:

> (14) 任副官在他腚上打了一鞭子,他嘴咧开叫一声:孩子他娘!(莫言,2005:3)
>
> Adjutant Ren smacked him across the **backside** with his whip, forcing a yelp from between his parted **lips**. Ouch, mother of my children! (Goldblatt, 2003:6)

原文中的"腚"被译成了 backside,尽管后者也含有"臀部"、"屁股"的意思,但其意义涵盖的范围还包括"背部"、"后侧"等意思,与原文的距离很近,属于近距激活。同样的,原文中的"嘴"在译文中对应为 lips,"嘴"和"嘴唇"之间的关系也是近距关系。所以,这里也属于近距激活。

5.2　远距激活

有时译文的被激活项虽然与其在原文中的对应项都在同一个框架之内,但是它们相隔较远,那么这个被激活项就属于远距激活,如在下面译例中:

> (15) 人就是以这种方式一次又一次地长大的,心同样也是这样一次又一次地死掉的。这和岁月反而没有什么关系了。(毕飞宇,2003:61)
>
> People get old gradually, step by step, a slow death of the heart. Aging has little to do with **calendar**. (Goldblatt & Lin, 2010:90)

译文中的 calender 是被激活项,与其在原文中的对应项"岁月"同在"时间"这个框架中。从"岁月"到 calender 这个激活过程较为间接曲折,也就是说两者的距离较远。所以,可以将这种情况称为远距激活。

5.3　单项激活、等量激活和减量激活

汉英翻译中区域激活所得到的被激活项在数量上多少会有不同。如果是一对一的激活,也就是说原文的激活项在译文中激活出的只有一个项目,那么这种激活是单项激活,如我们曾经讨论过的译例(8):

(8) 这是一场战争，一场掩蔽的、没有硝烟的、只有杀伤的战争。(毕飞宇，"青衣"，2004:178)

It was a battle of stealth, ***devoid of gunpowder***, ***but producing significant casualties*** nonetheless. (Goldblatt & Lin, 2007:60)

原文中的"硝烟"激活出了一个项目 gunpowder；"杀伤"激活出了一个项目 casualties。所以，这个句子的翻译包括两个单项激活，并且译文的被激活项及其原文的对应项之间是一对一的，在数量上没有改变。这一情况属于单项激活，同时也是等量激活。但在译例(7)中却发生了减项激活的情形：

(7) 演员的唱腔、造型还得与乐队、锣鼓家伙形成默契，没有吹、拉、弹、奏、打，那还叫什么戏？把吹、拉、弹、奏、打糅合进去，这就是所谓的响排了。(毕飞宇，"青衣"，2004:177)

The performers also need to develop a connection with the orchestra, with the gongs, the drums, and other instruments. How could anything be called "opera" exist without ***the winds***, ***the strings***, ***and the percussion***? Bring ***all the instruments*** together, and you have what is called the sound rehearsal. (Goldblatt & Lin, 2007:59)

这个译例中出现了两次"吹、拉、弹、奏、打"，在译文中依次激活出了 the winds、the strings、the percussion，以及 the instruments。在前面的"吹、拉、弹、奏、打"翻译中，"吹"译为 the winds 是单项激活，"拉、弹、奏"译为 the strings 是减项激活，"打"译为 the percussion 则是等量式的单项激活。第二次出现的"吹、拉、弹、奏、打"被笼统地译为 the instruments，则是减量式的单项激活。

5.4 多项激活与增量激活

翻译中的区域激活不仅有一对一的等量激活，或者是多对一的减量激活，而且还会出现一对多的多项激活或增量激活，如在下面这个译例(16)中：

(16) 麻将桌上白天也开着强灯,洗牌的时候一只只钻戒光芒四射。白桌布四角缚在桌腿上,绷紧了越发一片雪白,白得耀眼。(张爱玲,"色戒",2007:271)

Though it was still daylight, the hot lamp was shining full-beam over the mahjong table. Diamond rings flashed under its glare as their wearers *clacked and reshuffled their tiles*. The tablecloth, tied down over the table legs, stretched out into a sleek plain of blinding white. (Lovell,2007:3)

原文中的"洗牌"的"洗"对应译文中的两个动词:clacked 和 reshuffled。从数量上讲,被激活项对于其原文中的对应项,属于多项激活或增量激活。

6. 小结

汉英翻译中区域激活方法的运用体现了翻译的灵活性和变通性,激活的目的是为了让译文在表达原文的意义时更加符合译入语的表达习惯,即更加地道。利用区域激活进行跨语转换考察的是译者自身的语言功力,尤其是对译入语的掌握程度和熟练运用的程度。在运用区域激活进行汉英翻译操作虽有着有效性,区域激活实际上有一个缺点,那就是缺乏认知转化层面上的理据,只能单凭译者对译入语的掌握程度。而我们在下一章要讨论的是汉英翻译中的隐喻映射机制,可以在认知转换层面为汉英翻译寻找操作的理据。

思考与讨论

1. 什么是区域激活? 隐性激活和显性激活的区别在哪里? 隐性激活为什么多发生在单语表达和理解中?

2. 汉英翻译中有哪些显性激活类型? 在文化区域激活中又包括哪些?

3. 根据区域的激活距离和数量,汉英翻译中显性激活有哪些?

4. 为了在翻译中有效地实施区域激活,翻译者需要具备什么样的语言素养?

第十章　隐喻映射

认知语言学将隐喻看成是一种普遍性的语言认知机制,而不仅仅是一种修辞手段。作为修辞手段时,隐喻机制中的两个成分是本体和喻体,而作为认知机制的隐喻则包括目标域和源域。隐喻的这种二元机制正好契合翻译中原文和译文这样的二元互动关系。原文和译文之间的关系可以放在目标域和源域这样的二元关系中去观照。原文相对于译文有可能是源域相对于目标域的关系或者是目标域相对于源域的关系。这样一来,我们就可以描述汉英翻译的跨语隐喻映射机制:译文保持原文的隐喻机制,那么就是零度映射;译文是源域,原文是目标域,这种情况就是跨语隐喻映射的结果;如果译文保留原文的目标域,但置换了原来的源域,那么这就是由隐喻的再映射造成的;如果译文去除掉了原文的源域,只将原文的目标域翻译了出来,那么这就属于消解映射的结果了。

　　隐喻是一种认知机制。在传统修辞学中,隐喻是一种修辞手段。我们这里探讨的汉英翻译中的隐喻映射是前种意义上的隐喻。在修辞学中,隐喻包括本体(tenor)和喻体(vehicle)两个部分。其中,本体相当于认知或概念隐喻(conceptual metaphor)中的目标域(target domain),喻体相当于概念隐喻中的源域(source domain)。① 隐喻的认知机制就是将源域或喻体映射(map)到本体或目标域上。比如下面这个隐喻:

LOVE IS A JOURNEY.(爱情是一次旅程。)

可以这样描述这个隐喻的认知机制:它(即这个隐喻)用"旅程"这个源域来结构"爱情"这个目的域,这个源域允许我们用"旅程"来思考和讲说"爱情"。这个隐喻可以进一步解析如下:

源域:旅程→目的域:爱情

旅行者→爱人

旅行工具→爱情关系

旅程→爱情关系中的事件

走过的距离→取得的进步

遭遇的障碍→经历的困难

决定走哪条路→选择做什么

旅程的目的地→爱情关系的目标

这个隐喻中的源域和目标域所关涉的成分及其相应的映射关系可以在上述解析中体现出来。② 这一隐喻是对以下这个直接表达的隐喻性表达:

字面义:爱情是一次艰难的经验。(LOVE IS A TOUGH EXPERIENCE.)

隐喻的使用可以使直接的字面义表达得更为生动形象。在这里需要注意的

---

① 见 Croft, W. & Cruse, D. Alan. *Cognitive Linguistics*. Beijing: Peking University Press, 2006:195.

② 见 Lakoff, G. & M, Johnson. *Philosophy in th Flesh: The Embodied Mind and Its Challenge to Western Thought* [M]. New York: Basic Books, 1999, pp. 63 - 66.

是,我们必须跳脱修辞意义上对隐喻的理解,将隐喻看成是一种普遍性的语言认知机制。把隐喻机制引入到翻译中,不是单纯为了加强译文的生动性和形象性,而是可以让我们的翻译更加有效。这不仅意味着映射隐喻到译文中,而且还包括解除原文的隐喻或者在译文中置换新的隐喻等。通过考察一些译例,我们可以总结出隐喻思维在汉英翻译中有着以下几种映射方式:映射(Mapping)、零度映射(Zero-mapping)、再映射(Re-mapping)和消解映射(De-mapping)。这些翻译的隐喻映射方式可以具体地用表 10 - 1 体现出来:

表 10 - 1 隐喻的翻译映射机制

映射模式(Mapping Approaches)	结构转化(Shifts in Metaphorical Structure)
零度映射(Zero mapping)	Source domain→Target domain:Source domain →Target domain (No change)
映射(Mapping)	(Source domain) → Target domain:**Source domain**→target domain
再映射(Re-mapping)	Source domain→Target domain:**Source domain** →target domain
消解映射(De-mapping)	Source domain → Target domain:(Source domain)→Target domain

(注:圆括号表示空缺;黑体字表示新添加项)

接下来,我们就根据表中所列举的隐喻映射机制分析译例,以便更好地理解这些机制在汉译英中的使用。

1. 零度映射(Zero-mapping)

所谓的零度映射指的是译文继续沿用原文的隐喻保持不变。原文隐喻的源认知域(source domain)和目标认知域(target domain)同时在场,译文隐喻的这两个成分也同时在场,如下在译例(1)中:

(1) 她的心情就像熨斗熨过了一样平整。(毕飞宇,"青衣",2004:207)

That she was at peace, as if her mood had been *ironed out* smooth. (Goldblatt & Lin, 2007:193)

原文中的"像熨斗熨过"被译成了 as if her mood had been ironed out，这是对原文隐喻的源认知域的沿用，原文中的"平整"被译成 smooth，这是对原文隐喻的目标认知域的继承。译者在这里直接移译了原文的隐喻，基本未加改变，所以属于零度映射的翻译方法。同样的情形也发生在下面这个译例中：

(2) 雪巧犹如一只惊弓之鸟，(苏童，2005：171)

Snow Talent was *jittery as a bird around an archer*. (Goldblatt，1997：201)

原文中的"惊弓之鸟"既包含源认知域"鸟"，也包含目标认知域"惊"，前者在译文中被译为 a bird around an archer，与原文稍有出入，意思为"射箭手旁边的鸟"，"惊"则被译为 jittery，尽管译文隐喻的构成与原文隐喻的构成有所出入，但大致相当，也可以把这个译例视作是通过零度映射对原文隐喻的沿用。

当然，零度映射在处理隐喻翻译时有可能会实施得不彻底，不是原原本本地袭用原文的隐喻结构或内容，比如会出现增加目标认知域的现象，如下面这个译例：

(3) 我从来不过问这种鸡毛蒜皮的事。(苏童，2005：174)

I've never concerned myself with *piddling matters like chicken feathers and garlic peels*. (Goldblatt，1997：204)

原文中的隐喻"鸡毛蒜皮"只出现了源认知域，但是它所表达的"无关紧要、琐碎"的目标认知域是缺席的，而在译文中译者使用了 piddling 让原本不在场的目标认知域出场，使得译文中隐喻的两个成分源认知域和目标认知域同时在场，这同原文的隐喻形态有所不同。但是，这种不同并没有实质性的影响，所以我们把这个译例对隐喻的处理仍然看成是零度映射。

其实，零度映射常常出现在包含隐喻的汉语习语或俗语的英译中。在这类翻译中，零度映射往往实施得比较彻底，如下表 10-2 中所列举的译例：

表 10 - 2　隐喻零度映射译例

井水不犯河水(苏童,2005:190)	Well water and river water do not mix. (Goldblatt, 1997:223)
三十年河东三十年河西（苏童，2005:160)	Rivers flow east for one generation and west for the next(Goldblatt, 1997:187)
光打鸣不下蛋的母鸡（苏童,2005:161)	I'm no hen that cackles without laying eggs. (Goldblatt, 1997:188)
兔子不吃窝边草(苏童,2005:159)	A rabbit doesn't eat the grass around its own burrow. (Goldblatt, 1997:186)

2. 映射(Mapping)

映射指的是原文中本没有隐喻,但译者会将原文中的某个语义成分看成是目标认知域,用一个源认知域映射上去,从而在译文中出现隐喻。如下面这个译例:

(4) 远处的霓虹灯在纷飞的雪花中明灭,(毕飞宇,"青衣",2004:208 - 209)

Distant neon lights **blinked on and off** in the **blanketing** snow. (Goldblatt & Lin, 2007:114)

原文中的"纷飞"和"明灭"基本上是本义,也就是说没有用隐喻进行表达。但在译文中,"纷飞"被译成了 blanketing,"明灭"被译为 blinked on and off。这两种译法都属于隐喻映射,译文和原文的映射与被映射关系可以如下表述:

blanketing(源认知域)→纷飞(目标认知域)
blinked on and off(源认知域)→明灭(目标认知域)

在下面这个译例中,译者既使用了零度映射,又使用了源认知域映射的翻译机制:

(5) 午后的筱燕秋又乏了,浑身上下像是被捆住了,两条腿费劲得要了命。(毕飞宇,"青衣",2004:207)

Xiao Yanqiu was fatigued, **her legs leaden**, as if she had *been **trussed up***. (Goldblatt & Lin, 2007:112)

原文中的"浑身上下像是被捆住了"作为一个隐喻被译者沿用到了译文中:she had been trussed up,所使用的是零度映射的翻译机制;但是,译者将原文中的"两条腿费劲得要命"译为:her legs leaden,即"她的腿似铅重",这样就映射了一个源认知域上去,对应的原文则成了目标认知域。

在翻译中,隐喻映射机制的运用除了可以将原文的语义转达出来之外,还可以避免原文的"平铺直叙",增加译文的形象性、生动性,起到跨语修辞的作用,如以下两个译例:

(6)炳璋自我解嘲似的笑了笑,说:"你是知道的,没办法。"(毕飞宇,"青衣",2004:194)

With a self-deprecating smile, he continued, "***My hands are tied***, as you know." (Goldblatt & Lin, 2007:88)

译者将 my hands are tied 映射到原文中的"没办法"上去,使得译文更加形象。同样的情形也发生在下面的译例(7)中:

(7)王连方对着麦克风厉声说:"我们的春节要过得团结、紧张、严肃、活泼。"(毕飞宇,2003:4)

"This is to be a Spring Festival that stands for solidarity, vigilance, solemnity, and vivacity," Wang ***barked*** into the microphone. (Goldblatt & Lin, 2010:11)

译者将 barked 映射到原文的"厉声说"上面,一方面让译文变得更加生动形象,另一方面也使得译文在人物塑造方式上有别于原文,甚至对这个小说叙事中的人物塑造都有着一定的影响。

3. 再映射(Remapping)

再映射的翻译机制一般出现在原文和译文都运用了隐喻的情形中,只是各自所使用的隐喻的源认知域不同,或者置换了源认知域,但目标认知域基本保持不变。如下面这个译例:

(8) 这句话把剧团领导的眼睛都说绿了,浑身竖起了鸡皮疙瘩。《奔月》当即下马。(毕飞宇,"青衣",2004:150)

It was a simple comment but one that ***raised goose bumps on the troupe leader's flesh***. *The Moon Opera* closed before it had opened. (Goldblatt & Lin, 2007:4)

在这个译例中,原文的隐喻"浑身竖起了鸡皮疙瘩"在译文中变成了 raised goose bumps on the troupe leader's flesh,即成了"竖起了鹅皮疙瘩"。但它们所包含的目标认知域是相同的,即"不自在"。隐喻再映射的翻译机制在下面这两个译例中也同样得到了体现:

(9) 高烧来得快,上得更快。(毕飞宇,"青衣",2004:207)

The fever came fast and ***spiked*** quickly. (Goldblatt & Lin, 2007:112)

(10) 老板的脸上重又傲慢起来了,他一傲慢脸上就挂上了伟人的神情。老板说:"让她唱。"(毕飞宇,"青衣",2004:149)

The factory boss's arrogance ***resurfaced***. "Let her sing," he repeated in the voice and countenance of a great man. (Goldblatt & Lin, 2007:3)

译例(9)、(10)原文中的"上"和"起来"都是用位移表示体温上升和情绪变化,译文分别对译为 spike 和 resurface,同样用了形象化的源认知域映射到原文所包含的目标认知域上面,只不过与原文不同而已。

如果说在隐喻中源认知域和目标认知域之间有距离的话,也就是相当于说通过源认知域获得目标认知域的时间长短问题。根据翻译的忠实原则,译文所实施的再映射构成的隐喻成分之间的距离最好要与它所对应的原文隐喻的两个域之间的距离相当。比如下面这个译例:

(11) 炳璋先是讯问了排练的一些具体情况,和颜悦色的,慢条斯理的。炳璋要说的当然不是排练,可他还是习惯于先绕个圈子。(毕飞宇,"青衣",2004:193)

In a pleasant, unhurried manner, he asked how the rehearsal was going, though it was obvious that this was not what he had in mind; unfortunately, ***beating around the bush*** was too ingrained a habit for him to do otherwise. (Goldblatt & Lin, 2007:87)

但是,译文重置的隐喻中源认知域和目标认知域之间的距离较之原文中的隐喻会或多或少地出现变化,如果读者能够较快地通过源认知域理解目标认知域,说明隐喻中这两个成分之间的距离较近,反之则较远。我们先来看看拉近源认知域和目标认知域的译例:

(12) 老团长是坐过科班的旧艺人,他的话一言九鼎。(毕飞宇,"青衣",2004:150)

A one-time entertainer who had studied at an old opera school, the old troupe leader had been a man whose word ***carried considerable weight***. (Goldblatt & Lin, 2007:5)

读者在认知原文中的"一言九鼎"这个隐喻时,从它所包含的源认知域到目标认知域的理解过程所消耗的时间较长。译文中虽然也使用了 carried considerable weight 这样一个隐喻,但是从它的字面义"承担巨大的重量"到它所包含的目标义"很有分量或很重要",这两者之间的距离相较于它的原文对应的隐喻要短,更容易理解。但是下面这个译例中的情形正好相反:

(13) 严格地说,后来的《奔月》是被筱燕秋唱红的,当然,《奔月》反过来又照亮了筱燕秋。(毕飞宇,"青衣",2004:150)

Xiao Yanqiu's voice, it's fair to say, made *The Moon Opera* ***a hit***, but one could also say that Xiao Yanqiu's ***star rose*** thanks to *The Moon Opera*. (Goldblatt & Lin, 2007:4)

这个译例中,原文有两个隐喻:"唱红"和"照亮"。它们在译文中分别对应 a hit 和 star rose。前一对对译隐喻中的"唱红"直接包含了"红"的原因"唱",但是其对译隐喻 a hit 则需要借助它所处的句子的主语 voice 才能获得成为 a hit 的原因,在理解上就没有"唱红"那么直接。同样的,原文中的第二个隐喻"照亮"可以较为直接地引领读者理解《奔月》这出戏帮助筱燕秋成了明星。而译文中的对应隐喻 Xiao Yanqiu's star rose 只是表达了一种结果,即

"筱燕秋成了明星",还需要后续的 thanks to *The Moon Opera* 才能完整地理解原文隐喻所包含的因果关系。

在进行隐喻的翻译置换时,不仅隐喻中源认知域和目标认知域之间的距离会缩短或者拉长,也会影响到语义量和语义质上的变化。我们先来看看隐喻的跨语置换带来的语义量上的变化:

> (14) 这其实是一个很不合适的婚礼节目,带有喧宾夺主的意思。(王安忆,2008:49)
>
> A wedding is the last place for such an announcement to be made—its was as if Jiang Lili was intentionally trying to ***steal the spotlight*** from the bride and groom. (Berry & Egan,2008:56)

原文中的隐喻"喧宾夺主"用"喧宾"和"夺主"表示"抢风头"的意思,但是它所对应的译文中的 steal from the spotlight 只是"夺主"的对译,而"喧宾"的对译在译文中是缺省的,这里译文的字面语义量是少于原文的。

隐喻在翻译中的置换不仅会带来语义量上的影响,也同时会带来语义质上的影响。在单语表达中,隐喻的使用造成语义增殖的效果,语义内容无论从质上还是量上要比单纯直白的表达更加复杂,语义生成机制的运作是不稳定的。在翻译中,译者置换原文的隐喻不可避免地搅动原来的隐喻成分之间的关系及其运行方式。

> (15) 筱燕秋忽然堆上笑。(毕飞宇,2004:193)
>
> A smile ***burst*** onto Xiao Yanqiu's face. (Goldblatt & Lin,2007:87 - 88)

在这个译例中,原文的"堆"是用来喻指经过物化的"笑"的,暗指"谄媚"之意,常含贬义。译者虽然也使用了隐喻 burst,也是同样对"笑"予以了物化,但 burst 不具备"堆"的贬义色彩,是一个中性词。所以,这里的隐喻置换伴随着中性化的过程(neutralization)。

再映射的隐喻置换方式还会导致译文的贬义化(pejorization),比如下面这个译例:

> (16) 上海小姐却是过眼的美景,人人有份。(王安忆,2008:48)

> Miss Shanghai, however, was *a feast for the eyes* and everyone got a share. (Berry & Egan, 2008:55)

原文将"过眼的美景"映射在"上海小姐"身上,而译文则是将 feast 映射到 Miss Shanghai 身上。译者显然是置换了源认知域,并且让译文的隐喻带上了通感色彩,这样,译文的读者可以意会到"上海小姐""秀色可餐",本为"天然雕饰"而成的"风景"变成了"吃食",让原本褒义的隐喻被置换成了贬义的隐喻。所以,这个译例中的再映射是伴随着贬义化(pejorization)过程完成的。

翻译再映射中的源认知域的置换也同样带来语义的褒义化,如下面这个译例:

(17) 医生拿了处方,龙飞凤舞。(毕飞宇,2004:208)

The doctor picked up his prescription pad, wrote with *a flourish*. (Goldblatt & Lin, 2007:112)

原文中的隐喻"龙飞凤舞"暗含贬义,讽刺字体潦草。译者将它置换成 a flourish,这个词喻指夸张的动作,书写者可以运用这个动作写成好看的花体字。这一置换就将原本贬义的语义抬升为褒义的语义,是一个褒义化的过程(ameliorization)。并且,还需要注意的一点是,这个译例中的隐喻源认知域的置换还改变了隐喻的语义:原文隐喻指向的是"字迹",译文隐喻指向的是"产生花体字的夸张的动作"。可见,翻译中的隐喻再映射不仅会伴随映射距离、语义内容、语义量、语义质等方面的变化,也会带来语义指向的改变。我们可以用表 10-3 来总结再映射带来的这些伴随性变化过程:

表 10-3　再映射机制的伴随效应

映射机制	伴随性副效应	变化方式
再映射	映射距离	拉近 拉远
	语义量	增加 减少
	语义质	褒义化 贬义化 中性化
	语义指向	换指

当然,在对隐喻的翻译处理上,也会出现语义中性化的现象,如下例原文中也有"龙飞凤舞"的隐喻,但是处置方式上与上例不同:

(18)(丁问渔)在写得龙飞凤舞的日记中,首次抒发了它对雨媛一见钟情的狂热情绪。(叶兆言,1996:8)

It was the first day of 1937 when Ding Wenyu, already a middle-aged married man, in the **strong cursive writing** of his diary, first conveyed his fanatical feelings of love at first sight for Yuyuan. (Berry, 2004:10)

原文中的"龙飞凤舞"在其语境中可以判断出含有讽刺的意味,贬义的色彩较为浓重。但是它的译文 strong cursive writing 则很难判断出这种讽刺意味来,同时也并没有实现明显的褒义化,充其量是中性化的结果。这一中性化的方式又是通过消解原文的隐喻完成的,这是我们下一节讨论的对象:消解映射。

4. 消解映射(De-mapping)

所谓消解映射,就是译文将原文中的隐喻消解掉,也就是说不用隐喻,直接把原文的目标认知域表达出来。换言之,就是将原文隐喻中的目标认知域激活出来,让其在译文中出场。比如下面这个译例:

(19)雪花在飞舞,剧场的门口突然围上来许多人,突然堵住了许多车。(毕飞宇,"青衣",208)

Snow flakes **swirled** around her, and suddenly there was a crowd at the entrance, causing traffic to stop. (Goldblatt & Lin, 2007:117)

原文中的"飞舞"是映射到"雪花飞扬"上面的源认知域,而在译文中直接将本义 swirled 给翻译出来了,消解掉了原文的隐喻机制。当然,翻译中的这类取消源认知域的消解映射有时会做得并不彻底,还会留有隐喻的痕迹,如下面这个译例:

（20）这事情如今八字没一撇，却已闹得满城风雨，几乎人人皆知。（王安忆，2008：50－51）

　　Meanwhile, though nothing had been formally declared, the entire city was already *filling with gossip*; virtually everyone in Shanghai knew. (Berry & Egan, 2008：56)

原文中的"满城风雨"用来喻指"'这事情'传播开来"，而译文却使用了接近目标认知域即本义的 filling with gossips。但是，应该注意的是，用 fill with 就说明 gossips 被比喻成了实体性东西，其实也有隐喻的色彩在里面。

　　消解映射在翻译中使用的不彻底性还体现在译文会用转喻（metonymy）来置换。隐喻和转喻的运行机制大致相仿，差别体现在源认知域和目标认知域之间的关系上，前者依靠两个认知域的像似性（similarity），后者依靠两个认知域之间的邻近性（proximity）。① 下面这个译例就是通过把原文的隐喻置换成了转喻从而消解掉了原文的映射关系：

　　（21）最后一定要由组织拍板。（毕飞宇，"青衣"，2004：194）

　　Everything had to be *finalized* by the organization. (Goldblatt & Lin, 2007：89)

原文的"拍板"是用一个具体的动作喻指"做出最后决定"这样一个行为，它们之间是隐喻映射关系。到了译文中，译者采用了动词 finalized。这个动词意指"做出决定的最后一个阶段"，它与"做决定"这一过程的关系是部分与整体的关系，所以应该将其视作一个转喻。这样一来，译者就借助转喻消解掉了原文的隐喻映射。所以，不妨将这个译例归类为消解映射的范畴。

5. 小结

　　隐喻是当代认知语言学重点讨论的对象，也往往与转喻并举着讨论，它们所包含的认知映射机制都属于单语表达中的认知机制。其实，在翻译亦即跨语表达中，这两个认知机制依然会运行，这说明了纯粹隶属于翻译的认

---

　　① 见刘华文. *C-E Translation and Translingual Cognition*（汉英翻译与跨语认知）[M]. 南京：南京大学出版社，2009，pp. 81－82.

知机制基本上并不存在。笔者曾经探讨过汉英翻译中转喻的认知机制。①
隐喻和转喻基本上有着相同的认知映射机制,差异只是存在于源认知域和
目标认知域之间的关系上,前者映射的基础是在于这两个域之间的相似关
系(similarity),而后者依赖的是邻近关系(contiguity)。像转喻那样,我们
也可以利用像隐喻这样的本为单语表达中的认识机制来观照翻译认知
机制。

思考与讨论

　　1. 隐喻的认知映射机制是什么? 在翻译的语境中如何运用隐喻机制
对翻译过程进行描述?

　　2. 汉译英中有哪些隐喻映射模式? 如何有效地使用这些映射模式?

　　3. 隐喻与转喻的认知机制有哪些区别? 它们在翻译中的映射模式是
否一样?

　　4. 在翻译的语境中怎样理解作为普遍性表达手段的隐喻和作为修辞
手段的隐喻?

---

① 见刘华文. *C-E Translation and Translingual Cognition*(汉英翻译与跨语认知)[M]. 南
京:南京大学出版社,2009,pp. 80 - 105.

第十一章　事件化和再事件化

　　前两章分别用框架和认知域作为汉英翻译的操作单位。从本章开始，我们再次回到以事件作为汉英翻译的操作单位上来。译者在汉英翻译中遇到原文的句子表示存有状态时，这就为在译文中提升事件性程度创造了机会。我们在第二章中曾经提出过事件的原型性问题，其中语义层面上的事件原型性表现在述谓动词的动态性或事件性的强度上，而表示存有状态的动词则属于弱事件性。原文的弱事件性就意味着译者有可能在译文中通过事件化的手段加强事件性或动态性程度。原文中的存有句、结果状态句、心理状态句等都属于实施事件化的潜在句子类型，译者可以通过在译文中使用动态性的动词、加强动词的施动性等手段实施跨语事件化。有时，原文和译文在事件化的程度上是相当的，只不过在事件的某一方面会有不同，比如运动事件的矢量上的改变，这种情况属于再事件化。

1. 引言

典型事件性句子要满足两个条件：句法条件和语义条件。从句法形态上讲，必须是独立述谓结构，而从句虽是述谓性句法结构但不独立，需要从属于主句，因此不属于典型的事件性句子。从语义上讲，谓语句子必须表达的是典型的行动。只有满足了这两个条件的句子才属于典型事件性句子，否则，即使不能满足其中一个条件或满足得不充分都会削弱句子的事件性，那么这个削弱的过程就是一个非事件化过程。这种事件化和非事件化的现象会在单语中发生。日本学者荒川清秀（2008）就曾经探讨过汉语中状态、动态和事件的转换。同样地，这种双向转换现象也会发生在语际转换过程中。① 以此来审视翻译，原文句子和译文句子存在着事件性强弱的差异，那么这种差异就是由于事件化或非事件化方式造成的。如果译文的事件性强，那么其翻译的过程就是事件化过程；反之，则是非事件化过程。这样，翻译就在事件性层面上找到了原文和译文之间的落差。这个落差就形成一个势能，似乎有一种力量推动着这种事件性落差的形成。这股力量从某种程度上讲就潜伏在原文汉语句子或句群中。翻译研究者需要通过原文句子或句群以及译文句或句群之间的事件性落差，寻绎出这一潜在的力量，挖掘出推动汉语原文转化为英语译文的内在动力。

选取事件作为汉英翻译及其研究的操作单位，其优点在于，这样做既能够串联起句法—语义平面，又可以在这两个平面之间穿插，具备翻译和研究的可操作性。再者，这样做避免了强行将语言降解为理想化的语言状态，从而保存了语言的复杂性。

翻译思维跟单语思维有着密切的关系，或者从某种意义上讲就是一种单语思维。因为在单语思维中所运用的思维方式，比如范畴化、概念化、词汇化/语法化/再词汇化、事件化/非事件化/再事件化以及事实化/虚拟化等，在跨语思维中也依然适用。不可能具有脱离译出语和译入语言的语言结构而独立存在的翻译思维。从本质上讲，翻译能力就是语言能力，即理解和运用两种语言的能力。

在翻译过程中，翻译者的任务是在原文中探查出具有预测译入语句法表现即论元实现的语义潜在元素（semantic potential），在原文的语义结构

---

① 荒川清秀. 汉语的状态动词——[动态][状态][事件]之间的转换[A]. 张黎，古川裕等编. 日本现代汉语语法研究论文选[C]. 北京：北京语言大学出版社，2008：17 – 31.

中挑选出与译文句法最为相关的语义成分,根据这些语义成分具体地实现相应的句法转换。因此,翻译者的任务是选择与译文句法最为相关的语义成分,从而为译文的句法结构找到一个准确的接口,让原文语义和译文句法实现完美的对接。如果用事件作为翻译单位来考察原文和译文在事件性上的变化,可以有助于我们认识在汉英翻译过程中原文与事件性相关的语义内容是如何在译文中实现与句法的对接,从而帮助我们有效地对汉英翻译过程予以理论性的审视。

2. 汉英翻译的事件化

汉英翻译大致会经历两种事件化趋向:其一是事件化,其二则是非事件化。原文如果事件性较弱,不是事件句或不是典型的事件句子,在语义上表达的不是一个典型的行为,在句法上谓语动词不是一个典型的述谓性动词。这种情况就为译者加强译文的事件性提供了空间。如果原文是存有句、静态句和心理描写句,抑或原文句子中存在着非动态的句法成分,在翻译为英语时就有可能得到事件化处理,译文较原文事件性就会加强。

2.1　汉语存在句的事件化处理

在汉语中经常会出现在语法上称之为存在句的句式,一般表述为:"表示什么地方存在什么人或什么事物的句式叫存在句。"[①] 存在句的句法结构则分成三部分:"句首是表示处所的词语,句中是动词结构,句末是表示所存在的人或事物的名词结构。"[②] 从事件性的强弱上讲,存在句中的静态存在句因表示的是静态的状态而使得其事件性很弱。要么是用"有""是"这样的动词作谓语动词,如:

　　(A) 姥姥家门前有一棵大杨树。

　　(B) 墙外是个足球场。

要么就是用"着""了"这样的助词弱化谓语动词的动态性,也就是弱化了句子的事件性。如:

---

① 宋玉柱. 现代汉语存在句[M]. 北京:语文出版社,2007:3.
② 同上.

(C) 桌子上放着两个茶杯。

(D) 船上点了一盏灯。

这些事件性较低甚至是非事件性的存在句,并不必然地翻译成英语的存在句。恰恰相反,这些句子很有可能被译为事件句或强事件句。如译例(1):

(1) 鼻尖上有些细细的汗水。(阿来,2005:88)

Tiny beads of sweat *dotted* the tip of his nose. (Goldblatt, 2002:93)

原文中的"有"这个表示存有状态的动词,在译文中用 dot 表达了出来。相比较而言,dot 比"有"的动感强烈一些,尽管也表达一种状态,但是从事件性的强度上来讲,dot 比"有"的事件性要强。

如果存在句中所涉及的论元有着潜在的动态特征,那么这种汉语存在句就更容易译为英语中的事件句。比如译例(2)中的原文存在句就涉及了"火车"和"汽车"这两个有着潜在动态感,因而也很容易出现在事件中的论元:

(2) 从乡里到城里有汽车,从城里到部队有火车。(王奎山,2008:76)

The bus *takes* you from our village to the city, and the train *takes* you directly from the city to the army. (Huang, 2008:80)

不难看出,译文用 take 这个动态感极强的动词置换了原文的"有"这个谓语词,使译文句子带上了强烈的动态性,也让译文句子成为事件句。原文中的存有主体即"汽车"和"火车"(在事件语义学中被称为涉事)则摇身一变,在译文中升格为施事。译文句子主语因为具有强烈的施事色彩而使得 you 这个受事不得不出场。

汉英翻译的事件化处理方式同样地也发生在以"是"字表述的存在句的翻译中。如果"是"字存在句包蕴着其他事件性强于"是"的动词,就往往会篡夺原文"是"字的述谓地位而成为译文的谓语动词,如译例(3):

(3) 字的左侧,是一颗发光的五星;右侧,是一枝挂有水壶的

长枪；下边，是一排丰收的麦穗。（阎连科，2005:56）

To the left of the exhortation, five stars **gleamed**; to the right, a water canteen **dangled** from a rifle while a luxuriant row of wheat **bristled** beneath. (Lovell，2007:2)

译例(3)中包含三个句子，每一个句子又包蕴一个修饰表语的动词性的定语。显然英译文并没有直接把三个句子的谓语系动词"是"也翻译为英语的系动词，而是让非事件性的系动词被修饰成分中的事件性较强的动词所取代，使之上升为谓语动词。这样，原句中本为句法层面上非事件性的动词"发光"、"挂有"和"丰收"，在译文中既保留了原文的语义事件性特征，同时它们的句法事件性也获得升格，上升为 gleamed、dangled 和 bristled 这样一些谓语动词。

事件化升格还存在着连带效应。原文的一部分获得了事件化升格，而另外的部分可能遭受事件化降格，如译例(4)：

(4) 突然降临的大喜事，像一扇沉重的磨盘，几乎粉碎了我的身体。（莫言，2006:5）

Unanticipated joy **fell on me** like a millstone, **seemingly shattering my body into shards**. (Goldblatt, 2008:5)

"突然降临"本为名词修饰语，其中的"降临"在译文中被提升为述谓性动词；同时，"几乎粉碎了我的身体"因为是表示结果的事件而在译文中降格为现在分词这样一种非典型事件性动词形式。

不过，译例(5)的译者则没有从原文句子中的其他部分选取相关的动词将其提升为述谓性动词，而是从原文的外部寻找到动词 produce 置换原文的"是"：

(5) 金龙和宝凤的出生，是西门家的天大之喜,（莫言，2006:12）

The birth of Jinlong and Baofeng **produced** great joy in the Ximen household. (Goldblatt, 2008:14)

上述译例通过用述谓性的动词将原文的非事件句即存有句予以了彻底的事

件化。这里所谓的彻底事件化指的是无论从语义内容还是从句法形式都是典型的事件句。这种翻译结果是由强事件化造成的。而翻译过程中的事件化也存在着程度上的差别,既然有着强事件化的方式,同时也存在着弱事件化的方式。汉英弱事件化方式主要在语义上表现为典型的动态事件性,但是在句法上则表现为非典型的动词述谓形态,即译文的动词不是述谓性动词,而是诸如分词、不定式或动名词这样的非述谓性动词。或者在句法上是典型的事件句形态,而语义上的事件性则受到了弱化。前一种弱事件化的方式表现在译例(6)中:

(6) 看见地图上无数的血红箭头和盘来绕去的红线、绿线、蓝线、黄线,还有各种的圆圈、三角和方框,吴大旺本能地把目光从那屋门口儿缩回来。(阎连科,2005:14)

Wu Dawang blinked at the frenzies of blood-red arrows and multicoloured lines *swarming* over maps *punctuated* by brightly scrawled circles, triangles and squares. (Lovell,2007:15)

原文中含有隐性的存在句和显性的存在句子。原文的第一句可以添加上"有"这个动词而意义基本不变:

看见地图上有无数的血红箭头和盘来绕去的红线、绿线、蓝线、黄线。

这个"有"字的附加不会影响语义,所以这一句隐性地包含着一个存在句。译文中出现了 swarming 这个动词,从语义上增加原文所缺席的动态感即事件性,尽管在句法层面上它属于现在分词形式而非述谓性动词形式,所以这里的事件化是一种不完全事件化,也就是在语义上实现了事件化而句法上则不是完全意义上的事件化形态,应当称之为弱事件化方式。接下来的句子则是具有"有"的显在性的存在句。但是译文中并没有将其从语义上和句法上进行双重对应性翻译,也只是在语义上将"有"置换为 punctuate,而在句法形态上则是过去分词形式即 punctuated。这里的原文所包含的隐在性和显性的存在句,在翻译过程中都接受了事件化处理,但是由于它们所接受的事件化处理方式都局限在语义上,而在句法上则是非典型的事件化处理方式。那么,它们的翻译过程都是弱事件化过程。这种不完全事件化的翻译方式即弱事件化也同样发生在译例(7)中：

> (7) 刘莲脸上又一次有了不悦，她一把将他盯着的那本《选集》拿起来扔到一边后，(阎连科，2005:23)
>
> Displeasure *flickering* across her face once more, Liu Lian tossed aside the book on which he had fixed his glance. (Lovell, 2007:29)

译者显然是通过将原文中的"有"动态化为 flicker 实施的事件化处理，flicker 的句法形态不是述谓性的而是现在分词性的。这样，语义上的事件化就被句法形态上的非事件化削弱了。所以，综合起来讲，这是一个弱事件性的翻译结果。值得注意的是，这种弱事件化是发生在从原文的非事件性到译文的事件性的翻译过程中的，是对原文事件性的一种加强，所以可以称之为正向弱事件化。相反，如果弱事件化所涉及的是译文对原文的事件性的弱化，那么我们不妨就称之为负向弱事件化，属于非事件化的范畴。

2.2　施动性附加的事件化处理

在汉英翻译中，汉语原句虽然是事件句，但是其事件性的强度并不强，而在英译中，原文事件句所涉及的施事论元的施动性会被加强，从而提升了译文句子的事件性，这也属于事件化范畴，如译例(8)：

> (8) 原来摆在餐厅桌上的那块印有为人民服务五个大红字样的木牌，又一次出现在了厨房瓷砖镶面的炊台上。(阎连科，2005:5)
>
> The wooden sign ordering its beholder, in bright red letters, to "Serve the People!" had ***moved*** from its usual place on the dining table and on to the kitchen workshop. (Lovell, 2007:2)

在这里，原句中谓语动词"出现"属于动词四种情状中的成就体(achievements)，与其他动词情状即动作体(activities)、完成体

(accomplishments)和状态体(states)相比①,其事件性次于完成体而强于状态体。所以,从动词体的方面来讲,"出现"是一个弱事件性的动词,它的使用预设了句子的主语的弱施动性即施事性,而有着较强的位事性,即更多的是被动地出现在某个位置上。相比之下,"出现"在译文中被置换为 move 之后,就明显地变成了动作体,同时译文的主语也增加了施动性。不仅如此,施事性增强而位事性减弱的主语还有了一条由 from ... to ... 表达的位移的路线,这就更进一步加强了整个译句的事件性强度。

译例(8)是双管齐下,从语义和句法两个层面上实现了相比原文事件性更强的翻译转化。这种通过加强译文动词的施动性实现的事件化也可以只发生在一个层面上,如译例(9)的翻译就涉及只发生在语义层面上的事件化处理方式:

> (9)从此,那块印有为人民服务字样的木牌,便永驻在了师长家的饭桌上,和醋瓶、辣椒瓶、小磨香油瓶一道,成了那饭桌家族中最伟大、光辉的一员。(阎连科,2005:6)
>
> And from that moment on, the sign became the most distinguished, most illustrious resident of the dining table, *casting* its mighty symbolic shadow over the lowly bottles of vinegar, chilli sauce and sesame oil. (Lovell, 2007:3)

原文中的"永驻在了"、"成了"是两个明显的成就体谓语动词,"永驻在了"被译文处理成名词 resident,当然这属于非事件化的处理范畴,而"成了"在译文中失去了与其完全对应的动词,取而代之的是 casting its mighty symbolic shadow over the lowly bottles of vinegar。从语义上讲,cast 要比"成了"的施动性强,是典型的动作体动词,所以用 cast 在事件性强度上要高于原文,只不过这种事件化的加强被其现在分词这种句法形式又弱化掉了一些,因为现在分词形式的动词其事件性是要弱于述谓形式的动词的。

2.3 状态成分的事件化升格

由于原文和译文之间在句法层面上不一定是对应关系,原文的词或词

---

① 见 Beth, B. & Hovav, M. R. *Argument Realization* [M]. Cambridge: Cambridge University Press, 2005, p. 88.

组有可能在译文中被处理为句子,反之也有可能。所以在原文中表述状态的有可能是词或词组,也有可能是句子,那么在这里我们就统称为状态成分。无论是词、词组还是状态句,它们的事件性都较弱,于是在翻译中就有着被事件化升格的可能。例如,译例(10)中的状语成分"外冷内热"在译文中就被处理为事件性的从句:

(10) 她外冷内热地瞟他一眼,(阎连科,2005:10)

... she had sent in his direction a glance beneath whose coolly decorous exterior **burned** a seething fire. (Lovell, 2007: 10)

这里,原文中"外冷内热"的状态性即非事件性成分在译文中被处理成由 burn 这个动词充当谓语动词的事件性句子。相对而言,译文获得了事件化升格,尽管由于这个事件性句子处于从句的位置,与事件性强的独立述谓句相比有所降低。

除了在词组层面上的原文状态成分可以被事件化之外,作为状态句的单句也会接受事件化处理,例如译例(11)和(12):

(11) 我心悲怆,头昏眼花,四肢抖颤,跌翻在地。(莫言,2006:15 - 16)

My heart was **breaking**, my head was **spinning**, it was all a blur, I couldn't keep my legs straight ... I fell over. (Goldblatt, 2008:18)

(12) 我的心广大无边,再也不能忍受这小院的局限,我在院子里奔跑着,所有的人都躲避不迭。(莫言,2006:42 - 43)

My heart had suddenly **outgrown** the compound; it was too small to hold me, and I ran around madly, **sending** people scurrying. (Goldblatt, 2008:52)

译例(11)中的原文"我心悲怆"和"头昏"所表述的是心理状态和生理感觉,属于事件性极弱的状态句。由于一个动作或一次运动事件的发生需要内部势能和外部势能,所以对这两个状态句的事件化提升不可能不改变原来的势能量。因此,译者就借助隐喻映射的手段,通过利用具有动态感的事件性动词 break 和 spin,打破原文所表述的状态下的势能均衡关系。译文动态和原文状态之间的落差带来了原文和译文在能指和所指之间的距离变化,使得原文表述更直接,而译文表述更为间接。这就是原文的状态句升格为译文的事件句后造成的表意效应。译例(12)也同样运用隐喻手段加强"我的心"的施动性。伴随着施动性的加强,作为施事者的"我的心"就需要有一个受事者来承担它的施事力,这个受事论元角色就落在了"小院"身上。这样,原文的状态句在译文中就转变为了事件句,实现了翻译的事件化升格。

3. 汉英翻译中的再事件化

在汉英翻译中,我们可以对比原文与译文寻绎出它们在事件性强弱上的差异,从而判断事件化的方向,即要么是事件化的翻译处理方式,要么是非事件化的处理方式。或者,如果原文和译文在事件性强度上相当,它们之间的差别只是存在于对事件表述角度、方向或成分选取上面,那么我们不妨称之为翻译的再事件化(re-eventualization)。其实,我们也可以把再事件化归为事件化之一种,它们都是在不削弱甚至是加强译文事件性前提之下实施的翻译处理方式,都与弱化译文事件性的非事件化翻译处理方式相对。

由于再事件化过程实质上是译文对原文所表述的事件予以再表述,不会影响到事件性的强弱变化,所以实际上就是一个再词汇化过程(re-lexicalization)。事件的再词汇化过程笔者已经详细讨论过。[①] 在这里,我们将就事件特别是运动事件的矢向在翻译中的变化对汉英翻译中再事件化过程加以说明,如译例(13)(14):

(13)心跳缓和了,一种庄严慢慢地笼罩了他全身。(阎连科,2005:14)

Once his heart had slowed again, a new, solemn self-possession *descended* on him. (Lovell, 2007:16)

(14)西门屯穷苦的老少爷们儿就不可能彻底翻身。(莫言,2006:20)

The poor and downtrodden peasants of Ximen Village will

---

① 刘华文,李海清. 汉英翻译中运动事件的再词汇化过程[J]. 外语教学与研究. 2009(5):379-385.

never be able to ***stand up on their own***．（Goldblatt，2008：23）

译例(13)中的原句事件发生的方向是从四周包围的矢向（"笼罩"），而译句中事件的方向则是从上到下的矢向（descend）。这种矢向的改变基本没有影响到原文和译文之间的事件性的强弱差异，所以属于再事件化而不属于事件化或非事件化的处理方式。同样，译例(14)中的"彻底翻身"被译为了stand up on their own 也基本上没有发生事件化强弱的变化，只是在事件的矢向上发生了改变而已，所以属于再事件化的翻译处理方式。

4. 小结

在汉英翻译中，我们以事件语义学作为理论的出发点，选取事件作为翻译单位，并且让事件不只是停留在语义层面上，而且通过对句子典型事件性的界定，把语义层和句法层同时植入到对事件性的认识上面去。于是，判断一个句子或者一个句子成分的事件性强弱就需要两个层面的标准：其一，在语义层面上要看这个动词有没有致使力，在体上是否表现为动作性，而完成体、成就体和状态体的动词其事件性则依次递减；其二则是从句法层面上看动词是什么形态，如果是述谓动词则事件性最强，否则诸如分词、不定式、动名词这些非谓语动词则事件性渐弱。借助这两个标准，我们就可以判断出原文接受翻译时它的事件化走向，从而帮助我们认识在跨语转换过程中事件化特点，这对我们加强翻译认识和提高汉英翻译实践能力都有所裨益。

思考与讨论

1. 在翻译语境中如何理解语义层面和句法层面上的事件化？事件化、动态化和动词化在描述翻译过程时有哪些异同？

2. 为什么在汉英翻译中存在着事件化倾向？这与两种语言的异同有没有关系？

3. 事件化和再事件化的区别在哪里？

4. 在汉英翻译中如何识别原文中存在着的使用事件化的潜在元素？

第十二章　非事件化的名词化方式

导　读

　　上一章的事件化是强化译文事件性的方式，而弱化译文事件性的方式则是名词化。名词化就是将原文的事件用译文的名词词组来表达。名词化也叫作名物化，就是把原来的事件转化成名物来表达。原文的事件如果在译文里完全转化成了名词词组，这种情形属于完全名词化。但是在很多情况下，汉译英中的名词化实现得不彻底，往往需要其他成分的协助才能完成，这种情况就属于不完全或部分名词化，部分名词化的实现依靠动词、介词或修饰语来完成。无论是完全名词化还是部分名词化都是对原文进行非事件化的手段，都会给译文带来不同程度的对原文事件性的弱化。当然，名词化翻译手段的运用也要取决于译者能否识别出原文所蕴涵的实施名词化的潜在可能性，比如原文表达事件的动词所对应的英文动词可否转类成名词词组。

1. 引论

翻译的目的是为了实现译文和原文之间的对等。这种对等关系的最佳状态是原文和译文之间在语义、句法和语用三个语言层面都实现对等关系。但是,要在翻译中达到这种最佳对等关系几乎不可能。通常情况是:原文和译文至少在一个层面上不对等或者在两个层面上不对等。但是,不论是哪一个层面抑或是哪两个层面不对等,其中都不能包含语义层面,因为翻译的最基本的要求是保证原文和译文之间的语义对等。既然在单语表达中允许不同的表达式表述同一个语义内容或对象,即对于同一个语义内容来说有着在句法和语用其一或两者都存在差异的不同表达式,那么,在跨语表述中也应该同样允许在语义对等的前提下,句法或语用不对等甚至两个层面都不对等的情况出现。

翻译者要想实现原文和译文在三个层面上的对等,就需要在语义对等的基础上保证原文和译文的句法成分及其发挥的语用功能是相当的。根据Croft[①] 对名词、动词和形容词的语用功能的划分,在跨语的对等表达中,原文的名词以及相应的句法位置和指涉(reference)的语用功能,在译文中也是名词以及相同的句法位置和发挥指涉性的语用功能;原文的动词以及相应的句法位置和述谓(predication)的语用功能,在译文也保持不变;相同情况也发生在形容词或副词这些修饰成分及其相应的句法位置和修饰(modification)的语用功能上。

在 Croft 看来,在个体事件的理想认知模型即事件的原型中,"'个体事件(individual event)'是对应于一个简单动词的语义实体。"[②]也就是说,事件在语言中的原型表述是用动词的谓语形式作为句法形态实现的,事件的原型语义内容是动态性的发生,而事件的原型语用功能则是述谓功能。在汉英翻译中,事件的这三个层面的原型特征并不一定会原原本本地实现,有可能会受到削弱。这种削弱的过程就是非事件化的过程,也就是意象化加强的过程。在英语中,这种非事件化的梯度性很明显,形式变化很有层次。对于同一个事件的语义内容,英语可以表达为谓语动词、动词的分词形式(包括现在分词和过去分词,因为分词形式可以视作谓语动词的减约形式)、

---

① Croft, William. *Syntactic Categories and Grammatical Relations: The Cognitive Organization of Information*[M]. Chicago & London: The University of Chicago Press, 1991.

② 同上,p. 165.

不定式、副词(因为这种词类一般依附于动词)、介词词组(因为中心词为名词,更靠近名的特点)、动名词和名词。这样一直贯穿下来,表达式的事件性逐渐减弱而名词性逐渐加强。用这个事件性强弱的变化梯度来审视汉英翻译,就会发现以不同的事件性强弱的英语表达式表述所对应的汉语原文中的事件。本研究的目的就是考察事件性在汉英翻译过程中被减弱的模式及其连带性的句法和语用效应。当前的研究将以事件为操作单位,以事件在语言中的原型表述为出发点,考察在汉英翻译的过程中承载谓语事件的动词性负向变化亦即非事件化的变化趋势,重点把名词化方式的非事件化作为讨论对象。其中的译例来自于 Howard Goldblatt 翻译的莫言小说《生死疲劳》。

2. 汉英翻译非事件化的名词化方式

首先,本研究打算从最高强度的非事件化方式亦即名词化开始,因为名词化与事件化之间有着最强烈的反差,可以帮助人们更容易理解非事件化在汉英翻译中的表现。

在英语的名词化研究中,研究者往往把名词化的形式细分为-er、that以及 what 引导的名词性从句形式等[1][2],而当下的研究把名词化的结果笼统地放在名词或名词性词组上。在汉英翻译中利用名词化对原文事件予以非事件化的方式包括两种:其一为完全名词化,其二为部分名词化。前者指的是完全用英语名词或名词性词组表述原文中的事件;后者指的是在其他句法范畴的协助下用英语名词完成对原文事件的表达,名词或名词性词组不能独立完成非事件化的任务。

2.1　完全名词化

译例(1)的汉语原句包含多个事件:"知道"所表达的认知事件、"焦煳酥脆"所表达的两个完成事件、"轻轻一击"表达的动作事件以及"成为碎片"这个结果事件。这些事件从语义上讲有的是原型事件,有的不是原型事件,尽管它们在形式上不像英语那么明显。而 Goldblatt 所给出的译文却没有局

---

① 见 Heyvaert, Liesbet. *A Cognitive-Functional Approach to Nominalization in English* [M]. Berlin & New York: Mouton de Gruyter, 2003.

② 见 Halliday, M. A. K. *An Introduction to Functional Grammar* [M]. Beijing: Foreign Languages Research and Teaching Press, 2000.

限在事件性的对等上,而是使用了名词形式来表述原文中的一些事件:

(1) 我知道自己已经焦煳酥脆,只要轻轻一击,就会成为碎片。(莫言,2006:3)

Having been fried to a crisp, I knew that even **a light tap** would turn me to charred slivers. (Goldblatt,2008:3)

译文把原文中的"酥脆"译为 a crisp,把"轻轻一击"译为 a light tap,对这两个事件进行了名词化处理,实现了翻译的非事件化,所使用的名词化方式是完全的名词化,完成了从原文的事件向译文的意象的转换。译文维持了"知道"和"成为碎片"原文这两个事件性强度的不变,而把"焦煳"这个事件处理成现在分词形式,在事件性上相对于原文有所削弱。

在汉英翻译中所实施的名词化方式的非事件性转化有时是伴随着原文中多个事件压模整合而发生的。在原文中的事件被名词化后会出现缺失谓语动词的情况,这时译者需要临时添加动词把名词化后的事件关联起来,如译例(2)中所做:

(2) 我听到胳膊上发出酥脆的声响,似乎筋骨在断裂。我发出一声尖叫。(莫言,2006:5)

A brittle sound, like bones **breaking**, drew **a shriek** from me. (Goldblatt,2008:5)

译例(2)中的译文在改变视角后把"我听到"这一事件予以了"去事件化",随后通过把"发出酥脆的声响"名词化为 a brittle sound,实现了原文第二个事件的非事件化,作为第三个事件的"筋骨在断裂"则被置入 like 引导的介词词组中,从而完成了第三个事件的非事件化,作为最后一个事件的"我发出一声尖叫"则通过第二次名词化实现了一个宾语论元 a shriek from me。原文的两句经过多次事件化后事件性过弱,从而需要事件性补偿,补偿的方式就是增加了以 drew 表达的事件。这样译文就完成了用名词非事件化后的再事件化过程。

在翻译汉语的事件句时,有时也可以运用事件动词的直接对应来翻译原文的事件性动词,如译例(3)中的"吧吧地说"完全可以翻译为动词 chat。但是 Goldblatt 却把 chatter 转类为名词,从而运用了名词化方式对原文这

一事件进行了非事件化处理。不难发现,chatter 这个词既可以作动词也可以作名词,这两个词性之间是派生关系:

　　(3) 秋香的小嘴,吧吧地说着,弄得洪泰岳好不尴尬。(莫言,2006:24 - 25)
　　All this chatter from her tiny mouth was a terrible embarrassment to Hong Taiyue. (Goldblatt,2008:29)

不过,在译者对原文动词予以名词化处理时,并不见得就一定运用同根派生词,也可以使用并无此种关系的名词来完成,如译例(4):

　　(4) 迎春怀着孩子,即将临盆,不来送我情有可原,但秋香没怀孩子,年纪又轻,不来送我,让我心寒。(莫言,2006:8)
　　Yingchun was expecting a baby any day, so I could forgive her for staying home. But **_the absence_** of Qiuxiang, who was younger and was not pregnant, bitterly disappointed me. (Goldblatt,2008:8)

这里的译文将原文中的事件"不来送我"名词化为 absence,这个 absence 与直译成的(she) failed to come to see me off 中的任何一个动词不存在相互派生关系。
　　名词化后译文所获得的名词性成分在涵盖范围上有时也并不一定与原文事件完全对接,而有可能译文所使用的名词同原来的事件性动词有着转喻关系,如译例(5):

　　(5) 这样的善事,影响巨大,胜过树碑立传。(莫言,2006:11)
　　Good deeds like that have wide-ranging influence and are more consequential than **_memorials or biographies_**. (Goldblatt,2008:12)

译文在对原文的两个事件"树碑立传"实施名词化时,选取的是"碑"和"传"这两个部分的英语对应词 memorials 和 biographies,这样译文与原文就有着一种部分和整体的关系,也就是一种转喻关系。

　　译文的名词化有时会动用名词性词组,这样会把原文的事件传译得更为全面细腻,如译例(6):

　　　　(6) 我猛然想起当年的一些往事,似乎有人对我暗示过,说要我提防着家养的小长工乱了内室。(莫言,2006:15)

　　　　And that reminded me of something that had occurred years before. If I remember correctly, someone had warned me to be on guard against **bedroom antics** by my young hired hand. (Goldblatt,2008:17)

"家养的小长工乱了内室"这个事件在译文中被译成 bedroom antics by my young hired hand,原事件中的每个细节基本上都在这个名词词组中反映了出来,这说明名词词组比单个名词更能详细地表达原文事件的语义内容。

　　汉英翻译中名词化如果用名词性词组来实现,名词性词组的形态可能是名词前后有一个成分或两个成分,译例(6)的情形属于后者,而前者的情形出现在译例(7)中:

　　　　(7) 他叉腰站在大门内,与蓝脸面对面,浑身上下透着威严。(莫言,2006:20)

　　　　He stood in the doorway, **hands on his hips**, face to face with Lan Lian, **an intimidating presence**. (Goldblatt,2008:24)

原文中的"叉腰"这个事件被译为 hands on his hips,属于后置成分同中心名词构成的名词词组;而"浑身上下透着威严"则被译为了 an intimidating presence,属于前置成分同中心名词构成的名词词组。

　　有时在汉英翻译的名词化中所使用的名词词组的某个成分没有直接从原文事件中转译过来,而有可能是译者自己额外添加进去的,如译例(8)译文中的名词词组 a one-way trip,其中的 one-way 这个前置成分就是译者添加进去而原文事件中是没有的,至少不是显在的:

　　　　(8) 你只配跳到村外那眼淹死过野狗的井里去淹死!(莫言,2006:14)

　　　　Or **a one-way trip** down the well outside the village where all the wild dogs drowned! (Goldblatt，2008：17)

在汉英翻译的完全名词化中,译者所动用的单个名词有的是通过动词转类派生而成,有的就不存在这种关系,有的名词与原文事件存在着转指关系。如果译者动用的是名词词组,那么词组的结构也有三种:前置成分,后置成分加中心名词,或前后置成分同现于词组之中,第三种结构的名词结构最能完整地传达原文的动词性事件。

2.2　部分名词化

在汉英翻译中,对事件的名词化方式转译的非事件化结果有时并不一定是完全意义上的名词或名词词组,这时名词或名词性词组不能独立地执行翻译的非事件化任务,而是需要在其他非名词性成分的协助下才能实现非事件化。我们将这种名词化称作不完全或部分名词化,其中包括动词协助下的名词化、介词协助下的名词化以及形容词协助下的名词化。

2.2.1　动词协助下的名词化

在译例(9)中,译者没有将"治疗"翻译为 treat 或 cure,而是使用了动词加名词的方式对其进行了名词化处理:

(9)他还写了一个孝顺的儿子,从刚被枪毙的人身上挖出苦胆,拿回家去给母亲治疗眼睛。(莫言,2006:8)

He wrote abut a filial son who cut the gallbladder, the seat of courage, out of an executed man, took it home and ***made a tonic*** for his blind mother. (Goldblatt，2008：9)

原句中"给母亲治疗眼睛"中的"治疗"被分解为 made(动词)＋a tonic 的句法形态,由于 a tonic 不能单独实现"治疗"的语义内容,而是必须在 made 的帮助下才能完成这个任务,所以这里的翻译使用的是部分名词化。不过需要注意的是,make 这个辅助性的动词自身的意义不明确,必须依赖 tonic 才能充实自身的意义。动词协助下的名词化一般要有这个特点,这样才能说明这种动词加名词的形式中名词是中心成分,否则翻译的方式就不是非事件化方式,而只是再事件化的方式。

再如译例(10),也同样是运用了 make 这个抽象动词来协助名词完成

对原文中"哭着诉着"的非事件化转译:

> (10) 这婊子,哭着诉着,把假的说得比真的还真,土台子下那些老娘们一片抽泣,抬起袄袖子擦泪,袄袖子明晃晃的。(莫言, 2006:24)
>
> The whore **made tearful accusations**, spouting lies that sounded so truthful that the women at the foot of the stage were sobbing openly, wetting their sleeves with a torrent of tears. (Goldblatt, 2008:28 - 29)

不过,有意思的是,译者在这里巧妙地将原文中的两个事件分别做了不同方式的非事件化处理,把"诉着"名词化为 accusations,而把"哭着"形容词化为 tearful,两者再整合为一个名词性词组。所以,make 协助一个名词性词组完成了非事件化过程。

协助名词进行跨语非事件化的动词一般都是具有抽象义的、非自足的、必须与宾语名词搭配在一起才能显现具体意义的动词,也就是说它们都是一些在语义上非原型性的事件动词。再如译例(12)(13)的译文使用了 be 来协助完成名词化的非事件性转换,而 be 同 make 一样都有上述特点:

> (12) 想到此处,我心酸楚,我百口莫辩,(莫言,2006:20)
>
> **These were painful thoughts**. I could say nothing in my defense; (Goldblatt, 2008:23)
>
> (13) 我猛然意识到他们这是去枪毙白氏的。(莫言,2006: 37)
>
> I suddenly realized that the militiamen who came out with her were meant to **be a firing squad**. (Goldblatt, 2008:47)

2.2.2 介词协助下的名词化

介词词组实质上也可以被看作名词性成分。其中的介词没有独立性,只能依附后续的名词或名词词组,并且英语中的介词还相当于某些语言中的格,只不过英语中的格不发达,是用介词表示而已。① 所以,在这里,我们也不妨把非事件化的介词词组化方式纳入到不完全名词化范畴加以考察。

译例(14)中原文的"捐钱"这个事件在译文中可以用同样的事件性表述来加以转译,即 donate money。不过,译者并没有像作者一样进行事件化处理,而是采用了一个介词词组,而介词词组的核心是名词 generosity:

(14) 高密东北乡的每座庙里,都有我捐钱重塑的神像;高密东北乡的每个穷人,都吃过我施舍的善粮。(莫言,2006:4)

The idols in Northeast Gaomi Township temples were restored *thanks to my generosity*; the poor township people escaped starvation by eating my food. (Goldblatt,2008:4)

"捐钱"被非事件化为介词词组 thanks to my generosity。如果把 my generosity 看作是中心成分的话,那么就有理由把这个介词词组看成是在 thanks to 这个介词协助下实现的名词化非事件性翻译方式。

同样地,在译例(15)中,原文存在三个事件句,译者除了在译文中保留了第一个事件句之外,后面两个事件句都处理为介词词组形式:

(15) 我被关在另屋里,看不到审讯的场面,但能听到声音。(莫言,2006:35)

I was kept in a separate room, *out of sight of the interrogations, but well within earshot*. (2008:42)

原文各个小句之间基本上是平行关系,各自的地位在整个大句中也基本上差不多,只是有叙述的先后之分。但是在把后两个句子分别非事件化地译为介词词组之后,原来的三个事件之间的关系就明显出现了落差,第一个事件获得了突出,而后两个事件接受了事件性强度的弱化,从原来的述谓性(predication)语用功能转化为副词性的修饰性(modification)功能。这是通过介词协助下的非事件化翻译处理所带来的伴随性语用效应。

由于介词词组协助下的名词化翻译方式会导致接受处理的原文事件在

---

① Anderson, John M. *Modern Grammars of Case: A Retrospective* [M]. Oxford: Oxford University Press, 2006.

句法和语用上发生降格现象,那么,如果原文的事件句与其他事件句之间本来在语义上就存在修饰和被修饰、次与主等关系,这种类型的事件句就更容易在译文中受到名词化处理。如译例(16):

(16)阎王拂袖退堂,众判官跟随其后。烛火在他们的宽袍大袖激起来的气流中摇曳。(莫言,2006:5)

With a flick of his sleeve, Lord Yama left the hall, followed by his judges, whose swishing wide sleeves made the candle flicker. (Goldblatt,2008:5)

译者在这里觉察出原文的"拂袖"虽然也是一个独立的事件,但从语义关系上讲,该事件应该为"退堂"这个事件的伴随性事件,所以具备被介词协助下名词化的语义潜质(semantic potential)。于是,译者将其译为 with a flick of his sleeve,从而在译文中完全变成了一个状语修饰成分,从属于 left the hall 这个主事件。

从名词化后的译文与其原文的事件句之间的关系来看,可以说有以下几种情况。第一种关系,译文的介词词组中的宾语是对原文事件句中的动词的名词化,如译例(15)中的"看不到审讯的场面"的翻译,其中 sight 是对"看"这个动词的名词化;译例(16)"拂袖"的翻译,其中 flick 是对"拂"这个动词的名词化。

第二种关系,译文的介词宾语是对原文事件句的某个名词成分的截取,而介词则是对原文事件动词的弱化或虚化结果,如译例(17)、(18)和(19):

(17)后来黄天发送来一挑子能用秤钩子挂起来的老豆腐,赔情的话说了两箩筐,(莫言,2006:10)

He brought over a basketful of tofu so dense that you could hang the pieces from hooks, *along with a basketful of apologies*. (Goldblatt,2008:11)

(18)(我)接手家业时虽逢乱世,(莫言,2006:10)

I had taken over the family business *during chaotic times*. (Goldblatt,2008:11)

(19)干燥的毛巾拭到湿漉漉的皮毛上,使我感到十分舒适。她的动作轻柔,仿佛擦拭着她亲生的婴儿。(莫言,2006:15)

It felt wonderful *against my wet skin*. She has a soft touch, as if wiping down her own baby. (Goldblatt，2008：17)

译例(17)译文中的 a basketful of apologies 是对原文事件句中的名词成分"赔情的话"以及"两箩筐"的翻译；译例(18)译文中的 during chaotic times 是对原文事件句中的"乱世"的翻译；而译例(19)译文中的 wet skin 是对原文事件句中的名词性成分"湿漉漉的皮毛"的翻译。同时，这个三个译例的原文事件句中的动词"说"、"逢"和"拭"又都被译文中与它们相对应的介词 with、during 和 against 从语义上给虚化了。

第三种原文和译文关系是：译者不直接从原文事件句中选取名词性成分，而是通过语义推理在原文之外寻找与原文事件句有语义关联的名词性成分，同时译文所使用的介词是对原文事件句中动词的弱化或虚化，如译例(14)、(20)和(21)：

(20)恼怒和烦躁催促着我，我站了起来。(莫言，2006：15)

Rage and uncontrollable anxiety forced me *to my feet*. (Goldblatt，2008：17)

(21)这次，你是煮熟的螃蟹难横行了，你是瓮中之鳖难逃脱了，(莫言，2006：19)

... but this time you're a crooked crab that can no longer sidle your way around, a turtle in a jar *with no way out*. (Goldblatt，2008：23)

译例(20)和(21)中的原文事件句"站了起来"和"难逃脱"除了主语成分之外，其他名词性成分都是缺失的。因为如果运用介词词组把它们翻译成英语就必须要有名词性成分在场，所以译者需要通过语义推理使与这两个事件相关的名词性成分出场，于是在译文中就出现了 feet 和 way。

2.2.3　形容词协助下的名词化

形容词化的非事件化方式因为同介词词组化方式一样，利用偏正结构实现的形容词化也无法脱离名词性成分，所以不妨视作名词化的一个特殊情况，如译例(22)：

（22）想我西门闹，在人世间三十年，热爱劳动，勤俭持家，修桥补路，乐善好施。（莫言，2006：3）

　　Me，Ximen Nao；in my thirty years in the land of mortals I loved manual labor and ***was a good and thrifty family man***. I repaired bridges and repaved roads and was charitable to all. (Goldblatt，2008：4)

这里的译文将原文的两个事件句"勤俭持家"分别翻译为 thrifty 和 family，family 虽然是名词，但由于处于定语的句法位置，所以不妨看作是形容词。原文的动词被形容词化后必须依附于名词，所以译文中就有了 man 的出现。因此，我们也可以把翻译中对原文事件的形容词化当作是名词化的伴随情况。译例（23）中的非事件化的形容词化方式也依然离不开名词：

　　（23）用熊胆治病的事很多，但用人胆治病的事从没听说。（莫言，2006：8）

　　We all know stories about using bear gallbladder as a curative，but no one has heard of ***the curative powers*** of human gallbladder. (Goldblatt，2008：9)

原句中"用人胆治病"中的"用人胆"被译为 of human gallbladder 这样一个介词结构，而"治病"则被译为形容词 curative，但是因为形容词是非独立的、依附性的词类，所以其后出现了 powers 这个名词，不妨说，原文事件在译文中的形容词化必须伴随着一个名词性成分的出现，这个名词性成分的出现也不妨看成是一种名词化的结果。

3. 小结

从认知语言学角度讲，同一个语言系统以及不同的语言系统都可以对同一个场景或事件做出不同的认知识解，从而用不同的概念结构表呈这个场景或事件，反映在语言表层也就会有不同的形态句法表现。本研究正是以这个理论为出发点对汉英翻译中原文事件的非事件化处理做了其中一种方式即名词化方式的研究。研究表明，译文对原文事件的名词化方式的非事件化实现主要有两种：如果一个独立的名词性成分可以完成非事件化过程，那么就称作完全名词化；如果名词化需要其他成分诸如动词、介词或形容来完成的话，这种非事件化就是不完全或部分名词化。原文事件的形态—句法表现经过译文的名词化之后也相应地发生了转化，从原来的句法谓语成分转变为了主语、宾语等名词性句法成分，而语用功能也由原来的述谓性功能转变为修饰性或指涉性功能。

思考与讨论

1. 非事件化或去事件化与静态化、名词化之间的关联是什么？这三种方式对翻译过程的描述侧重点有何不同？

2. 为什么名词化有时需要得到协助的条件下才能实现非事件化的翻译目的？

3. 如何在汉语原文中识别运用名词化实现非事件化的潜在理据？

第十三章　事件化和去事件化

导　读

　　本章在前面两章的讨论基础上试图对事件化和去事件化加以对比,这样可以相互凸显彼此的特征。事件化作为提升译文事件性程度的手段,其句法层面的方式有述谓化或动词化,而在语义层面上的手段则包括动态化、致使化和施动化。语义层面上的这些事件化的手段无非是为原文事件在译文中获得更多的动力,事件中所包含的动力越多,其事件性也就相应地得到了提升。相反,汉英翻译中的非事件化手段在句法层面上体现为非述谓化或名词化,而在语义层面上则包括静态化、非致使化和非施动化。语义层面上的这些去事件化手段无非是减少译文事件的动力,朝向弱事件性滑动。

1. 以事件作为单位的翻译倾向

在本书的第二章我们就开宗明义地探讨了事件作为汉英翻译单位的可行性。事件作为翻译单位也基本贯穿本书各章节的谈论,尽管也会启用认知框架或认知域作为单位来分析翻译的过程。其实框架和认知域都与事件有着密切关系,从某种意义上讲它们其实是事件的变体。前面两章分别讨论了汉英翻译的事件化、再事件化和去事件化,接下来我们需要将这两种翻译的倾向放在一起加以比较,希望藉此对它们有着更为深入的认识。

翻译中的事件化体现在译文朝向连续统的事件原型点滑动,这种滑动表现在两个层面,一个是句法层面,即译文使用述谓性的动词成分,我们称之为动词化;与此同时,译文所使用的动词成分在语义层面上也具有动态性和致使性或施动性,也就是说,译文动词的语义内容更加具有"动力(dynamic force)"。而去事件化的滑动方向正好相反,是朝着事件连续统的非原型性的点滑动:在句法层面,会使用非述谓性动词,直至彻底名词化;在语义层面,原文事件的动态性被静态性替代,静态化会体现在非致使化或受事化上。我们将以事件作为单位实施翻译操作的两个倾向用表 13 - 1表示:

表 13 - 1 事件单位的翻译取向

取向(Orientations)	翻译操作方法(Approaches)
事件化(Eventualization)	述谓化(Predication);动词化(Verbalization)
	动态化(Dynamicization)
	致使化(Causation);施动化(Agentization)
去事件化(De-eventualiztaion)	非述谓化(Non-predication);名词化(Nominalization)
	静态化(Staticization)
	非致使化(Uncausatization);非施动化(De-agentization)

接下来,我们将借助事件化和非事件化这两个以事件作为翻译单位的操作倾向,从句法和语义两个层面对相关译例进行分析,以便对这两种倾向有一个更加直观的对比和认识。

2. 事件化和去事件化

2.1　事件化

2.1.1　述谓化或动词化

通过动词化实施翻译的事件化操作并不意味着是从原文的名词派生出同源动词,更多的情况是调动与原文名词相关的动词,比如下面的译例(1):

(1) 炳璋整个晚上都陪着笑,有几次实在是笑累了,炳璋特意到洗手间里头歇了一会儿。(毕飞宇,"青衣",2004:166)

Bingzhang *spent the night* beaming, smiling so much he had to take an occasional bathroom break to massage his cheeks so his smile wouldn't look so stiff or forced. (Goldblatt & Lin, 2007:36)

原文的"整个晚上"是一个名词词组作状语,不是一个独立的事件。但是译文则调动出 spent 这个动词与 night 搭配,原来的修饰性成分则转变成了一个用述谓动词承载的事件句。这样就完成了一个事件化过程。

2.1.2　动态化

动词化是在句法层面上的事件化方式。事件化在语义层面最典型的表现是动态化:译文表达事件的成分要强于原文的相应的事件成分,如下例所示:

(2) 老板在筱燕秋的面前没有傲慢,相反,还有些谦虚。(毕飞宇,"青衣",2004:168)

The factory manager *did not put on* any airs, and was actually humble in Xiao Yanqiu's presence. (Goldblatt & Lin, 2007:39)

原文中的"没有"表示存有状态,是弱事件性动词,表达的相应事件的事件性很弱,但是译文则使用了 not put on any airs,是一个动态性较强的动词短语,事件性自然也加强了很多。再如下面这个译例:

（3）伟人的废话有时候就等于幽默。（毕飞宇，"青衣"，2004：170）

Sometimes nonsense spouted by a great man can **pass for** humor.（Goldblatt & Lin，2007：44）

原文中的"等于"表达的是状态，而非事件，但是在译文中被译为具有动态性的 pass for，这样译文句子的事件性也通过这种动态化手段加强了。

2.1.3 致使化和施事化

致使化或施事化是动态化的更为具体的语义表现，也同样是进行翻译事件化的表现。如下例所示：

（4）《奔月》公演的这一天下起了大雪，（毕飞宇，"青衣"，2004：201）

A snowstorm **hit** the city on the day *The Moon* was to open.（Goldblatt & Lin，2007：106）

原文中"下起了大雪"这个事件尽管"下起"具有动态性，但是比较其译文 a snowstorm hit the city，原文的"大雪"在译文中的对译词 snowstorm 则变成了动作 hit 的实施者，是施事，施事性的增加提升了事件的事件性，这也是事件化的表现。

我们再来看看致使化手段在提升事件性上发挥的作用：

（5）哄笑之中老板却起身了，说："今天我很高兴。"这句话是带有总结性的。（毕飞宇，"青衣"，2004：170）

They were still laughing when the factory manager stood up and said，"I had a wonderful time tonight，" thus **bringing the festivities to an end**.（Goldblatt & Lin，2007：44）

该译例的原文中有一句弱事件性的表达："这句话是带有总结性的"。到了译文中，这句话虽然被译为一个非述谓性的成分，但是却使用了 bring to 这样致使力很强的动词短语。于是，尽管在句法层面上因为非述谓性动词成分的使用事件性有所削弱，但是在语义层面上由于致使力的加强而使得事件性也随之加强了。

2.2 去事件化

翻译中事件化的反方向是去事件化或非事件化。去事件化也有句法和语义两个层面的表现。有时只在语义层面或句法层面的单一层面实施去事件化;有时会在两个层面上同时进行去事件化。

2.2.1 非述谓化

在汉英翻译中实施非述谓化其实就是实施非谓语化,将原来表达事件的述谓结构转译成非述谓结构,从而在句法层面弱化原来事件的事件性,强化状态性,如下例所示:

(6) 筱燕秋正减着肥,吃得少,看上去就有点像怯场,(毕飞宇,"青衣",2004:168)

Remaining faithful to her diet , she ate little, which made her seem intimidated by her surroundings ... (Goldblatt & Lin, 2007:40)

原文中的持续性事件"正减着肥"虽然"正"弱化了动态性,但是仍然是一个完整意义上的事件。到了译文中,这一事件被表达为 remaining faithful to her diet:一方面译者使用了非述谓结构即现在分词短语,另一方面使用了 faithful to 这样一个表示属性状态的形容词短语。这两个方面表明译者实施了句法层面和语义层面的双重去事件化。

从句法上讲,事件性的递减和非事件性即状态性的递增依次表现在非述谓性结构(包括分词短语和不定时短语、副词性短语、形容词性短语、动名词和名词)这些句法形态的使用上。下面的译例就体现了通过副词短语弱化事件性的翻译方式:

(7) 一大早就是雪霁之后晴朗的冬日。晴朗的太阳把城市照得亮亮的,白白的,都有些刺眼了。(毕飞宇,"青衣",2004:201)

After the snowfall the city cleared and bright sunlight shone down on the city, turning everything ***blindingly*** white. (Goldblatt & Lin, 2007:106)

原文中的"刺眼"表达了动态性事件的述谓结构,无论从句法上还是从语义上,其事件的原型性都很强。但是,它的译文只用了副词 blindingly,变成了修饰性成分,状态性就赶走了原本具有的动态性亦即事件性。

下面的译例(8)则是利用形容词这一修饰性成分将原文的事件加以非述谓化的:

(8) 许多人都看出了炳璋的心思,连筱燕秋都看出来了。(毕飞宇,"青衣",2004:170)

Apparently, his thoughts were **transparent**, even to Yanqiu. (Goldblatt & Lin, 2007:44)

原文中的两个"看出来"都是述谓性的事件表达,但是它们在译文中都被译成了 transparent 这样一个形容词的修饰性成分,当然因为与 were 连用,使得它的修饰性受到削弱,对原文的事件性多少还是有所降低。

翻译中非述谓化也就是去事件化最为彻底的方式是名词化,尤其是使用与表达原文事件的动词英译词不是同源词的名词,这种情况下的去事件化更为彻底,如下例:

(9) 台下没有喝倒彩,而是响起了雷鸣般的掌声。(毕飞宇,"青衣",2004:168)

Rather than **boo**, the audience showered her with applause. (Goldblatt & Lin, 2007:41)

原文的事件句"喝倒彩"被译为名词 boo,事件性因此就被完全消解了。

2.2.2 状态化

所谓的状态化,是指译文仍然袭用原文的述谓性的句式结构,只是在语义层面上将原来的动态事件转化成静止性的状态,如下例所示:

(10) 在座的人都在严肃地咀嚼,点头。就好像这些问题一直缠绕在他们的心坎上。(毕飞宇,"青衣",2004:169)

The guests nodded and reflected somberly, as of these were things that had been **on their minds** all along. (Goldblatt & Lin,

2007:41)

原文中的"一直缠绕"表达的是持续性的动态性事件,其对译成分则是 had been on their minds all along,译者使用了表示状态的 be 加介词短语。这样,原来的动态事件就转化成了静止状态,体现了状态化的去事件化手段,但是原文和译文用的都是述谓结构,这说明去事件化只发生在语义层面。再如下例:

(11) 她在走向门口的时候知道许多眼睛都在看她,(毕飞宇,"青衣",2004:171)

As she neared the door, she sensed that *all eyes were on her*;(Goldblatt & Lin,2007:45)

原文中的"都在看她"被译为 all eyes were on her,"看"被状态化为 be 加介词短语,述谓性的句法结构没变,只是在语义层面发生了由动态化向静态化的转变。

值得注意的是,上述两个译例原文中的事件已经分别通过"一直"和"在"被一定程度地弱化了,有了状态性的意味,这应该是译者在译文中对这两个事件进行状态化去事件化的理据所在。

所以,在下面的译例中,动态化已经被弱化的动词"顶"很自然地在翻译中被状态化了:

(12) 他们挣不来一分钱,耗起银子来确实老将出马,一个顶俩。(毕飞宇,"青衣",2004:167)

Not only do they bring in no revenue, but they require double the investment, like a seasoned warrior, who *is the equal* of two men.(Goldblatt & Lin,2007:37)

"顶"在原文中貌似动态性的动词,实际上它的语义已经是状态性的,也就难怪译者将其用 be 加名词的方式去事件化地翻译出来了。

2.2.3 非致使化和非施动化
事件动态性主要体现在事件的致使性或施动性上,对事件这两个语义元素的消解也是语义性去事件化的表现。如下例就是在翻译中消解掉了事件的致使性：

> （13）这种平等使筱燕秋如沐春风，人也自信、舒展了。（毕飞宇，"青衣"，2004:169）
> *Feeling like a woman caressed by a spring breeze*，Yanqiu grew increasingly confident and more relaxed. （Trans. by H. Goldblatt & Sylvia Li-chun Lin，2007:43）

原文中的"这种平等使筱燕秋如沐春风"属于致使结构，具有致使性，也是事件性的标志。但译者将其译为一个现在分词短语 feeling like a woman caressed by a spring breeze，并且去除掉了致使性的语义内容，因此事件性受到弱化，状态性得以加强。

同样地，对事件表达式中施动性语义的消解也会影响到事件性的强度，如下例：

> （14）筱燕秋觉得自己不是在美容，而是在对着自己用刑。（毕飞宇，"青衣"，2004:168）
> To Xiao Yanqiu, this was less *a beauty treatment* than *self-inflicted torture*. （Goldblatt & Lin，2007:39）

"美容"和"用刑"在原文中都是具有施动性的事件，它们的施动性也都有着相应的句法形态。而它们在译文中的对译项 a beauty treatment 和 self-inflicted torture，不仅都成了名词短语，而且句法形态基本没有施动语义内容的表达，都属于非施动化的结果。

3. 小结

以事件作为翻译单位时，实际的操作方式是变动原文的事件性强度。当然，译文如果完全承袭原文的事件性是最好的。我们之所以在翻译中变化事件性，是因为我们如果完全忠实地继承原文的事件性，会使译文变得不地道，过不了认知许可（cognitive sanction）这一关。为了寻求变通，我们可以通过加强或减弱事件性的方式获得译文，当然要保证最大程度上的忠实。

翻译中的事件化和去事件化在语义和句法两个层面都有体现,既可以单层面操作,也可以双层面操作。译者有了事件化和去事件化的意识,在其翻译中就会实现翻译的有效性,取得满意的翻译效果。

思考与讨论

1. 这一章的讨论是否进一步说明了事件作为翻译单位的可行性? 是如何说明的?

2. 汉英翻译中的事件化或去事件化手段是如何体现在语言的三个层面即句法、语义和语用层面的?

3. 将事件化和去事件化对比讨论对这两种汉英翻译倾向的理解有何作用?

第十四章　运动事件的再词汇化过程

导　读

先前我们探讨过汉英翻译中事件语义角色的相互转换,其中所关心的是语义角色自身之间的转换。我们在当前这一章中将专门考察运动事件在汉英翻译中的动词选取的方式,这种方式被称作再词汇化。所谓的词汇化就是指一个句子所表达的事件是由各种相关的语义角色组成的,这些本为名词性的语义角色可以转类为动词成分体现在句子表层的述谓成分上。在汉英翻译中,汉语原文表达事件的句子所使用的动词并不一定直接在译文中获得汉语的对译动词,而有可能在事件所包含的诸如方式、工具、结果、图形、背景或路线这些语义角色中去寻找,并将其转化为动词,这就是翻译中的再词汇化过程。

1. 词汇化与汉英翻译

Talmy[①]考察了意义和表层表达的关系。他认为,无论从意义到外在形式之间的道路有多曲折,语言使用者总能在语言中找到意义的表达式。为意义寻找语言表达式的过程即为词汇化过程(lexicalization)。Talmy 利用类型学的方法考察了运动事件的词汇化在不同语言中呈现出的特点,涉及了汉语对运动事件的词汇化问题。我们认为,汉英翻译的难点往往就在于其对相同运动事件所进行的不尽相同的词汇化识解方式。译者只有意识到了英汉两种语言在处理同一运动事件时所采取的词汇化方式的不同,其所做的跨语转换才能顺利实现。译者不会完全承继原文的词汇化方式,而要根据译入语的认知要求对原文事件予以重新词汇化,故称再词汇化(re-lexicalization)。

汉英翻译中运动事件的再词汇化也存在两种取向:动词组织(verb framing)和卫星元组织(satellite framing)。以动词为核心的跨语再词汇化要求译者从原文挖掘出语义内容来还原事件。译者所关心的是"运动事件中的哪个部分是在动词词根中获得特征表呈的"以及"运动事件的其余部分又在哪里"[②]。译者据此再给事件的各个成分分派为动词或卫星元。动词要么把事件的各成分前景化或背景化处理后,转喻性地负载起对整个运动事件的表达,要么分别运用动词和卫星元表达事件的相关成分。

2. 词汇化过程中的动词组织模式

在英语中,事件组织的核心角色主要由动词及其相关的卫星元来承担,动词担当着表征事件的使命,从而也就影响在论元实现过程中句法成分的排布。Levin & Rappaport Hovav 曾就动词与事件表述的关系讲到:

> 世界上的事件不似物理实体那样由感知识别出来,而是由语言予以识别。动词对世界上发生的事件进行词汇化表达,我们用 EVENT 表示由动词进行词汇化表征的事件。那么,动词就是对

---

① Talmy, L. *Towards a Cognitive Semantics* (Vol. 1): *Concept Structuring System* [M]. Cambridge, MA.: The MIT Press, 2000.

② 同上, p. 117.

事件的述谓,而由动词组成的词组则被看作是"对事件的摹状"。①

可见,事件更受语言及其概念结构的影响。语言对事件的组织主要围绕承担述谓功能的动词进行。动词在事件的言语表达即形态—句法(morphosyntactic)词汇化中是核心元素。Talmy指出,在对事件进行言语表征过程中,语言使用者首先要识别出即将表达的事件②。同时,对事件的合成和拆解也交替伴随这个过程。随后,动词或动词组合浮现出来描述事件的成分。然而,动词的描述并不能穷尽事件中的各个元素,而是保留其中某个或某些部分,去除其余部分。相应地,有些元素被放大,有些则被遮蔽掉。结果是有些元素以去除其他元素为代价在形态—句法层面表征出来。类似的过程也会发生在汉英翻译过程中,原文中的事件元素会受到再概念化处理,它们的形态—句法表征有可能经历一些变化,而这些变化是由译入语的认知概念化规约所认可的。

事件在词汇化为语言表达式之前需要经历一系列认知拆解、选择和组合。Talmy把一个事件拆解为以下几个部分:图形(figure)、背景(ground)、路径(path)和运动(motion)四个中心成分,以及方式(manner)、致使力(cause)、环境(circumstance)和结果状态(resultant state)等非中心成分③。图形指参照相关的背景运动或静止的物体,背景是图形运动或静止的参照对象,路径指图形发生运动的路线或占据的位置,运动指的是图形的位移或相对静止状态。其他非中心成分有强烈的依附性特征,一般可以充当核心运动事件(core event)的伴随事件(co-event),甚至可以转喻性地代替核心运动而得到形态—句法表征(morphosyntactic representation)。

运动事件的词汇化初期,等待言语表达的事件成分被识别,随后经拆分或整合,其中一些成分保留下来,其他成分则可能被遗弃。这个过程在语际转换过程中也同样因袭下来,区别在于译者是对已经词汇化的事件重新还原后再词汇化处理的。翻译中的词汇化过程不是原文词汇化过程的复制,在事件化的拆解和合成过程中肯定会发生与原文不对应的现象,跨语的再词汇化的结果与原文也就存在一定程度的差异性。

---

① Levin, B. & M. Rappaport Hovav. *Argument Realization*[M]. Cambridge: Cambridge University Press, 2005, p. 19.

② Talmy, L. *Towards a Cognitive Semantics (Vol. 2)*: *Typology and Process in Concept Structuring*[M]. Cambridge, MA.: The MIT Press, 2001, pp. 215 - 216.

③ 同上, pp. 213 - 288.

3. 运动事件再词汇化原则

语言使用者在对某一事件做出语言认知能量分配时，对其各个部分的注意力不是均等的，而是倾向于把运动的某些部分背景化（backgrounding），其他的事件成分则得到前景化处理（foregrounding）[①]。除了运动本身之外的其他事件成分则更有可能被融入动词词根中。"在其他方面相同的情况下（如成分的强调程度或在句子中的位置），一个语义成分会由主要动词或任何包括卫星元在内的封闭类元素的表达式背景化"[②]。Talmy 把这个现象称作背景化原则。运动事件的词汇化过程中，事件成分在表呈为句法层面的时候基本都有被融入动词的可能性，亦即背景化入动词的可能性，如把 go by plane 中的方式 by plane 融进 fly 后方式就得到了背景化处理。其他运动事件的成分，如致使力、结果、图形和背景等有经动词融入（conflation onto verb）后背景化的倾向。

Talmy 总结出的第二个原则认为语言使用者会更倾向于启用现成的表达式来对运动事件进行词汇化，而不会临时形成表达式。语言使用者最有可能使用通过背景化融入伴随成分的动词。"也就是说，语言使用者倾向于优先选择事件成分被背景化指涉的表达式，而非用前景化的方式"[③]。同时，让事件成分背景化的现成表达式更为口语化，并且在言语行为中显得更为自然。

顺应第二个原则，Talmy 接着提出了第三个原则，指出现成的成分背景化的概念把运动事件所包含的信息进行了打包，因此在对其释读的时候所花费的认知努力也就相对较少。"概念背景化后就能被现成地表达出来，其信息内容也显然会用很低的认知努力就可以被包括进句子中"[④]。将事件成分现成打包的概念由于能让说话者和听者花费较少的认知力而较有可能在表达式中得到使用。在翻译中，经过从源语中认知还原得来的现成的事件概念被优先选用形成目的语中的表达式。不过，这个原则并非建构跨语表层表达式的绝对的限制条件，它只是规定了在跨语词汇化过程中的一种优先选择的可能性。

---

① Talmy, L. *Towards a Cognitive Semantics* (*Vol. 1*)：*Concept Structuring System*[M]. Cambridge, MA. ：The MIT Press, 2000, p. 76.

② 同上，p. 128.

③ 同上，p. 129.

④ 同上.

汉语在翻译成由动词主导的英语时,汉语原文首先要经过这样一道工序:通过逆向的认知概念化还原为一个场景或事件。Talmy把一个事件通常拆解为施事者、非施事者、运动、伴随运动(包括原因和方式)、路径、图形、背景和受事。不过,在Talmy对事件进行词汇化研究时,他主要集中在运动、方式、路径、图形和背景上。本文所做的研究也同样集中在这几个成分的汉英跨语的词汇化表征上,从事件化、事件识别(event individuation)、事件组合和事件拆解等方面考察汉英翻译中运动事件的词汇化特征。

4. 再词汇化在汉英翻译中的体现

与英语比较而言,汉语有较长一段历史是由名词主导的,很多动词都是从名词转类而来的①。据此推断,事件的词汇化在汉语中可以由名词完成,而不像英语那样基本需要动词来实施。汉英翻译中所涉及的跨语词汇化问题牵涉更多的是由动词主导的事件的概念化,尤其是在古汉语或汉语古典诗歌英译中这种词汇化特征更为明显。

英语既然是以动词为中心的语言,那么当事件外在化为言语形式时也会依靠动词来完成事件信息的组织工作。在古汉语中事件信息的组织对动词的依赖性却相对较弱,这种独立于动词的表达式在汉语古典诗歌中也不鲜见。唐朝诗人杜甫的诗《旅夜书怀》,其中首两句为:

细草微风岸,危樯独夜舟。

美国诗人Kenneth Rexroth给出了以下译文:

A light breeze rustles the reeds
Along the river banks. The
Mast of my lonely boat soars
Into the night. ②

---

① 张文国,古汉语的名动词类转变及其发展[M],北京:中华书局,2005.
② Rexroth, K. (trans.). *One Hundred Poems from the Chinese* [M]. New York: New Directions, 1971, p. 33.

在这首古诗的英译中,作为目的语的英语因受动词词汇化的驱使,使得原诗中动词缺失的前两句诗被强制性地引入了动词。译者需要从每句诗中还原出运动事件,在各个意象之间寻找出一定的致使关系,再把这些意象成分整合到运动事件中。通过寻找意象之间的运动关系完成对各成分之间关系的整合,从而外在化为言语表达式,于是动词就从译文的形态—句法中浮现了出来。原诗第一行中的意象直接译为 breeze、reeds 和 river bank 之后,经由动词 rustle 把它们关联了起来。"具体地讲,因果致使链上的各点所表呈的论元根据其在因果链上的位置获得了强加性的组织结构"①。这句话可以用来点出这句诗在英译中的再概念化特征。动词 rustle 是强加给本没有动词的译文的组织者。这个再概念化过程是译者经过从原文中强行识别出事件并强加给译文的过程,称之为事件化。

这种事件化也同样发生在第二行诗歌的英译中。原诗中的意象是较为随意地排布在一起的,给读者留有想象空间,读者也借此空间建构出自己的审美意境。不过,译者需借助这些意象确定事件信息特征,从而符合英语语言的事件信息组织模式,于是就有了具体化为 soar 的运动事件。这首诗随后的几行中,虽然原文和译文中均有动词,但译文的动词并非是原文动词的直接移译,而是经过一定的事件化处理后通过形态—句法表征出来的再事件化的结果②。与首两句诗不同的是,其余各句的动词对应词在译者的事件化干预程度上稍微减弱了一些。

5. 以动词为组织核心的运动事件再词汇化

任何运动事件都不可能自行而单纯地发生,一般都受一定的原因驱使,并伴随一定的发生方式。方式和原因被 Talmy 称为伴随事件。运动事件在接受表达时,方式和原因这两类事件需要经过识别,从而确定是否需要在表层结构中获得词汇化表征。

译者要借助对事件的概念化从原文表层结构中还原出事件来。但是,对原文负载事件的句子进行事件化还原,其结果并不一定原原本本地接受目的语的词汇化处理方式。核心事件以及伴随事件在跨语再词汇化的过程

---

① Levin, B. & M. Rappaport Hovav. *Argument Realization*[M]. Cambridge: Cambridge University Press, 2005, p. 119.

② Rexroth, K. (trans.). *One Hundred Poems from the Chinese*[M]. New York: New Directions, 1971, p. 33.

中接受前景凸显处理或背景隐现处理。跨语再词汇化的结果基本上会出现两种情形:其一,核心事件和伴随事件同现;其二是两个事件出现一个。译者会把原文句子所承载的事件切割为一系列的事件成分,如方式、路径、结果、图形和背景。这些成分在翻译中都有可能独立地被词汇化出来,融入动词中从而表呈整个运动事件。Talmy(2000)就各种语言的词汇化特征从认知的角度进行了类型学分析,他总结出的三个事件化原则(见本文第3节),也适用于汉英翻译中的再词汇化过程。结合这三项词汇化原则,汉英翻译中运动事件的再词汇化流程如下:

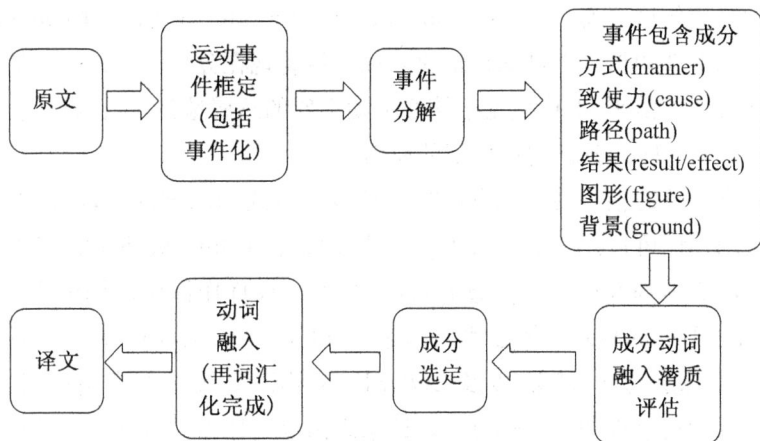

图 14-1　运动事件的再词汇化流程

5.1　运动事件和伴随事件的词汇化

5.1.1　核心事件和方式伴随事件同现

运动核心事件和伴随事件同时并列出现,负载核心事件的动词没有完全吞并负载方式的伴随事件,结果就是两种事件在表达式中同现。在例(1)的原文中存在着两组运动事件加方式伴随事件的表达式,分别为"绰绰约约地登上"和"从里面窜了出来",译者把它们分解之后,用谓语动词表征核心运动事件,用分词表征方式伴随事件:

　　(1)由金大班领队,身后跟着十来个打扮得衣着入时的舞娘,绰绰约约地登上了舞厅的二楼来,才到楼门口,金大班便看见夜巴黎的经理童得怀从里面窜了出来,一脸急得焦黄,搓手搓脚的朝地嚷道……(白先勇,2000:115)

Taipan Chin in the lead, a troop of a dozen or so snazzily outfitted taxi dancers *came parading up* to the second floor. Just as she got to the entrance, Taipan Chin saw Tung Te-huai, the manager of the Nuits de Paris, *came scurrying out*, wringing his hands, his face positively yellow with anxiety. (Pai Hisen-yung & P. Yasin, 2000:114)

原文中,"绰绰约约"和"窜"描述了位移事件的运动方式,两者都被转化为英语的动名词句法形态:parading up 和 scurrying out。它们是对 come 这个核心运动事件的伴随事件的词汇化表征。尽管现在分词把方式的伴随事件独立地表达了出来,但依然处于核心运动事件的从属地位,这也就是它们需要接受-ing 这样的分词句法标记的原因。

复合事件的核心动词更有可能与负载着方式的动词同现,但条件是表示方式的动词可以词汇化为中层或深层词素。Talmy 从外在的句法形式中抽象出表示基本运动的普遍形式,这些形式被称作深层动词词素(deep-level morphemes)以及中层动词词素(mid-level morpheme)①,如 GO 和 MOVE 为深层动词/词素,以及 COVER、GIVE 和 PUT 等中层动词词素,借此解析运动事件的词汇化方式。这条思路也同样由例(1)的译者所遵循,从中分解出了 COME 这样的深层动词词素,以及 PARADE 和 SCURRY 这样的中层动词词素。对汉语原文中运动事件的动词词素的层次性拆解是译者在进行事件识别的事件化之后朝向跨语词汇化迈进的工序之一。

5.1.2 方式伴随事件的独现:方式的动词融入

译者在跨语词汇化过程中要么选择核心事件和伴随事件同现,要么只保留伴随事件的形态—句法表征。译者往往可以从原文中解析出方式伴随事件继而在目的语中表征出来。我们可以把例(1)中以分词形式出现的方式伴随事件抬升到谓语动词的位置,于是就可以用承载着方式的动词来转喻性地述谓原运动事件。所以,本文在这里就不需要利用译例说明方式伴随事件抬升为主要动词的跨语词汇化过程。不过,译者有时会间接地用额外附加伴随方式事件来对原文的运动予以转喻性的跨语词汇化表征。

---

① Talmy, L. *Towards a Cognitive Semantics* (Vol. 1): *Concept Structuring System*[M]. Cambridge, MA.: The MIT Press, 2000, pp. 37 - 38.

在例(2)中运动事件实际上涉及"去"和"来"两个位移运动事件。伴随事件发生的方式在原文中并未具体地点出。但是其译者用 bound 来对原文事件进行词汇化其实是一种额外方式的附加。译者放弃了像 GO 和 COME 这样的深层或中层动词，而选择了承载着具体方式的动词对原文的运动事件包(event package)进行词汇化，用卫星元 up 表示运动事件包的路径之一。

(2) 一位瘦小精干的少年立即去打来了水，一壶热，一壶冷……(贾平凹，2006:129)

A slim, nimble young man **bounded up** with two vaccum bottles of water, one hot and one cold. (Goldblatt, 1991)

例(3)的译者为了进行跨语再词汇化，从原文表示运动事件的中层动词"跑"之外结合运动事件路径即"往海水深处"寻找出该运动事件的方式，然后融入目的语的运动事件动词中。这种运动事件发生在水中，因此有别于发生在陆地上的类似运动事件。译者于是利用 wade 来表达在海水滩涂中的快速行走，该英语动词显然是原文的"跑"融入了"方式"的结果：

(3) 她跑向海涂深处……(郭小橹，2003:128)
… she **waded** deeper into the sea weed … (Carter, 2004:102)

5.2　致使力的动词融入

运动需由动力引发，实体受到外力或内力的影响才能发生运动。外力由施事者(agent)施加，内力则由非施事者(non-agent)的运动实体自行施加。致使原因或致使力作为运动的一部分要么会经过词汇化后以动词或卫星元出现在形态—句法表层结构中，要么会不接受词汇化从而在表达式中隐而不现。Talmy(2000)给出了几个句子来说明运动事件的词汇化中致使力的表征，其中句子的主语是非施事者或施事者：

Nonagentive/Agentive
The bone pulled loose from its socket.

I chopped/sawed the tree down to the ground at the base. ①

上述句子的词汇化模式被 Talmy 分解为以下形式②：

(Agentive / Self-agentive / Non-agentive) Subject＋Basic Event Verb＋WITH-THE-CAUSE-OF＋Co-event Verb

同样地，在把例(4)中的汉语句子译为英语前也需要把其中"骑"这样的运动事件予以分解，于是可以得到这样一个词汇化模式：

Agentive Subject (Mr Mou)＋Basic Event Verb (move)＋WITH-THE-MANNER-OF＋Co-event Verb (ride)

这实际上是其中一种词汇化的分解模式。但该译例的译者没有严格按照原文的词汇化模式进行再词汇化，而是把原文分解成了下面这样一个词汇化模式：

Agentive Subject (Mr Mou)＋Basic Event Verb (ride)＋WITH-THE-CAUSE-OF＋Co-event Verb (wheel)

原文的运动事件解析为相应的词汇化模式后，译者需要探寻能否把致使原因融入动词的可能性。如果有的话，那么就让这个致使成分词汇化为动词，转喻性地表征原文的运动事件：

（4）后来，许多天以后的某一天，在学校大门口，莫老师骑着一辆老旧的脚踏车……（郭小橹，2003:128）

Some time afterwards, I ran into Mr Mou as he was **wheeling** his decrepit bicycle out of the schoolyard. （Carter, 2004:129)

---

① Talmy, L. *Towards a Cognitive Semantics* (Vol. 1): *Concept Structuring System* [M]. Cambridge, MA.: The MIT Press, 2000, p. 28.

② 同注 1, pp. 29 - 30.

把例（4）中的原文和译文的运动事件词汇化模式进行比较，原来的方式成分被替换为致使成分，不过进一步分析"骑自行车"这个运动事件构成，也可以用 pedal 作为致使成分融进谓语动词中。

像 wheel 这样的动词可以充当造成位移运动的词汇化表征，其他造成状态的致使原因也会被词汇化为动词。在例（5）中，译者从原文"死在海里"直接推断出"死"的原因"淹水"，于是这个致使原因就被词汇化为 drown 出现在译文里。作为"死"的致使原因的 drown 是通过译者对原文的静止状态"死"进行再词汇化后的结果：

（5）招娣家最小的孩子，来娣死了。死在距离海涂地不到一百米的海里。（郭小橹，2003：128）

Her youngest child, her precious Boy at Last, was dead. She had ***drowned*** in the shallows just beyond the sea-weed beds, less than a hundred metres from shore. (Carter，2004：102)

5.3 路径的动词融入

运动事件会涉及运动物体的位置变化，运动其实就是位移运动。从某处到另一处的位移运动需要按照一定的路线进行，所以路径就成为运动事件的一部分。英语中运动事件中融入路径成分的动词有 enter、exit、ascend、descend、cross、pass、circle、advance、proceed、approach 等①。除了 Talmy 给出的这些路径融入动词外，像 wind、zigzag、stream 和 course 等动词中的运动路径成分更为明显。这些动词都包含了运动实体做位移运动时所经由的路径。非常规的运动路径被融入动词的可能性会更大，正如 way 句式一般表达特殊位移方式那样②。汉英译者往往有着从运动事件中识别出路径成分的敏感性，从而考虑把它词汇化为谓语动词即融入动词的可能性。

例（6）的原文是用介词词组"环湖路上"表示运动的路线，其中所涉及的运动隐而不现。但译者把这个路径融入动词中。

---

① Talmy, L. *Towards a Cognitive Semantics (Vol. I)：Concept Structuring System*［M］. Cambridge，MA.：The MIT Press，2000，p. 52.

② Goldberg, A. *Constructions：A Construction Grammar Approach to Argument Structure*［M］. Chicago：The University of Chicago Press，1995.

(6) 环湖路上,连那个抗癌明星的身影也见不到了。(莫言, 1999:45)

As he *skirted* the lake shore, he didn't see the cancer battling celebrity. (Goldblatt, 2001:48)

例(7)同例(6)一样也是把绕行的运动路径词汇化为动词,绕行路径在英语中可能有着极高的被词汇化为动词的语义潜力。例(7)中本为表示运动次数的"几圈"同样可以解读出所涉及的运动事件的路径,即"绕行路线",经译者再词汇化后就有了以下的译文:

(7) 他在人群里找了几圈,没有找到……(郭小橹,2003:113)

He *circled* the crowd several times, searching in vain for his family ... (Carter, 2004:102)

除了把路径融入动词的词汇化倾向外,表示运动矢量的方向性副词也同样有融入动词的再词汇化倾向。运动的方向也就规定了运动的路线,所以在对运动事件进行词汇化表征时可以把方向和路径等量齐观。如英语中作为方向性动词的 back 和 down 既可以表示朝后和向下的方向,同时也指明了运动的路径。它们都可以转类为动词,从而成为运动事件的词汇化结果。在例(8)和例(9)中译者就把同时负载运动方向和路径的这两个副词融入动词中,完成了相关运动事件的再词汇化过程。

(8) 蛇怒,退身出。(蒲松龄,1992:169)

Furiously the snake *backed out of the hole*. (Minford, 2005:180)

(9) 一面说,一面赌气将酥酪吃尽。(曹雪芹,高鹗,1992:292)

Defiantly she applied the koumis once more to her lip and *downed* it to the last gulp. (Hawkes, 1975:384)

需要注意的是,例(9)中的再词汇化结果即用 down 转喻性地表呈相关的运动事件,其实存在着歧义性的运动成分,因为在这里 down 既可以表示方向、路径,也可以表示结果。不过由于我们可以用 emptied the last bit 来替换原来的这个译文,所以在这里更倾向于把 down 看成对运动事件的方向/路径成分的再词汇化。

5.4 图形动词融入

基本的运动事件至少包含两个实体：一为运动实体，一为相对静止的实体。Talmy 把前者称为图形（figure），后者称为背景（ground）①。英语中运动的图形也可以被词汇化为动词。汉英译者需要充分意识到这种事件成分再词汇化为动词的可能性。下面就是在主语分别为非施事者和施事者的情形下图形被词汇化为动词的两个句子：

> Nonagentive：It rained in through the bedroom window.
> Agentive：I spat into the cuspidor. ②

汉英翻译中译者也同样会遵循这样一个词汇化路线对原文的运动事件进行跨语表征。如果原文中的运动事件涉及诸如水、汗水、果皮、果壳或洪水等这些运动实体，就要考虑到能否把它们再词汇化为与它们相对应的融入了图形的动词，如 water、sweat、peel、shell 和 flood。从这个角度出发，例（10）—（13）中运动事件的再词汇化就自然会得到合理的解释。例（10）的再词汇化甚至是强行加入了词汇化为动词的图形：

> （10）说着，翻身起来，将两只手呵了两口……（曹雪芹，高鹗，1992：299）
>
> Half rising，he pretended to ***spit*** on his hands ... （Hawkes，1975：394）

虽然原文中的"呵"并不一定包含有"痰"这样一个图形，但译者强行从中推断出这个图形的存在，于是就在译文中把它词汇化为动词 spit。

运动事件中如果动作与图形之间的关系密不可分，那么图形被融入动词的可能性就很高，比如 water、sweat、peel、shell 和 flood 这样的图形与它们的运动有着极密切的关系。古代汉语中之所以存在着广泛的名词转类为

---

① Talmy, L. *Towards a Cognitive Semantics* (*Vol. 1*)：*Concept Structuring System*［M］. Cambridge, MA.：The MIT Press, 2000, p. 25.

② Talmy, L. *Towards a Cognitive Semantics* (*Vol. 1*)：*Concept Structuring System*［M］. Cambridge, MA.：The MIT Press, 2000, p. 57.

动词的现象,也是因为名词所代表的图形与发生在其身上的运动事件密不可分。当汉语逐渐发展为现代汉语,随着动词的增加,动—名转类现象也就相应地减少了。不过,在汉英翻译中译者需要充分意识到名—动转类在跨语再词汇化中的作用。例(11)—(13)都是利用图形融入动词的再词汇化方式实现运动事件跨语表呈的:

> (11) 在另一个房间里,在一堆器械中我看到我的表姐在汗淋淋地跑步。(卫慧,1999:48)
>
> In another room I found my cousin amid a mass of equipment, *sweating heavily* as she jogged on the treadmill. (Humes, 2001:50)
>
> (12)(小巷本来就有坡度,)暴雨一来就成了激流的河道……(郭小橹,2003:109)
>
> Typhoon rains *flooded the lanes* and Pirate's Alley ... (Carter, 2004:98)
>
> (13) 我只想风干栗子吃,你替我剥栗子,我去铺床。(曹雪芹,高鹗,1992:292)
>
> Now what I'd really fancy are some dried chestnuts, if you'd like to be *peeling them* for me while I make up your bed on the kang. (Hawkes, 1975:385)

运动事件中的图形一般是运动的,而背景则相对静止。所以,在上述这三个译例中,相对于身体、街巷和栗子这些背景,汗水、洪水和皮壳这些图形都是动态的、运动的。尽管译文中被融入动词的图形在原文中的形态句法中可能会是隐的,如例(12)、(13),但译者依然可以利用各自所承载的运动事件的语义线索把它们挖掘出来,随即再词汇化为动词,在译文中显在性地表呈出来。

5.5 结果动词融入

运动事件所造成的结果同样也可以融合进谓语动词中。致使力启动一个运动事件,运动事件转而也可以取得某种结果。在例(14)的原文中,饮用汤的运动事件产生了"哗哗响"的声音效果。显然,饮用引起的运动一方面造成了汤的移位,另一方面还产生了声音伴随整个运动过程。尽管有时在运动过程中伴随方式和运动结果会难分彼此,但是因为原文中有"得"字,所以不难判断出"哗哗响"为运动所造成的结果。在译文中这个结果就由动词slurp体现出来:

（14）我低头吃饭,故意把汤喝得哗哗响。（卫慧,1999:130）

I kept my head down, eating, deliberately **slurping my soup**. (Humes,2001:130)

译者也会间接地从原文中推断出运动事件造成的效果,从而融入谓语动词中。例(15)的原文涉及声音的传播运动,传播的结果是鸡鸣犬吠遍布整个城市,但译者却推断出了声音在传播中所造成的回声这样一个结果,于是就有了效果融入动词的再词汇化跨语表征方式:

（15）（河水倾波丈余,）鸡鸣犬吠满城中。（蒲松龄,1992:170）

The town **echoed with the sounds** of cocks crowing and dogs barking. (Minford,2005:182)

事实性运动事件能够通过把它所引发的效果再词汇化为动词。这种情形也会发生在被认为是并非实际发生亦即虚拟性运动事件上。例(16)的原文描述了一个相对静态的景色,但译者经过虚拟性的再词汇化后利用broaden和widen把它译为了动态运动事件:

（16）（一带清流从花木深处泻于石隙之下。）再进数步,渐向北边,平坦宽豁,（两边飞楼插空……）（曹雪芹,高鹗,1992:251）

After they had advanced a few paces in a somewhat northerly direction, the ravine **broadened** into a little flat-bottomed valley and the stream **widened** out to form a pool. (Hawkes,1975:329)

原文中的"平坦宽豁"可以看作是broaden和widen两个动词所表征的运动事件的结果,反过来讲,这两个动词是经由作为结果的"平坦宽豁"融入动词的再词汇化后获得的。

5.6　背景动词融入

如前所述,作为运动事件中两个运动实体之一的背景成分一般是静态的。相对于其他事件成分的动词可融性来讲,背景的动词融入度相对较小,在汉英翻译的运动事件的再词汇化中出现的几率也就相对较小。然而,在英语中,有些运动事件的背景跟图形一样都可以被融入动词中,如 pocket、deplane、nest、board、house 等。因此,在汉译英中,背景动词融入仍不乏译例。需要注意的是,此类再词汇化模式一般是名—动词类转化,因而在原文中原本相对静态的背景成分在译文中获得了前景化。

(17) 喝了酒,揣上二十块现大洋,陈小手告辞了……(汪曾祺,1987:432)

Having drunk the wine and ***pocketed*** his twenty gold pieces, Small-Hands Chen rose to take leave ... (Lau & Goldblatt, 1995:284)

pocket 本为"将现大洋揣进衣服口袋"这一运动事件中的背景成分。此处,原本用来装"现大洋"静态的背景成分"口袋"直接融入动词"揣进"中,形成背景动词融入的再词汇化模式。例(18)中,原本作为背景成分的 house 转类成名词:

(18) 联军驻扎在天王庙,有一团人。(汪曾祺,1987:431)

These Allied Forces made their headquarters in the local Buddhist monastery, which ***housed*** an entire regiment. (Lau & Goldblatt, 1995:283 - 284)

6. 小结

说话者在进行单语表述时需对事件加以识解,然后将其解析为一定的认知语义结构,最后词汇化成相应的形态—句法结构。事件识解后获得的成分构成事件得以词汇化的语义潜在元素。这也适用于描述汉英翻译的再词汇化过程。但是原文中被用来进行词汇化的语义成分,并不一定在跨语的再词汇化中同样得到利用。其中一些会被剔除,另一些被保留。被保留下来的运动事件语义成分也不一定都被完全融入述谓动词中,会有一些分流到卫星元中,两类词汇化取向分别把译文引入了形态—句法表层结构的实现过程中去,本文的研究对象主要是在汉英翻译中以事件成分的动词融入取向的再词汇化过程。

思考与讨论

1. 汉英翻译中再词汇化的目的是什么? 它与语义角色转换有何不同?

2. 运动事件在翻译中再词汇化流程如何描述?

3. 如何从语言的分析性和综合性角度理解汉英翻译的事件再词汇化?

4. 以汉英翻译的再词汇化为目的可以将运动事件如何拆解?

第十五章　事件的虚拟性再概念化

导　读

　　认知语言学强调语言的表层结构与认知识解之间的相关性。在言语表述中对一个场景或事件的认知概念化处理都会反映到形态—句法层面上。事实性或虚拟性就是认知概念化过程在语言表层留下的印记。以事实性或虚拟性为特点的概念化在汉英翻译这样的跨语转换中也会不同程度地体现出来。于是虚拟性趋向被选择出来考察汉英翻译再概念化的转换模式，这种趋势通过事件化后译文的路径添加、动词的动态性加强等标志反映了出来。

　　汉英翻译中事件的虚拟性再概念化主要体现为虚拟路径的添加，而虚拟路径的表达依靠的是介词或介词词组。汉译英有着这种通过添加虚拟路径进行再概念化的倾向，这说明英语中介词这个词类要比汉语发达。在先前的各章讨论中，诸如名词、动词、形容词、副词这些词类在汉英翻译中的处理都已经涉及了，现在这一章虽然没有明确表示是关于介词的翻译处理问题，但是这里在翻译中所触及的虚拟路径的添加其实就是介词在汉英翻译中的处理方式。

1. 理论框架：认知概念化的事实性和虚拟性

Talmy(2000,2001)的认知语义学认为,不同的认知系统会以不同的方式识解(construe)一个认知对象。面对同一个场景,视觉所感知到的呈现与语言所给予的呈现会有着这样那样的不同。之所以会出现差异,是因为对同一个实体会有着不同的认知呈现。Talmy 认为,"两种呈现是不同的认知次系统的产物。"①两种认知系统之间发生的差异不是绝对的,就像是固有的、不变的一样。相反,差异的产生是认知评估行为的结果,也就存在着程度上的不一。Talmy 为了评估其中的一项差异用了真实性标准(standard of veridicality),位于这个差异轴的两端是两个极端表现。其一为事实性,指用来"显示较高真实性的认知评估"②;其二则是虚拟性,"指的是认知的想象能力"③。这两个极端的认知表现只是用以表示认知的真实性程度,而与认知行为中的真实存在与否无关。它们的作用是为了表示所涉及的认知真实性的两个倾向。

一位感知者在面对一个感知对象时会给出不同的认知呈现。Talmy引入了真实性评估标准借以区分不同的认知呈现。两个极端的认知真实性特征并不是绝对意义上的,而是某种程度对真实性或虚拟性的趋近或趋远。那么,把这种真实性标准放在跨语的语际转换中审视原文和译文之间的认知差异,并且在设定原文和译文都是对同一个认知对象的语言表述的情况下,译文会在某种程度上滑离原文在真实性轴上的那个点,从而出现译文比原文事实性更弱或虚拟性加强的现象。比如,我们如果把汉语中"奥斯卡奖获得者是某某"译为英语的：The Oscar goes to X. 不难看出,原文更接近于一种事实性表述,而译文则为一种虚拟性表述,因为译文用了动态性动词go 来表述原本事实上静态性的事物。所以,在这个译例中虽然原文和译文基本上是意义对等的,但按照认知的真实性标准来看,原文和译文则存在着差异：前者为事实性表述,后者则为虚拟性表述。

真实性认知评估标准对于汉英翻译的意义在于,汉语原文中的真实性程度在被译为英语的过程中是否受到影响,影响的趋势是什么,其中有无规律可循。于是,对于认知事实性和虚拟性程度变化加以描述就会揭示出汉

---

① Talmy, L. *Towards a Cognitive Semantics* (*Vol. I*)：*Concept Structuring System*[M]. Cambridge, MA：The MIT Press, 2000, p.101.

② 同上, p.100.

③ 同上.

英翻译中的真实性或虚拟性变化趋势。经过初步研究,可以得出这样一个大致的结论:在汉英翻译中翻译者倾向于把目的语虚拟化而非事实化。这个结论可以加强翻译者在汉英翻译中的认知意识,从而有意识地虚拟性地处理英语译文,转换生成出在认知层面上为译入语更为认可的译文来。

翻译者在翻译过程中的认知投入并不见得就同原文作者一样。他/她可以选择与作者不同的认知概念化方式来识解相同的认知对象,而这种再概念化特征可以经过原文和译文之间的真实性或虚拟性比较揭示出来,这一比较研究的理论基础是由 Talmy 所引入的关于语言事实性和虚拟性的理论阐述。

一位翻译者既有可能虚拟化地处理译文,也有可能事实化地处理译文。总的来讲,汉英翻译的译者更倾向于运用虚拟性的概念化认知方式。当然,这并不等于说,汉英翻译中虚拟化方式是最佳的方式。但是,在我们启动汉英翻译的概念化转换时,虚拟化的再概念化更有可能被译者所选择。Talmy 的认知语义学考察了以路径为标志的语言认知虚拟性特征。本文将选择其中的方向路径、照射路径和感知路径来考察汉英翻译中认知虚拟性变化的趋势。

2. 虚拟路径的添加:汉英翻译的虚拟性再概念化的标志

2.1 方向路径(Orientation paths)

当一个实体或情景呈现在观察者的感官面前时,他/她会赋予它一个始发点(emanation),并把其视作运动的。"在一系列的虚拟运动的范畴中,发出(emanation)基本上是一个不可感知的某物出现在一个始发点的虚拟性运动。"[①] 在这类虚拟性感知中,一个实体似乎被赋予了一个始发点,从中朝一定方向延伸出一条路线。在翻译中对实体进行再概念化认知时,译者需要寻找出无法感知的路线的始发点,沿着这条虚拟的路线,该实体可以抵达一个终点。始发点、路线和终点这三个成分构建出了一个完整的虚拟性事件。Talmy 把方向路线归为四个次类型,分别表现为以下英文句子:

---

① Talmy, L. *Towards a Cognitive Semantics* (*Vol. I*): *Concept Structuring System*[M]. Cambridge, MA: The MIT Press, 2000, p. 105.

Prospect paths：The cliff wall faces toward/away from/into/past the valley.

Alignment paths：The snake is lying toward/away from the light.

Demonstrative paths：I pointed/directed him toward/past/away from the lobby.

Targeting paths：I pointed/aimed（my gun/camera）into/past/away from the living room. ①

正如朝向路径(prospect paths)一样,诸如悬崖这样的实体如同人脸一样,也可以让自身面向或背对或移入或移过一个远处的物体。至于成线路径,像蛇这样的线形物体的朝向是以其沿着该物体的轴线上的不可感知的某物为参照的。而指示性路径(demonstrative paths)的情况似乎有一个虚拟性的移动线路引导或指引某人的注意。在瞄准路径(targeting paths)的情形中,"一个施事者有意规定具有前面的物体的朝向,这样虚拟路线被概念化为或感知为从其前面出现,然后沿着物体所处环境中的预设路径运动。"②Talmy 详细地阐明了方向性路径的这四个次类。在这里,为了讨论翻译的方便只笼统地把它们视为一类路径。这个路径指的是借助朝向概念化生成的路径,一个实体沿着这条路径延伸为具有一定方向的路径。该实体借助这一虚拟的方向卷入进了一个运动事件,实体自身是起点,沿着一条虚拟性的路径朝一定方向做虚拟性运动。那么在汉英翻译中,汉语原文本来是缺失起点、路径和方向这些要素的。如下面这个译例中,原文中的"建"本来是一个无方向性的事件:

(1)（金狗一出车站,就听见河水沉沉的吼声,）疾步走到北城门楼,这门楼是建在河堤上的,而北城墙也就是河堤……（贾平凹,2006:105)

相比较之下,该句的译者把"建"译为颇具动态感的英语动词 rose。这

① Talmy，L. *Towards a Cognitive Semantics（Vol. I）：Concept Structuring System*［M］. Cambridge，MA：the MIT Press，2000，pp. 108－109.

② 同上，p. 109.

样,在译文中就构成了一个完整的运动事件:河岸为运动起点,向上的轨迹
为路径,垂直竖立的朝向为运动方向:

He walked briskly to the northern wall tower, which *rose*
above the riverbank; it was, in fact, the river embankment at
that spot. (Goldblatt, 1991:169)

于是,译者通过把一条路径强加给 wall tower 这个实体的方式实现了
对原文"建"的运动化。当然,该句的译者并不一定就是有意识地用虚拟性
的运动事件来重新概念化处理"建"。但是,我们至少能够从这个译文中发
现方向路径的虚拟性使用。

下面的这句汉语句子所呈现的是一个用形容词作述谓成分来表述的场
景:灯光三三两两地沿街亮着。既没有路径,也没有沿着路径的实体,当然
也没有实体所朝向的方向。但是在英语译文中,译者添加了 her,于是在灯
光与 her 之间形成的距离即为路径:

(2) 进了寨城门洞,街上的路灯稀稀落落……(贾平凹,2006:
280)

Once inside the gate, she noticed the occasional street light
ahead of her ... (Goldblatt, 1991:450)

从上述两句汉语句子的翻译中可以看出,它们的翻译处理都属于方向
路径的再概念化。不过,需要对这两个译例做一下区分。第一种情况所涉
及的路径是从低的位置向高的位置延伸。这个类型的路径虚拟被称作垂直
方向路径的再概念化。比较而言,后一种情况所牵涉的是两个平行点之间
的路线,所以被称作平行方向再概念化。前一种再概念化虚拟也同样发生
在译例(3)中:

(3) 他顶着一头金发,高高地站在我面前……(卫慧,1999:
58)

I saw Mark, with his golden crown, *towering* in front of
me ... (Humes, 2001:60)

原文中的"高高地"被译为 towering，也就是接受了动词化的处理。伴随着动词化的处理，运动事件再概念化也同时完成了。在 Mark 和 me 之间建立了一个由上往下的垂直性方向路径。这样，原文中的"高高地"在译文中带上了运动特性，也同时具备了路径和方向。译文都具备了这三个要素，实现了虚拟性的语际转换。

2.2 照射路径(Radiation paths)

2.2.1 光线路径的添加

Talmy 把照射路径看作是发出路径(emanation paths)中的第二类。这条路径在语言中的概念化结构为：照射者(radiator)、光线所经过的路径以及被照射到的物体。其中最具有虚拟性的部分为光线所经过的路径，因为路径不能如照射者和被照射物那样被实实在在地感知到，而只能是虚拟性地"感知"到的。Talmy 给出了一个句子。其中太阳充当照射者的角色，洞穴或是洞穴的后墙壁则是被照射的物体，而介词 into 或 onto 则具体地给出了照射的虚拟路径：

The sun is shining into the cave/onto the back wall of the cave. [①]

这个例子可以说明，"语言的构式主要涉及主语、说明路径的介词和介词宾语的选择。"[②]但是在译例(4)中，汉语原句的灯光即照射者的发出物充当了主语，而光线照射的虚拟路径并没有给出，所给出的只是"在夜晚里"这样的方位状语。所以说，汉语原句不是经过虚拟性的概念化而实现的形态句法表呈。相比之下，在其英译句中，"灯光"被 lights 这些光源体即照射物所代替，虚拟性的照射路径也由 across the darkness 这一介词词组表示。尽管译句中被照射物是缺失的，但并不妨碍我们说这个翻译结果是由虚拟性再概念化带来的：

(4) 胜利饭店的灯光在夜晚里闪闪发亮……(余华，2004：

---

① Talmy, L. *Towards a Cognitive Semantics (Vol. I)：Concept Structuring System*[M]. Cambridge, MA：The MIT Press, 2000, p. 112.

② 同上.

110)

The **lights** of the Victory Restaurant **glittered across the darkness** …（Jones，2003：134）

原句在语言表面所呈现出的是餐馆里发出光线、光线发出的方式以及照射事件发生的场所。这一语言表呈是对照射事件的事实性感知的结果。而英译句中使用了 across 这个介词，这样一来就形成了一条虚拟性的线路，从餐馆中发出的灯光就沿着这条虚拟路径在黑夜中一直延伸，直到某个不确定的地方。介词 across 的出现决定了译文的虚拟性特征，它与 the darkness 一起给出了一条路径，而胜利餐馆和黑夜中的某个地方则分别作为这条路径的起点和终点。可以这样讲，原文事件在翻译过程中的虚拟性再概念化为译者提供了一个可资利用的翻译方法，可以用来针对照射事件的汉英翻译处理，当然这个方法并不是唯一的或排斥其他可行的方法。

原文中的照射事件在翻译中至少可以有两种处理方式：其一为事实性的再概念化方式，其二为虚拟性的再概念化方式。两种方式有时都是可行的，如对下面沈复的《浮生六记》中一句的翻译，不同的译者就采用了不同的再概念化处理方式：

（5）时已上灯……（沈复，1998：34）

该句通过借助方位的变化描写了灯光被点燃的事件，不是直接的描写，具有认知虚拟性特点。Leonard Pratt 和 Chiang Su-hui 的翻译所实施的是事实性的概念化处理方式：

The time had come to **light the lanterns** … （Pratt & Chiang，2005：36）

Pratt 和 Chiang 没有把照射事件分解为灯光光线所经由的路径，而只是给出了照射者 lanterns 以及点灯这个动作。这也就意味着译者选择了事实性的再概念化方式处理。但是林语堂却没有这样做，相反，他使用了虚拟性的再概念化处理方式，动用了介词 from 来虚拟性地构建了一条照射路径：

At this time, *the lights were already shining from people's homes ...*（林语堂，1998:35）

在这个译文中，似乎可以循着一条路径到达灯光的光源，即上灯的人家。译者在翻译时虚拟性地构建了灯光光线沿着移动的路径，当然这个构建过程有可能是译者有意识的，也有可能是无意识的。所以，将这两个译文进行对比，不难发现 Pratt 的译文比林语堂的译文更具有事实性。

2.2.2 动词动态性的增强

照射事件在翻译中被虚拟性地再概念化处理，其最为显著的标志是译文增加了原文不曾有的照射路径。除此之外，还会带来其他的变化。既然有了一条虚拟性的路线，那么表示沿着这条虚拟路线运动的动词就会相应地增加动态性。这样，译文中的虚拟性在概念化的标志除了路径的添加之外，还会伴随着动词的动态强度的加强。如在译例(6)的原文中，"光亮印在河面，拉得长长的"可以直接译为：

The light *was imprinted on the river surface*, stretching as long as it could.

这样，谓语动词 imprint 是静态性的，on the river surface 只是表示方位，而非具备起点和终点的路径。这两个指标就可以说明译文不是对原文的虚拟性再概念化处理的结果。即便是"拉得长长的"译文也因为缺失路径而只不过是静态性的结果而已。

不过在由 Goldblatt 翻译的译文中，动态性的动词 stretching 和表示虚拟路径的介词词组 into the river 都被呈现了出来，足以说明译文动词的动态性得到了加强：

(6)家家都挂竹筐般两个红灯笼，光亮就印在河面，拉得长长的。（贾平凹，2006:5）

The villagers hung two red lanterns the size of bamboo baskets from the eaves of the Tian and Gong homes, *the reflected light stretching far out into the river.*（Goldblatt, 1991:10-11）

我们不难发现,照射运动事件的虚拟性再概念化需要有五个条件:光源、照射物体、介词所表达的路径、动词所表达的运动以及被照射的实体。但是在具体的再概念化过程中,并不是所有的条件都要具备。其中表呈运动的动词和表呈路径的介词是必要条件,必须出现,而其他三个条件只是充分条件,可以在再概念化过程中被置换掉或缺席。

2.2.3 活跃性—决定性原则的遵循

照射事件的虚拟性再概念化有可能会导致运动事件的转换。Croft 曾经将语义基本要素(semantic primitives)看作是对一个经验的概念化后的结果,尽管它们并不一定就能反映出经验的复杂性。翻译者在进行虚拟性的再概念化时,也会从原文的表达式中选取语义基本要素在目的语中进行语言表呈,尽管"一个'语义基本要素'描述的是经验的概念化而非经验本身的复杂性。"[①] 尽管如此,翻译者在选择语义的基本要素时会遵循活跃性—决定性原则(active-determinative principle)。这一原则认为,在照射性事件中最活跃和具有决定性的成分最有可能担负起主语的角色。[②] 据此,施事者比照射者更有可能承担主语的角色,因为施事者可以控制照射者,也因此更为活跃和更具决定性。于是它们在承担主语成分的优先性上有着不同的地位。在译例(7)中的汉语原句中,耳坠、项链、手串和发针都是光源物。显然,从活跃性和决定性上讲它们不如它们的佩戴者强。所以,在译文中这些原来的主语就被佩戴者 she 所取代,所有的光源物都被降格为 with 这个介词的宾语,而虚拟路径的添加是由 from head to foot 这个介词词组完成的。于是,翻译的虚拟性再概念化就在译文实现了它的形态句法表呈(morphosyntactic representation):

(7)耳坠、项链、手串、发针,金碧辉煌的挂满了一身……(白先勇,2000:115)

She fairly glittered with earrings, necklace, bracelets, and hairpins——gold and emerald ***from head to foot*** ... (Pai & Yasin, 2000:114)

---

① Croft, William. *Syntactic Categories and Grammatical Relations: The Cognitive Organization of Information*[M]. Chicago: University of Chicago Press, 1991, p. 163.

② Talmy, L. *Towards a Cognitive Semantics (Vol. I): Concept Structuring System*[M]. Cambridge, MA: The MIT Press, 2000, pp. 117-119.

这个翻译结果可以用 Talmy 的这句话加以说明:"活跃性─决定性原则要求经验者被概念化处理为虚拟性感知运动之源,而这实际上就是所能提供的对这个句子的唯一解释。"①

2.2.4　隐喻性照射事件的映射

译例(7)中的原句接下来的部分这样写道:

(8) 她脸上早已酒意盎然,连眼皮盖都泛了红。(白先勇,2000:115)

在原句中并不存在一个显在的照射事件。然而,译者却通过对其进行隐喻性的照射事件附加,使之具备了照射事件的条件。句子中的"脸"因为喝酒而似乎放光,酒似乎是光源,"脸"成了反射光的物体。于是,在"酒"和"脸"之间形成了一条虚拟的路径,光沿着这条路径照射。实际上,一个虚拟性的运动事件被用来隐喻性地映射在酒—光这样一个因果事件上。这个映射的结果为译文带来了光源(wine)、路径(from)以及被照射物体(face)。这些虚拟性的再概念化结果在形态句法上实现如下:

Her face already glowed from wine; even her eyelids had turned red. (Pai & Yasin, 2000:114)

这种在翻译过程通过隐喻性的照射事件附加后再实现虚拟性的再概念处理的情况也同样发生在译例(9)中:

(9) 见二鼠出,其一为蛇所吞;其一瞪目如椒。(蒲松龄,1992:169)

Once he saw two mice come out into his room. One of them was swallowed by a snake. The other mouse **_glared angrily from a distance_**, its little eyes like two round peppercorns. (Minford, 2005:180)

---

① Talmy, L. *Towards a Cognitive Semantics* (*Vol. I*): *Concept Structuring System* [M]. Cambridge, MA: the MIT Press, 2000, p.118.

译文中使用的 glare 本为"发射强光"之意，在这里被映射在"瞪目"这个动作上，实际上是把后者转换为一个照射事件，这样也就可以解释为什么会出现 from a distance 这样一个虚拟性的路径了。

2.3　感知路径(Sensory paths)

发出路径也同样包括感知路径。在感知者和被感知者之间也可以设立一条虚拟的路径。这条感知路径可以从感知者延伸到被感知者，或者相反。在 Talmy 看来，"经验者发出一个探器，该探器从经验者向被经验者移动，两者相遇就探查到对方。"① 或者，"被经验者发出一个刺激物，从被经验者移向经验者，在相遇时刺激后者。"② 这两个方向对感知路径的处理在以下两个句子中表现了出来：

> Even a casual passerby can see the old wallpaper through the paint.
> The old wallpaper shows through the paint even to a casual passerby. ③

在以上这两种感知路径的概念化处理方式的形态—句法实现上，经验者和被经验者都可以被放置在主语的角色位置上。而在汉英翻译中的再概念化及其形态—句法表呈中，主语的角色可能不止由这两个成分来承担。感知路径作为必要条件必须出现，以保证翻译的虚拟性再概念化过程的完成。在译例(10)中，原文中的经验者"他"和被经验者"文化局长的女儿那一身漂亮的衣服"之间并没有一个虚拟的路径，从这一点就可以判断原句是事实性的表述：

> (10) 每每抬起头来，他就看见坐在对面的文化局长的女儿那一身漂亮的衣服……(贾平凹,2006:108)

但是译文在经过再概念化处理之后，原来的事实性感知事件就被替换

---

① Talmy, L. *Towards a Cognitive Semantics* (*Vol. I*)：*Concept Structuring System*[M]. Cambridge, MA：The MIT Press, 2000, p. 115.
② 同上。
③ 同上，p. 116.

为一个虚拟性的感知事件,原因是添加了一条虚拟的路径 in his line of sight:

> On raising his head, he invariably found the daughter of the cultural commissioner *in his line of sight* ... (Goldblatt, 1991: 174)

译例(10)中虽然在译文中添加了一条虚拟性的路径,但是句子的主语和宾语的位置与原句保持一致,在主体结构上基本继承了原句。而在译例(11)中,译文除了增加了一条虚拟性的感知路径外,还改变了原句的主体结构:

> (11) 那一白一黑的影子突然分开,又很快拢在一起没有了,听见在门洞后的树林里咏咏地笑。(贾平凹,2006:280)
> The figures separated, and vanished. *Giggles emerged from the trees behind the gateway*. (Goldblatt, 1991:450)

在译文中,giggles 作为被感知物充当主语的角色,而作为感知者的听者是不在场的。尽管感知者缺席但并不影响译文的虚拟性,因为一条虚拟性的感知路线 from behind the gateway 被嵌入了译句中。

译例(10)(11)的原文都是非虚拟性即事实性的表述,通过翻译再概念化处理,在译文中转换成了虚拟性的表述。而如果在原文存在着事实性和虚拟性混杂的情况下,翻译的再概念化也会影响原文的虚拟性或事实性程度。如在译例(12)中,汉语原句中的感知事件的表述是事实性和虚拟性参半的:"盯"是事实性的,而"死"则是借助隐喻实现的虚拟性。相比较而言,译文的表述在虚拟性上更进了一步:"盯"被置换成了具有隐喻性的 bore,而且增加了用 into 表述的一条虚拟路径:

> (12) 自后,被爹一双眼睛盯死……(贾平凹,2006:4)
> Golden Dog, back home, could feel his father's eyes *boring into* him ... (Goldblatt, 1991:10)

译例(12)表明,原文的事实性或虚拟性因为跨语再概念化的影响而在程度

上会发生变化。当然,这两个特性也会有保持不变的情况存在,如译例(13):

(13)要知道,女人的爱意首先经由耳朵,再到达心脏。(卫慧,1999:126)

Love first enters by way of the ear and only then can reach the heart.(Humes,2001:126)

汉语原句中存在着两次虚拟性表述:"爱意"是转喻性地对"声音"的表述,通过一条虚拟性的感知路径传到耳朵,随后再利用一条虚拟路径抵达"心脏"。原文的双重虚拟性完全被译文继承了下来,而没有增强或减弱。

3. 结　论

认知语言学强调语言的表层结构与认知识解之间的相关性。在言语表述中对一个场景或事件的认知概念化处理会多多少少在形态—句法层面留下印记。事实性或虚拟性就是概念化过程在语言表层留下的印记。以事实性或虚拟性为趋向的概念化在跨语转换中也发挥着一定的作用。探索这两个趋向尤其是虚拟性趋向在汉英翻译再概念化中的转换模式,无论对于翻译的研究者还是翻译的实践者都有着积极的借鉴意义。

思考与讨论

1. 如何理解事件表达的事实性和虚拟性?语言之中有这一对对立项为翻译者提供了什么样的启示?

2. 在汉英翻译中有哪些运动事件的虚拟性路径?这些路径的句法形态表征是什么词类?

3. 通过这一章的研究是否说明了英语的介词或介词词组比汉语的更为发达?这对汉英翻译有什么启发?

4. 汉英翻译中的事件再词汇化和虚拟性再概念化的区别在哪里?

第十六章　事件体的识解转换

导　读

　　语言对"事件"所实施的表达是先行对其识解之后的结果。除了上述讨论过的词汇化和虚拟性概念化之外,体识解(aspectual construal)也是事件的一种识解方式。翻译转换是建立在认为所涉及的两种语言存在差异这一设定基础之上的。由此设定出发,汉英两种语言对事件体的识解方式也是有差异的,所以就有必要在汉英翻译中实施体的再识解。所谓的"体",就是事件在发生的时间过程中展开的方式。原文中用来表达事件的述谓动词有可能截取的是事件发生的初始阶段或持续阶段或终结阶段,这三个阶段也是事件在时间中展开的样态,也就是"体"。但在译文中原文事件的体识解会被置换为不一样的识解模式。一般来讲,无论是原文事件的体识解还是译文事件体的再识解,不会识解为包括初始阶段、持续阶段和终结阶段在内的事件全过程,而是部分性地即转喻性地识解为其中一个阶段。

1. 事件体识解理论及其在翻译中的应用可能

体范畴(aspect)常常出现在语言学的研究视野中。William Croft 更是将"体"作为重点研究对象,这从他的著作题目 *Verbs：Aspect and Causal Structure* 中可以看出。他认为语言对"事件"的识解(construal)会包含对"体"的识解。Croft 在这本书里发展了对"体"的认识。在 Comrie(1976, 2016)那里,体范畴被定义为"观察一个情状的内部事件结构的不同方式"。① Croft 在 Comrie 的这个定义的基础上,将体范畴定义为"一个对事件在时间中展开的词汇和语法实现的语法域"。② 传统语言学对体范畴的认知一般袭用 Vendler(1967)对"体"的分类:

States：be Polish，be polite，love

Activities：sing，dance

Achievements：shatter, reach [the summit]

Accomplishments：cross [the street], read [the book]③

从 Vendler 开始,语言学界对体范畴的认识越来越深入复杂,使用诸如有界/无界(bounded/unbounded)、有目的性/无目的性(telic/atelic)、完成体/非完成体(perfective/imperfective)、瞬时/持续(punctual/durative)等次生范畴来对体范畴进行观照。④ 但针对我们的翻译研究的目的,需要暂时搁置这些对体范畴如此明晰性的观照,重新制定一套描述翻译中事件体变化的次生范畴。

鉴于我们使用"事件"作为汉译英的单位,加上上述所列出的四种体类型都是词汇体(lexical aspect),也就是所谓的附着在动词本身上面的体特征,这里将提出有别于词汇体的另外一种体范畴,即"事件体"(eventual aspect)。这些事件体包括初始体(inceptive aspect)、持续体(continual aspect)以及终结体(ending aspect)。

在翻译的语境中,原文句子和译文句子都是对同一个事件予以认知识

---

① 科姆里著.体范畴[M].北京:北京大学出版社,2016:2-3.

② Croft，W. *Verbs：Aspect and Causal Structure*[M]. Oxford：Oxford University Press，2012，p.396.

③ 同上,p.33.

④ 参见同上,p.33-37.

解后的结果。事件的识解过程包括体识解(aspectual construal)。体识解被 Croft 定义为"一种将事件识解为具有特定体结构的识解"。① 而对某个事件进行体识解的结果则是"体轮廓"(aspectual contour),Croft 将其定义为"代表一个具体事件被识解为在时间上展开的阶段次序"。② 同时,事件获得体识解后,不仅具备了特定的体轮廓或体结构,而且事件过程中的某个阶段还得到了凸显,Croft 称之为体图形(aspectual figure):"被由特定时间—体构式中的动词组合意指的事件体轮廓中的阶段"。③ 在翻译中,原文句子和译文句子都是对同一个事件的体识解,从而拥有各自的体轮廓和体图形。如果它们所实施的体识解一样,那么所获得的体轮廓和体图形也会基本一致;否则,就会不同。当下对翻译语境中体的研究针对的是原文和译文的体识解的差异。引发差异的原因在于同一事件有着体潜质(aspectual potential):"特定语言中由特定动词实施词汇化的事件所拥有的一系列体识解"。④所以,既然对同一个事件的体识解有着多种可能性,那么,原文的体识解是一种可能,译文的体识解有可能是另一种可能。通过对原文和译文就同一个事件的体识解进行对比,就可以了解体识解在翻译过程中变化的走向,从而帮助译者认识翻译中事件体识解的多重可能性。

事件的体识解的结果是构建事件语言表达式的体轮廓(aspectual contour),以及凸显事件的体图形(aspectual figure),而体图形在 Croft 所给出的定义中指的是事件在时间展开过程中的"阶段"(phase)。那么,我们不妨将上述三种事件体的类型分别用两个阶段来代表,即瞬时阶段(punctual phase)和持续阶段(durative 或 continual phase),而前者又可细化为初始阶段(inceptive phase)和终结阶段(ending phase)。这样,我们就可以利用初始阶段、持续阶段和终结阶段来描述汉英翻译中事件体的识解变化。这些变化如表 16-1 所示:

---

① Croft, W. *Verbs*: *Aspect and Causal Structure*[M]. Oxford: Oxford University Press, 2012, p. 398.

② 同上.

③ 同上.

④ 同上.

表 16 - 1　事件体的再识解转换特征

体（Aspects）	体再识解（Aspectual Re-construal）
初始（Inceptive） 持续（Continual） 终结（Ending）	Inceptive→Inceptive Zero re-construal；Continual→Continual Ending→Ending
初始阶段（Inceptive phase）	Inceptive→Continual
	Inceptive→Ending
持续阶段（Continual phase）	Continual→Inceptive
	Continual→Ending
终结阶段（Ending phase）	Ending→Inceptive
	Ending→Continual

接下来，我们将通过具体的译例分析，说明汉英翻译中事件体的识解变化特征。

2. 汉英翻译中事件体的识解特征

2.1　零度再识解（Zero re-construal）

零度再识解其实就是延续原文对事件的体识解轮廓或识解图形，基本上保持原文对事件的识解特征。原文对事件识解为瞬时阶段，译文也识解为瞬时阶段；原文识解为持续阶段，译文也识解为持续阶段。下面的译例（1）就属于这种情形：

（1）话题在真真假假和似是而非的争议中绕来绕去。（卫慧，2000：38）

and the conversation *zigzagged* between well-founded and baseless rumors and ambiguous opinions.（Humes，2001：39）

原文中"绕来绕去"所识解的是事件的持续阶段。译文用 zigzag 翻译也同样识解的是该事件的持续过程。

下面这个译例中的几个事件在原文中分别被识解为初始阶段和终结阶

段,在译文中也获得了同样的体识解。

> （2）这时,我听到关闭车门的"砰砰"声,车动了,轻轻震了一
> 下便开起来。（王朔,2004:132）
>
> Thud! The door **slammed shut** and the train **lurched**
> **forward**, then gradually **picked up speed**：（Goldblatt,1997：
> 132）

原文中的"关闭车门"是事件体的终结阶段,在译文中被对译为 the door
slammed shut,也是完结阶段;原文中的"车动了"和"便开起来"被对译为
the train lurched forward 和 picked up speed,原文和译文都将两个事件识
解为初始体。

2.2 事件体再识解（Aspectual re-construal）

2.2.1 终结阶段识解为持续阶段（Ending phase→Continual phase）
2.2.1.1 介词协助下的再识解

翻译中对事件的再识解意味着译者在译文中对原文中的同一个事件进
行了不同的体识解,从而使译文获得了不同的体轮廓和体图形,当然实行事
件体再识解的前提是相关事件拥有着允许进行多种可能的体识解的体潜
质。我们首先看翻译中事件体的再识解的第一种表现:从原文的终结阶段
到持续阶段的再识解。我们先来看这样一个译例:

> （3）老话是对的,好运气想找你,就算你关上大门它也会侧着
> 身子从门缝里钻进来。（毕飞宇,"青衣",2004：171）
>
> There is truth in the saying that good fortune will **find a**
> **way into your house** even if you shut the door. (Goldblatt &
> Lin,2007：47）

原文中的"从门缝里钻进来"识解的是"已经进来"这样一个完结阶段。但
是,比较之下,译文中与之对应的是 find a way into your house,识解的是整
个事件一路发生的过程,属于持续阶段。

在翻译时,译者如果在用来词汇化表达原文相应事件的动词词组中添
加过程性的词语成分,比如像上一个译例那样,使用了 a way 以及介词

into,就拉长了事件在时间中展开的过程,从而也就对事件进行了持续性的体识解。下面这个译例也使用了介词 into 表达了事件展开过程的路线,同样扭转了原文对事件识解的方式:

> （4）可是,剧团和戏校里的人们真正羡慕的倒不是筱燕秋,而是春来。春来这小丫头这一回真的是撞上大运了。（毕飞宇,"青衣",2004:171）
>
> Meanwhile,the people in the drama troupe and those at the academy envied not Xiao Yanqiu,but the girl,Chunlai,who had ***stumbled into great good fortune***.（Goldblatt & Lin,2007:47）

原文中的"撞上大运"凸显的是事件发生的完结阶段,即"已经撞上了"这个完成阶段,属于事件的终结或完结体。而译者用 stumbled into great fortune 来对译,这样就凸显了"撞上大运"的整个过程。原文和译文对同一个事件进行的体识解所获得的体图形是不一样的。

运用介词 into 凸显事件的过程性从而实施跨语事件体再识解的译例还有(5)、(6):

> （5）但是春来从来就不是女孩子,她天生就是一个女人,一个丰姿绰约的女人,一个风情万种的女人,一个风月无边的女人,一个她看你一眼就让你百结愁肠的女人。（毕飞宇,"青衣",2004:176）
>
> But she had never really been a girl. In a way she had been born a woman,an enchanting woman,a bewitching woman,a woman who could ***plunge you into bottomless sorrow with a single look***.（Goldblatt & Lin,2007:56）
>
> （6）玉米望着纸,望着笔,绝望了,一肚子的话慢慢变成了一脸的泪。（毕飞宇,2003:27）
>
> she stared at her paper and pen,and ***fell into despair***. Everything she wanted to say turned to tears.（Goldblatt & Lin,2010:16）

例(5)中的"一个她看你一眼就让你百结愁肠的女人"是一下子就完成的,属于终结体。相比之下,译文中用了介词 into,将这一事件表达成了持续的过程,凸显的是事件的持续阶段。同样地,例(6)中的"绝望了"也属于即刻完成的事件,事件体被识解为终结体,但是其对译的事件的体却因为使用了 into 从而被识解成了持续体。

2.2.1.2　动词协助下的再识解

事件体的再识解有时也可以利用过程性的动词来完成,例如下面的译例(7):

> (7) 炳璋还没有来得及诧异,一阵惊喜已经袭上心头,一个贪婪而又充满悔恨的嫦娥已经站立在他的面前了。(毕飞宇,"青衣",2004:157)
>
> Bingzhang was deprived of even a moment to be surprised, as unexpected joy flooded his heart and a greedy yet remorseful Chang'e ***materialized*** before him. (Goldblatt & Lin,2007:19)

原文中的"已经站立在他的面前"截取和凸显的是事件的完结阶段。这个事件在译文中则用 materialize 表达了出来,而 materialize 意为"具体化,实体化",指的是过程,具有持续性,所以凸显的是事件的持续阶段。

2.2.1.3　动词短语协助下的再识解

认知语言学中的像似理论认为语言的表达式是对所表达的经验对象进行认知识解的结果,表达式与接受表达的经验对象有着对应性,也就是像似性。借助这一观点,我们不妨认为动词词组因为拉长了针对经验对象的表达时间,所以一般所识解的是事件的过程,也就是持续体。而相对地,单个动词识解的则是初始体或终结体。我们可以用译例(8)予以说明:

> (8) 好几次地都想从剧组退出,就是下不了那个死决心。(毕飞宇,"青衣",2004:183)
>
> The thought of quitting occurred to her several times, but she could ***not bring herself to do it***. (Goldblatt & Lin,2007:70)

原文中的"下不了那个死决心"用"下"识解表达的是事件的完结阶段,但是被对译为 could not bring herself to do it,意思则变成了"不能让自己去做这件事",动词词组 bring oneself to do sth 拉长了事件发生的过程,是事件的持续体。

2.2.1.4 动词标记协助下的再识解

在汉语中表示事件完结体的标记是"了",下面这个译例中原文出现了两个"了",说明两个相关的事件都被识解为终结体:

> (9) 燕秋挥舞着油迹斑斑的围裙,跌跌撞撞,油盐酱醋的罐子倒了一厨房,咣丁咣当的,碎了一厨房。(毕飞宇,"青衣",2004:174)
>
> [S]he **waved** the white, greasy cloth and **stumbled** around the kitchen,**sending bottles of cooking oil**,**soy sauce**,**and vinegar crashing to the floor**;(Goldblatt & Lin,2007:53)

原文中的前两个事件"挥舞着油迹斑斑的围裙"和"跌跌撞撞"凸显的都是事件的过程,也就是说属于持续体,并且第一个事件使用了"着"这样一个持续体的标记,而后一个事件则使用了叠字动词作为持续体的标记。但是,原文中的后两个事件都用了"了"字这一完结体的体标记。这两个完结体的事件到了译文中被对译为 sending bottles of cooking oil, soy sauce, and vinegar crashing to the floor,在其中,译者使用了两个带-ing 的动词,而-ing正是过程体或持续体的标记。

2.2.2 持续阶段识解为终结阶段(Continual phase→Ending phase)

在翻译中,有时原文的事件被识解为一个持续的过程,但是到了译文同一个事件则被识解为一个完结阶段,如下面的译例:

> (10) 什么叫女大十八变?春来就是一个最生动的例子,(毕飞宇,"青衣":2004:173)
>
> She was a perfect example of the common wisdom that a girl **changes dramatically at eighteen**.(Goldblatt & Lin,2007:51)

原文中的"女大十八变"是一个过程,表示"女子在成长过程中经历很多变化",但是译者在译文中将其对译为 a girl changes dramatically at eighteen。译者这样翻译虽然在理解上有偏差,但却使用了 dramatically 表达一下子完成的剧烈变化,强调的是事件的完结阶段,体现了由持续阶段到终结阶段的事件体的再识解特征。

2.2.3　持续阶段识解为初始阶段(Continual phase→Inceptive phase)

原文中事件的持续体也会被再识解为初始体,如下面这个译例:

(11) 风猛地将窗吹开,窗帘狂舞。(王朔,2004:108)

A gust of wind blew the window open and ***set the curtain dancing***. (Goldblatt,1997:175)

原文中的"窗帘狂舞"凸显的体图形是事件的过程,属于持续体。到了译文中,与之对应的则是 set the curtain dancing,意思则变成了"让窗帘舞动起来",强调的是同一个事件的初始阶段,所以是初始体。

2.2.4　终结阶段识解为初始阶段(Ending phase→Inceptive phase)

在翻译的事件体再识解中,原文事件的终结阶段也可以被置换为译文事件的初始阶段,如下面这个译例:

(12) 玉米已经没有一点力气了,面色苍白,扶在树干上吃力地喘息。(毕飞宇,2003:25)

Her face ***paled*** as she leaned against a tree trunk for support, drained of energy and finding it hard to breathe. (Goldblatt & Lin, 2010:38)

原文中的"脸色苍白"指的是结果状态,但是这个事件在译文中则被表达为 her face paled,即"脸色苍白起来",凸显的是该事件的初始阶段。同样的情形也发生在下面这个译例中:

(13) 筱燕秋站起身,离开座椅,拽了拽上衣的前下摆,又拽了拽上衣的后下摆,把目光放到窗户的外面去,凝神片刻,开始运手,运眼,咿咿呀呀地居然进了戏。(毕飞宇,"青衣",2004:157)

Yanqiu stood up, moved away from her chair, ***tugged at*** the front of her jacket and smoothed the back; then ***she turned to look out the window***, taking a moment to compose herself before her hands and eyes began to move and she drifted into the role. (Goldblatt & Lin, 2007:19)

原文中"拽了拽上衣的前下摆"是一个完成的动作,属于完结体。但是到了译文中则被译为 tugged at the front of her jacket,at 的使用表示 tug 这个动作的开始,属于事件的初始体。同样地,"把目光放到窗户的外面去"表达的是"已经完成了把目光放到窗外"这一事件,属于终结体,但是译者将其译为 she turned to look out the window,turn 的使用表明这属于事件的起始阶段,所以这一表达应该是对事件进行了初始体识解的结果。

2.2.5　初始阶段识解为持续阶段(Inceptive phase→Continual phase)

一个事件在语言中的体识解至少包含三种可能性,即初始体、持续体和终结体,这也就意味着在跨语转换中有着对事件进行再次体识解的潜力。所以,将原文事件的初始体在译文中再识解为持续体也是其中的可能之一,比如下面这个译例:

(14)(他)坐下来,泡好茶,翘上二郎腿,开始阅读"两报一刊",一个字一个字地看。(毕飞宇,2003:93)

Sitting at his desk, he steeped a cup of tea, ***crossed his legs***, and started his day with two newspapers and one magazine, carefully reading every word. (Goldblatt & Lin, 2010:129)

原文中的"坐下来"是初始体,译文对译的是 sitting at his desk,属于持续体。而"翘上二郎腿"也是初始体,但是到了译文中则是 crossed his legs,变成了持续体。

3. 小结

在进行汉英翻译时,译者如果选取框架作为翻译单位,那么就可以借助区域激活的方法实施翻译操作。这时,译文被激活出来的区域跟原文与其在同一个认知框架里的那个区域构成一种转喻关系,即部分与整体、整体与部分或部分与部分的关系。其实,译者在实施翻译的事件体的再识解时,跟以框架作为翻译单位实施区域激活的原理是一样的:译文通过事件体的再识解获得的体轮廓或体图形都是相关事件的某个阶段的截取,与原文的体轮廓或体图形之间的关系也属于转喻关系。

思考与讨论

1. 什么是事件体? 对事件进行体识解的依据是什么?

2. 本章将事件体类分为几种? 它们之间在汉英翻译中是否都具有相互转化的可能?

3. 汉英翻译的事件体的再识解可否用转喻机制来描述? 为什么?

第十七章　动词与句式再匹配现象研究

导　读

在汉英翻译中,作为原文句子核心词的动词与其英语对译的动词可能会有着不同的句法表现。这种句法表现并非就一定是由动词本身决定的,而是在动词和相关句式之间的互动后形成的。这样一来,译者就面临着英语对应动词和相关句式的匹配问题。通过对原文事件句和对译的译文事件句的比对考察,不难发现,正是在动词语义内容和整个句式所表达的事件之间存在着诸如方式—运动、原因—结果、手段—目的、部分—整体等认知转喻关系,才决定了译文动词和句式之间的兼容度和匹配度,也就由此推动了汉英翻译过程中动词与句式的匹配流程。

1. 绪论：动词和句式

传统语法把动词的 n 个论元意义看作是产生于相应的该动词的 n 个论元组构，或者反之亦然。Goldberg(1995)针对传统语法中动词语义及其论元组构的关系提出了不同的意见。Goldberg 认为这一表述落入了循环论证的窠臼，也使自身失去了阐释力。这种循环论证的弊病源自把动词的补语成分(complements)或其配价价元(valencies)看成是该动词所固有的，只要按一定的空语义的形式规则排列起来就形成了句法序列，从而产生了句子。但是，一门语言拥有把一个动词置入组构关系的句式(construction)，这种置入是词汇语义在句法形式层面上的实现。这与生成语法的观点是不一样的。生成语法认为"各种句法结构是在独立于相应的语义结构的情况下组织起来的"，Croft 和 Cruse 用成分模型说明了这种句法形式与语义内容的脱离关系①。如果假定了句式跟一个语词一样也是语义和形式的组合体，即内蕴其中的是一种象征关系(symbolic link)，那么动词在被融入一个句式之后，除了形式上受到该句式的影响之外，其语义内容也会相应地受到影响，会被赋予它自身的语义内容之外的语义成分。动词的语义内容就这样因处于句式结构中而被丰富了起来。从动词自身的语义内容到被整合进句式中得到增容的语义内容，可以从句式结构和语言使用者的认知概念结构之间的关系上加以解释。这种语义的溯源路向可以用 Langacker(1990)的一本专著的书名中的三个术语来描述。Langacker 这本书的名字为 *Concept, Image, and Symbol：The Cognitive Basis of Grammar*。其中，image 是语言使用者最为原初的感知对象，经过他的认知加工之后就变成了 concept，而 concept 外化为语言之后就变成了 symbol。语言中的动词也不外乎有这三个层面的内容：它源自被感知的 image，基本上具有一个自身的概念结构(concept)，同时它又具有形与音的语言符号特征，即 symbol。除此之外它还有自己的句法表现，但是其句法表现与句式表现还不尽相同。

根据框架语义学，一个场景或框架中的参与者对应着相应的角色。Goldberg(1995)称之为参与角色(participant role)。比如，动词的参与角色被描述成"一种与框架所专有的角色相关的事实"②。相对于参与角色，出

---

① Croft, William & Cruse, Alan D. *Cognitive Linguistics* [M]. Cambridge：Cambridge University Press，2004，pp. 258 - 259.

② Goldberg, Adele E. *Constructions：A Construction Grammar to Argument Structure*[M]. Chicago & London：The University of Chicago Press，1995，p. 43.

现在一个句式中的角色被 Goldberg 称为论元角色（argument role）。
Goldberg 对这两种角色做出了区分，把论元角色定义为"与更加一般性的
角色如施事者、受事者和目标相关的角色"。此外，一个动词在句式框架中
的论元角色实际上就是该动词的参与角色的句法表现，亦即"突显的参与角
色必须同论元角色融合在一起，而后者被实现为直接的语法功能"[①]。
Goldberg 为了更加具体地区分参与角色和论元角色，特别以 steal 和 rob 两
个动词为例，说明了论元角色相对抽象，体现的是一般意义上的句式中的施
事者、受事者和接受者；而参与角色更为具体，呈现的是在一个框架或理想
化认知模型（Ideal Cognitive Model）中各参与者的具体行为。

　　一个动词一旦被融入一个句式，就会自然而然地接受句式的调整而在
以下三个方面发生变化：论元角色（argument roles）、论元角色数目（role
number）以及论元角色的显著度（role profiling status）。原来的动词的语
义框架内容随着被整合进句式语义框架而发生了变化，如图 17-1 所示：

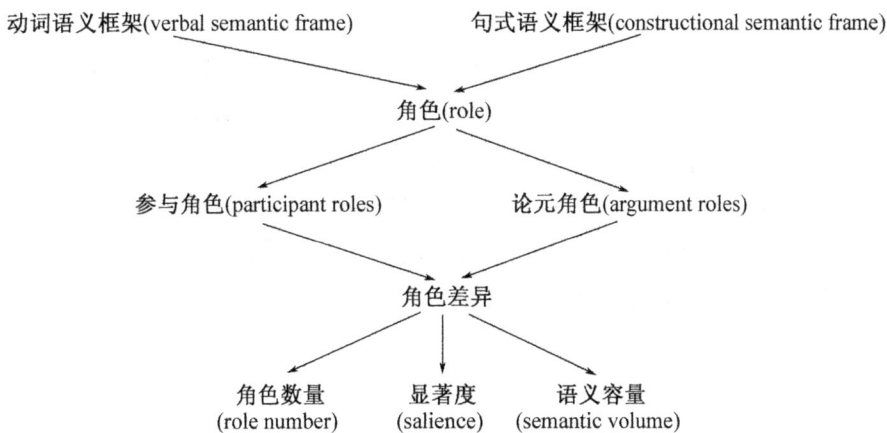

图 17-1　句式语义框架的动词融入

　　Goldberg 利用 steal 和 rob 两个动词说明动词被融入句式后所产生的
语义差异[②]。就动词本身的语义框架内容来讲，steal 和 rob 句法结构可以
说基本是一致的，即：

---

　　①　Goldberg, Adele E. *Constructions: A Construction Grammar to Argument Structure*[M].
Chicago & London: The University of Chicago Press, 1995，p. 45.
　　②　同上，pp. 44-48.

rob：thief（agent）target（patient）goods（goal）

steal：thief（agent）target（patient）goods（goal）

但是如果把这两个动词分别放在相应的句式中，那么各自的语义内容就会产生相应的变化：rob 一般用于 rob sb. of sth. 句式中，而 steal 则一般用于 steal sth from sb 的句式中，这样就明显地产生了差异。试比较：

rob：*thief（agent）target（patient）* goods（goal）

steal：*thief（agent）* target（patient）**goods（goal）**

比较这两个句式的语义框架内容，不难看出两个动词的论元在显著度上有所不同：rob sb. of sth. 句式突出的是施事者和受事者，而 steal sth from sb 突出的是施事者和物品。

同样地，rob 和 steal 在汉语中的对应词"抢"和"偷"也有类似的句式语义框架的变化。[①]

句式除了会给被融入进去的动词带来论元角色的显著度（re-profiling of arguments）上的变化之外，还可以在以下两方面产生影响：

（1）语义增容（Semantic amplification）

如英语动词 pour 本来并没有"给予"的意思，但是如果被置于双及物句式（ditransitive construction）中，就会被附加上"给予"的语义内容。如在非双及物句式中 pour 表现为：

He *poured* water into my glass.

在这种情况下，动词 pour 本身的语义框架和句子的语义框架是基本重合的。其中的语义框架内容为：

agent patient（location）

但是，如果把 pour 整合进双及物句式中，它本来的语义框架就同双及物句式发生多多少少的错位，如在下面这个句子中：

---

① 沈家煊. 现代汉语语法的功能、语用、认知研究[M]. 北京：商务印书馆，2005：11 - 24.

He poured me a glass of water.

而这时 pour 的句式语义框架内容则为：

agent recipient patient

可见，由于 pour 被融入到了双及物句式中而额外被附加上了"给予"的语义内容以及"接受者"的论元角色。

（2）论元角色增补（Complement-role contribution）

在英语中，像 laugh、sneeze、think 这样只包含一个参与角色的动词具有被融入致使动句式（caused-motion construction）或结果句式（resultative construction）中的潜质，所以我们可以发现这些动词会出现在以下句子中：

laugh：The audience *laughed **the poor guy*** off the stage. (a resultative construction)

sneeze：Frank *sneezed **the napkin*** off the table. (a resultative construction)

think：In the last Star Trek episode, there was a woman who could *think **people*** into a different galaxy. (a caused-motion construction)[①]

以上三个句子中的 poor guy、napkin 和 people 都是原来动词的语义框架中没有的参与角色，但是在英语中 laugh、sneeze 和 think 可以被整合进结果句式和致使动句式中，所以在被融合进这些句式之后分别就增加了以上这些论元角色。

综上所述，当一个动词被放入特定的句式之后就会产生相应的语义效应。Goldberg（1995）对此做出了详尽的论述。在翻译过程中必然会出现两种语言之间的动词与句式和句式与句式之间的互动。那么，这些互动会以什么方式以及为什么能够发生是本文所重点考察的问题。

---

① Goldberg, Adele E. *Constructions：A Construction Grammar to Argument Structure*[M]. Chicago & London：The University of Chicago Press, 1995, p. 154.

2. 汉英翻译中的动词—句式关联原则

在翻译过程中源语与目的语的关联方式也可以从动词与句式以及句式与句式这两个层面上予以观照。也就是说,翻译中的跨语互动既可以发生在动词和句式这两个层面上,也可以发生在同是句式的层面上。译者在开始对一个句子进行翻译时,常常会以句子作为基本的翻译单位。情形往往是译者把句子分解为词或词组,然后把它们在译入语中的对应词及其相关词项重组之后最终形成译文。但是,在这个过程中各部分的对应词并不享有同等地位。在接受重组时它们需要围绕一个核心的成分。而其中"动词为一个句子提供了复杂的句法和语义信息,它决定了一个句子可能的句法结构或句法框架,也决定了那些与之共现的名词性成分的语义选择限制。"[①]可见,在一个句子中动词肩负着最为重要的句法任务,因为它扮演着一个整体性的角色,在语义和句法层面都牵扯着其他句子成分。源语句子中的动词和句子中的其他论元成分应该是匹配的,从句式语法(construction grammar)的意义上讲,也就是说动词和它所在的句式是完全匹配和兼容的。但是,由于不同的语言对同一个场景的认知概念架构方式上的差异,在翻译中就有可能会出现源语动词及其译入语的对应动词跟同一种句式的匹配度有所不同。这样,就出现了源语动词的对应动词在译入语中需要重新进行句式再匹配的问题。

如果可能的话,源语句子中的动词都要寻找自己在译入语中的对应动词。译入语句子的出现归功于所找到的这个对应动词负载的参与角色和它在译入语中的相关句式的论元角色的匹配。这一匹配取决于该动词和相关句式之间语义上发生的匹配度有多高。匹配度越高,两者的融合性越强。反之,两种角色之间的错位的可能性也就越大,匹配度也就相应地越低。在汉英翻译中,汉语动词和它的英语对应词与相关论元句式的融入程度是不一样的。它们各自的句式融入度体现在两个方面:匹配度和突显焦点的分配。这两个方面被 Goldberg 表述为以下两个原则[②]:

(1)语义兼容原则(Semantic Coherence Principle)认为语义匹

---

① 王葆华. 动词的词汇语义与论元表达之关系——兼谈动词语义的原型效应和家族相似性[J]. 汉语学报,2006(1):76.

② Goldberg, Adele E. *Constructions: A Construction Grammar to Argument Structure*[M]. Chicago & London: The University of Chicago Press, 1995, p.50.

配度是参与角色和论元角色相融合的前提条件。换言之,参与角色是论元角色的具例(instance),而后者又是前者的图式(schema)。

(2) 对应原则(Correspondence Principle)认为动词两种角色的融合取决于动词的词义框架和句式框架享有同样的突显地位。突显地位的稳定性决定了两组角色的融合度有多大。

以上两条原则共同保证了动词的参与角色和论元句式角色之间的兼容性。如果源语动词的译入语对应词不能完全符合这两个原则所规定的条件,两组角色就很可能在突显地位、角色数量以及认知映射关系等方面达不到相互匹配的程度,动词对应词和相关句式就无法匹配。

3. 源语动词的对应动词和译入语句式的匹配

3.1　动词对应词和译入语句式的完全兼容

在英语中我们可以为汉语中的动词"递"找到一个对应动词 hand。从词义上讲,hand 相关于三个角色:递者、受递者和所递之物。"递"在汉语中也有同样的参与角色。但是这对动词对应词如果被置入双及物句式则会出现一定的差异。"递"在汉语中似乎不能完全融入双及物句式中,如:

*他递我一封信。

当然这个句子并非完全不可接受,因为它完全可以出现在口语中。而接受性更强的表达应为:

他递给我一封信。

在这个句子中,"递"后面增添了"给"字。这说明,"递"与双及物句式的匹配度并不彻底,它同双及物句式的匹配需要借助"给"来成全。但是,相比而言,"递"的英语对应词和英语的双及物句式的匹配度则非常彻底,完全可以把 hand 融入双及物句式中去,即:

He *handed* me a letter.

在这个英语句子中,hand 无须借助其他词的帮助就被融入双及物句式中去了。这也同时表明 hand 在英语中其自身包含的参与角色和双及物句式中的论元角色是完全匹配的,而不像汉语动词"递"那样,两者之间存在着不完全的匹配关系。在汉英翻译中,凡是能够把汉语动词的英语对应动词完全融入相关句式的现象,我们不妨称之为动词对应词和译入语的完全兼容,即动词和相关句式之间在各自角色的数量、关系以及显著度等方面是完全匹配的。这种完全匹配的翻译流程图示如下:

汉语源语动词→英语对应动词→英语句式→动词和句式的
匹配度考察→动词和句式的完全兼容

3.2 动词对应词同译入句式相匹配的认知理据

3.2.1 认知转喻关系对语际间动词—句式再匹配的推动

汉语源语句子中的主干——动词的英语对应词并不是机械地被容纳进相关的英语句式中的。动词和句式再匹配的理据可以通过考察动词和句子所反映的整个事件的关系挖掘出来。Goldberg 引用了 Croft(1991)的一个例子,说明了动词和句式之所以能够得到匹配是因为动词与事件之间存在着转喻的认知关系[①]:

The boat *sailed* into the cave.

在这个句子中,sail 并非被随意选取来述谓船的运动的。sail 之所以能够指代船的运动是基于 sail 为运动的动力或方式,即用船帆作为船行驶的动力。但如果我们同样表述船的运动,下面这个句子就是不恰当的:

* The boat *burned* into the cave. [②]

burn 不能推动船进入洞中,而最有可能的是会把船给倾覆掉。因此,

---

① Goldberg, Adele E. *Constructions: A Construction Grammar to Argument Structure*[M]. Chicago & London: The University of Chicago Press, 1995, p. 61.

② 同上.

burn 就不会被用来述谓船的运动。

Goldberg 经过上述分析给出了解释动词和句式相匹配的潜在可能性的"致使关系假论"（Causal Relation Hypothesis）：

> Causal Relation Hypothesis：The meaning designated by the verb and the meaning designated by the construction must be integrated via a（temporally contiguous）causal relationship.①
>
> 致使关系假论：动词所指称的意义和句式所指称的意义必须通过（时间上相邻的）致使原因才能整合在一起。

促成动词和句式相互之间得以匹配整合的关系不仅局限于原因—结果这样的因果关系，而且方式—运动、局部—整体等诸如此类的认知转喻关系也可以促成动词和句式之间的匹配。如在汉语中我们可以有这样的句子：

> 火车蜿蜒着，慢慢接近那个城市。（王朔，2004：134）

在这个句子中，"蜿蜒"是作为火车运行这个事件的"方式"从而与整个句子所表达的事件形成了认知转喻关系。"蜿蜒"所关联的语义内容是火车运行这一整体语义框架内容的一部分。火车运动的方式近似于虫子的蠕动，也就是"蜿蜒"的本义，从而成为整个语义框架中的显著部分。于是这个方式也就从句式上得到授权成为意指火车运动的部分。同样地，在把这个句子翻译为英语时，"蜿蜒"的对应词被指定为 snake。用句式语法来解释，snake 恰好与火车运动整个事件构成了方式—事件这样的认知转喻关系，所以我们有了这样一个英语译文：

> Our train *snaked* through the outskirts of town（Goldblatt，1997：215）

在 Goldberg 关于英语中动词—句式整合假论的启发下，并且这个假论也在汉语中得到了相应的证实，我们不妨就汉英翻译中动词和句式的再匹

---

① Goldberg, Adele E. *Constructions：A Construction Grammar to Argument Structure*[M]. Chicago & London：The University of Chicago Press, 1995, p. 62.

配原则进行如下表述：

> 如果源语中的动词充当的是句子所表述的整个事件的手段、原因、方式或条件等，也就是说如果动词语义和句子所表达的事件语义框架之间构成的是认知转喻关系，并且动词的英语直接或间接对应词的语义内容与译入语所要转达的源语的整个事件框架语义也形成类似的认知转喻关系，译入语的动词和相关句式之间就极有可能进行类似的再匹配。

汉英翻译中的动词和句式的再匹配过程如图 17-2 所示：

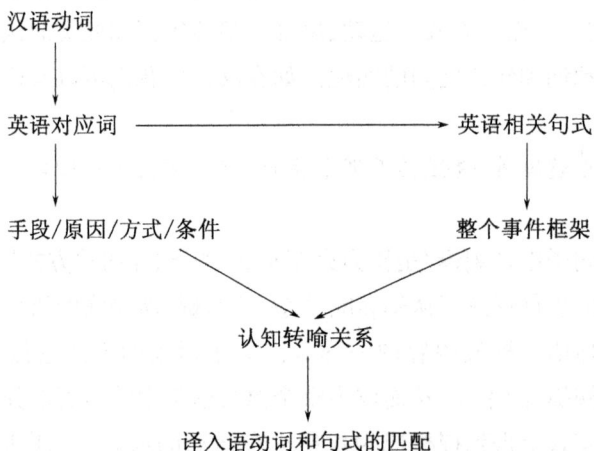

```
          汉语动词
             │
             ↓
     英语对应词 ──────────────→ 英语相关句式
             │                      │
             ↓                      ↓
手段/原因/方式/条件              整个事件框架
             ↘                  ↙
              认知转喻关系
                   │
                   ↓
          译入语动词和句式的匹配
```

图 17-2　动词和句式的翻译再匹配过程

3.2.2　动词和句式的再匹配：以双及物句式为例

汉语动词的英语直接或间接对应动词再匹配现象并不鲜见，这些匹配一般建立在原因—事件、方式—运动、手段—目的以及部分—整体等此类认知转喻关系之上。基于此种认知理据上的动词和句式之间的再匹配及其角色融合也就时常被翻译者拿来运用。在 Michael Berry 英译的中国作家余华的小说《活着》中，我们会发现在认知转喻关系的推动下引发的动词和句式的再匹配。

1. 我们把家里的鸡羊卖了，我又领着凤霞去城里给她做了两身新衣服，给她添置了一床新被子，买了脸盆什么的。(余华，

2004:151)

2.他们的口袋都鼓鼓的,见到村里年轻的女人和孩子,就把口袋里的糖果往他们身上扔。(余华,2004:152)

3.二喜给我倒满了酒,给家珍也倒满,又去给凤霞倒,凤霞捏住酒瓶连连摇头。(余华,2004:167)

Michael Berry 的译文分别如下:

1. We sold the chickens and lamb and brought Fengxia into town to **buy her** two new outfits plus some household items like a blanket and washbasin. (Berry, 2003:183)

2. Their pockets were bulging, and when they saw the village women and children they'd **throw them** pieces of candy. (Berry, 2003:184)

3. Erxi **poured me** a full glass of wine, gave Jiazhen one, too, and then he went to pour some for Fengxia. Fengxia grabbed hold of the bottle and kept shaking her head. (Berry, 2003:203)

从以上译文可以看出,原文各句中的动词"做""扔""倒"的英语对应动词分别为 buy,throw 和 pour。不仅如此,译者还发现了它们各自的动词参与角色同英语双及物句式中的论元角色有相当高的匹配性。两组角色的高匹配性也相应地提高了它们相互兼容的可能性。最终,这些对应动词的参与角色分别嵌入了双及物句式的论元角色空位中,实现了动词和句式的再匹配。双及物句式赋予了"做""扔"和"倒"各自本没有的"给予"义,因此原文中表示"给予"义的介词结构不需要在译文中有相应的体现。句子所表达的"给予"事件在译文中从表层上退隐于背景中,受到突显的是实现这些物权转移(entity-transfer)的手段 buy,throw 和 pour。比如译例三中 pour 被用来指代"给予"事件实现的手段。"这种关系是抛物运动与双及物式的语义之间的关系。"① 这种关系在英语中可以在句法层面上呈现为双及物句

---

① Goldberg, Adele E. *Constructions: A Construction Grammar to Argument Structure*[M]. Chicago & London: The University of Chicago Press, 1995, p. 60.

式。而在汉语中此类句式多出现于口语中。所以，在汉语中我们发现更多的是用介词结构传达物权转移事件(entity-transfer event)。汉语"倒"的独立性也就没有其英语对应词 pour 那么强。这也就是为什么"倒"在被用来表达"物权转移"事件时往往为"给……倒"或"倒给……"的原因，而其英语对应词 pour 则一般会直接与双及物句式匹配为"pour sb sth"（当然也有例外，如该句中的第二个"倒"的翻译）。

3.3 动词和句式再匹配后的主要影响：语义的转移

由于汉语动词和它的英语对应动词在句法表现以及句式匹配关系上存在着差异，那么经过译者进行动词和句式的再匹配之后的译文与原文之间也产生了语义容量以及语义内容分配上的不同。这也很自然地造成了原文和译文在句法结构和句式特征上的出入。在同一语言中的动词的同义句式之间的差异主要体现在主题意义、焦点意义、风格意义和情感意义的差异上。[①] 跨语同义句式的差异虽然没有得到比较深入的研究，但至少两者在语义量上会出现不同。Goldberg 认为句式可以为其中的动词增加一定量的语义内容。比如 kick 单用时和它在致动句式中的语义容量是不同的：

(1) Joe kicked the wall.
(2) Joe kicked the dog into the bathroom. [②]

在句(1)中，动词 kick 没有给 wall 带来影响，相比之下，句(2)中的 kick 则产生了让"狗"位移进"浴室"的致动效果。根据 Goldberg，kick 之所以具有运动致使的语义内容是由于它同致动句式相匹配。在汉英翻译中，译文也可以通过动词和句式的匹配实现这种语义扩容或转移。比如在王朔的小说《千万别把我当人》中有这样一句：

（警察亮出逮捕证，让元豹签名，）然后架着他，带出门推上车。（王朔，2004:99）

---

① 赫琳. 动词句同义句式研究[M]. 武汉:崇文书局，2004。
② Goldberg, Adele E. *Constructions: A Construction Grammar to Argument Structure*[M]. Chicago & London: The University of Chicago Press, 1995, p.153.

这句的英译文为：

> （They produced an arrest warrant and told Yuanbao to sign it.）Then they hustled him through the door and into a waiting squad car.（Goldblatt，2000：180）

在英译文中 hustle 是作为"架"的对应动词出现的，而原文中的"架"只是表明施事者的一个动作，并没有这个动作所带来的结果，如果有的话也是从后面的"带"和"推"这两个动词暗示出来的。"架"不具有致动性是因为它没有被置入致动句式中。而在译文中，hustle 显然是与致动句式匹配了起来，其后跟着 through the door 和 into a waiting squad car 这两个介词词组。原先由"带"和"推"表示的两个动作被分解后融入致动句式中。这两个动词的语义发生了转移，而转移走的语义内容正是被与致动句式相匹配后的 hustle 所增容的部分。hustle 及其所在句式的语义容量得以扩大，而付出的代价则是原文中的两个动词被降格为两个介词词组。

4. 小结

汉语原文的句子本来就是动词和句式匹配而成的结果。但是，原来的匹配关系并不一定就能直接移植进英语译文中，译者还需要根据汉语动词的直接或间接的英语对应动词再去寻找与之相匹配的句式。从认知语言学这个角度上讲，动词之所以能够与相关句式彼此兼容是因为动词语义同句式语义之间的认知转喻关系。这层关系为两者之间的匹配提供了可能性，也为英语对应动词实现从词汇层面到句法层面的上升提供了认知动力。

思考与讨论

1. 如何理解动词和句式的关系？它们之间是如何在汉英翻译中发生互动的？
2. 汉英翻译中进行动词和句式匹配的意义在哪里？
3. 翻译中的动词与句式的匹配同句式之间的转换有何不同？如何在翻译中有效地使用匹配和转换？

第十八章　汉语多事件句的英译压模

导　读

　　如果说一个小句一般表达一个事件,那么多个事件的表达就要依靠多个小句。这种包含多个事件的小句群就是多事件句。由于汉语的多事件句之间是平行关系,也就是所谓的意合关系,而这种关系容易在汉英翻译中遭到英语中主导多事件句的形合关系瓦解。这种瓦解的方式就是将汉语的平行多事件句子压模成围绕焦点事件句的主从关系结构。汉英翻译中多事件句的跨语压模现象在句法层面有两种表现:述谓性从句的压模和非述谓性成分的压模,而句法表现背后的压模语义理据又可剖析为事件性、致使力、施动性和话题性这四个因素。同时,汉语子事件句在接受压模之后从原来的陈述性语用功能转换为修饰和指称两种语用功能。这样,汉语多事件句的英译压模就获得了句法、语义和语用三个层面的描述。

1. 引言

对于英语和现代汉语而言,核心词类是动词和名词。动词,尤其谓语动词,通常表达一个事件,是事件的载体,在这层意义上讲,"事件性"可以作为一个重要指标来体现跨语转换中的变化模式。实际上,我们如果以"事件"作为汉英翻译的操作单位,原文的句子尤其是多事件句就有可能面临着一种句法降级转换,这主要是由汉语和英语在句法层面上的类型差异造成的。由于英语的形态句法表呈多利用焦点思维的方法,无论从形式上还是语义上都能解析出句子的组成部分之间的主从关系。"西方句子的这种样态就像西方的油画一样,采用的是严格的几何形的焦点透视法"①;而相比之下,"汉语句子的实际形态却是以句读段的散点铺排追随逻辑事理的发展,从而完成特定的表达功能的"。② 也就是说,汉语从形式上缺乏明示性的标记来划分句子各组成部分之间的逻辑关系,只有靠进入句法形态背后的语义内容才能判断出各部分之间的关系。所以,汉语句子的组成部分之间的分布是散点式的。那么汉英翻译尤其是汉语多事件句的英译势必会遭遇到散点思维趋向焦点思维的转换。

在汉语中,事件句会在形式上呈现多个事件平行分布样态,表面上一般只有先后之别而无主次之分。其主次关系只有通过它们之间的语义关系才能辨明。从这个意义上讲,汉语多事件句子是散点思维的结果;如果将其译为英语,多事件句在主次关系上要通过从句的关系代词或副词抑或动词的非谓语形式这些句法标记体现出来。"语义构词需要做一个框架压模:不管构词框架包含多少语义成分,最多只能提取出两个成分构成双音复合词"。③ 这句话说明的是汉语复合词为框架压模的结果。而语际转换同样也需要压模。对于汉语多事件句的英译而言,原来的多事件句中的某个或某些子事件句从独立句层降格为从属句层,甚至降格到词汇句层。就像构词压模一样,这种跨语降级也是一个对原文多事件句语义信息的重新整理和压缩,不妨称之为跨语压模。于是,从散点思维的汉语翻译成焦点思维的英语要经历一个压模的过程。压模过程是围绕着选取一个焦点事件作为核心述谓句,其他的事件则被降级为周边事件而以从句性的述谓结构表达出

---

① 申小龙. 语文的阐释[M]. 沈阳:辽宁教育出版社,1992:455.
② 同上,456.
③ 朱彦. 汉语复合词语义构词法研究[M]. 北京:北京大学出版社,2004:164.

来。相对于这种述谓性的压模方式，还存在非述谓性的压模方式，包括名词压模、修饰语压模、介词结构压模、分词压模、不定式压模等。我们将通过对汉英翻译语料的初步考察，特别是对在汉英转换过程中出现的一些子事件句表达式在句法、语义和语用三个层面减弱现象的分析，透视出汉语多事件句的英译压模的句法表现、语义理据和语用功能转换的特点。

2. 汉英翻译中的跨语零度压模和非零度压模

所谓跨语零度压模，指的是原文的多事件句的句法形态表现在其译文中仍然被保留了下来，各事件在源语和目的语之间的句法层级是对等的，未发生错层变化。相反，如果汉语多事件句在英译中对应着的句法形态表现不是多个述谓性的句法表现，而是其中一个或一个以上的事件由述谓性的从句或非述谓性的句法结构来表达，那么这就说明原文多事件句经过了跨语压模，这样翻译的结果是通过非零度压模处理而成的。在译例(1)中，汉语原文出现了4个"学"字，表达了4个事件，是一个多事件句。4个事件的句法表达分别用动词"学"后接不定式来完成。那么，在这个多事件句的译文中，"学"字的对应动词 learn 被提取出来，后跟4个不定式分别表达4个事件，实质结构与原文的多事件句的句法形式是一致的。可以说，译例(1)是经过零度压模处理的多事件句的汉英翻译。比照一下译例(2)，"和面"、"揉面"、"饧面"和"抻面"这4个原本独立的述谓性事件在译文中分别接受了句法降格处理："和面"被译为不定式，"揉面"被译为介词结构中的不定式，"饧面"被译为了不定式，而"抻面"则被译为分词形式。不定式也好，分词也好，其句法层级都较原文的述谓性结构低。所以，译例(2)中的4个事件的跨语处理都是经过压缩后的降格处理，是翻译的非零度压模的结果：

(1)(第二天她吃罢早饭，便提了一盒点心，到饭馆去向抻面师傅学习。)学和面，学揉面，学饧面，学抻面。(许行，2008:19)

(After breakfast the next day, a gift box of fie pastry in hand, she went to see a hand-pulled-noodle chef in a restaurant, asking him to teach her the tricks.) There she **learned to mix flour**, **knead the dough**, **control its softening**, **then hand-pull it into noodles**. (Huang,2008:23)

(2)(她)便扎起围裙下了厨房。和面、揉面、饧面、抻面。(许

行,2008:19)

With this she put on the apron and went into the kitchen, immediately *starting to mix some flour with water to knead the dough*. Then she *let it stand and soften before hand-pulling it into noodles*. (Huang,2008:22-23)

汉语和英语两种语言的思维存在着散点思维和焦点思维的差异:汉语的多事件句中的各个事件常常用独立的述谓性句法结构来表达,而英语中的多事件句中的某些子事件句则常常用诸如从句、分词、不定式、动名词等句法结构表达。两种语言所存在的这一类型差异从某种程度上预知了在将汉语的多事件句翻译为英语的过程中,其中的事件势必会接受压模处理,从而带来错层句法表达的可能。

3. 汉英翻译中多事件句压模的句法表现

在汉英翻译中,汉语多事件句的句法表现为几个独立的述谓性小句的先后排列。经过英语的压模处理后,其中的一个或多个小句会由英语中的从句或非述谓性结构来表达。这些跨语压模分为两类:一类为对多事件句中的一个事件进行一次性压模或对两个事件进行同级压模,这种压模可称作单级压模;另一类为多事件句中的两个或两个以上事件遭到压模,且压模后的从句性事件或非述谓性事件为错级事件,即两个或以上压模事件不在同一个句法层面上。

3.1 多事件句的跨语单级压模

"人们在认识客观世界的时候,对所指事物使用一种语言符号串来叙述其运动状态、描述其属性特征、表述其相互关联,即对所指事物加以'说明'。这种符串表达的是'述谓概念'。因为'述谓概念'主要用来叙述事物的'运动状态',所以也叫作'运动类概念'。"① 这虽然是针对在词语或词组的层面上的述谓性特征而言的,但可以引申到对句子层面的述谓性特征的描述:述谓句主要是用来描述事物运动状态的、运动动词填充谓语位置的句子。从句构学上讲,述谓句至少有着完整的主谓结构;从句意学上讲,典型的述谓需要表达的是一个运动事件。只要符合这两个条件,即使在主语、定语、状

---

① 鲁川,王玉菊. 汉字信息语法学[M]. 济南:山东教育出版社,2008:242.

语等位置上的从句也是述谓性的。那么,在汉英转化过程中,原文中的独立的述谓结构就会通过译者的压模,压缩为主语、定语、状语等位置上的从句。这种把原文多事件句的压模称作述谓性压模。否则,跨语压模的结果如果不是述谓性的从句,而是像分词、不定式、动名词或名词这样的结构成分,那么就属于非述谓性跨语压模。

3.1.1 从独立述谓句到从属述谓句的压模

如果汉语的多事件句中的某个独立述谓句被译为英语后,虽然述谓性没有变化,但是作为述谓句的地位却发生了变化,是从属于一个独立述谓主句的述谓性从句,这属于从独立述谓句到从属述谓句的单级压模,译例(3)即为此种压模:

(3)我身受酷刑而绝不改悔,挣得了一个硬汉子的名声。(莫言,2006:3)

Not a word of repentance escaped my lips *though I was tortured cruelly*, *for which I gained the reputation of an iron man*. (Goldblatt,2008:3)

汉语原句由多个事件句组成,包括"我身受酷刑""绝不悔改"和"挣得了一个硬汉子的名声"三个事件句。而对比译文不难发现,除了"绝不悔改"这个事件的对应句为独立的述谓性事件句之外,其余两个事件句在译文中都受到了降级处理。"我身受酷刑"被译为了让步状语从句,而"挣得了一个硬汉子的名声"则被译为一个非限制性定语从句。由此可以说明,译文是对原文压模后的结果,其中两个事件接受了压模,并且都是在从句这一句法层级上的压模,属于单级压模。

汉语多事件句英译中的述谓性单级压模分别有以下几种:

A. 独立述谓句压模为定语从句

(4)每次提审,我都会鸣冤叫屈。我的声音悲壮凄凉,传播到阎罗大殿的每个角落,激发出重重叠叠的回声。(莫言,2006:1)

Every time *I was brought before the court*, I proclaimed my innocence in solemn and moving, sad and miserable tones *that penetrated every crevice of Lord Yama's Audience Hall and rebounded in layered echoes.* （Goldblatt，2008：3）

B. 独立述谓句压模为状语从句

（5）痛苦之状，难以言表。鬼卒还用叉子把我叉起来，高高举着，一步步走上通往大殿的台阶。（莫言，2006：1）

Words cannot do justice to the agony I experienced *until an attendant speared me with a trident and，holding me high，carried me up to the palace steps.* （Goldblatt，2008：3）

3.1.2 从独立述谓句到非述谓性结构的压模

如果汉英翻译中跨语压模的结果为非述谓性的结构，即分词、不定式、介词结构、动名词等，那么这种压模方式即为非述谓性压模：

A. 分词压模：

（6）飞机继续掷弹，可是渐渐远了。（张爱玲，2007：37）

The plane continued to drop bombs on other parts of the city，*receding gradually into the distance.* （Jones，2005：43）

B. 不定式压模：

（7）一个大腿上受了伤的青年店伙被抬进来，裤子卷上去，少微流了点血。（张爱玲，2007：37）

A young store clerk who had been wounded in the thigh was being helped across the street，his pants leg rolled up *to reveal a trickle of blood.* （Jones，2005：42）

C. 介词结构压模：

（8）我挥手放了他，还送他一包茶叶，让他带回家给他爹喝。（莫言，2006：10）

I dismissed him *with a wave of the hand*，even gave him a packet of tea to take home for his father. （Goldblatt，2008：11）

D. 名词结构压模：

（9）我因新挂了铁掌、听了那么多赞语而高兴；主人因为听了

区长一席话而欢喜。（莫言，2006：32）

Now that I'd heard so many words of praise over ***my new
shoes*** , I was in a fine mood, and my master was delighted with
what the district chief had said. (Goldblatt，2008：39)

E. 修饰语压模：

（10）T 的忽然而至，使我格外紧张，特别是那一束鲜花，我感
到意外。（陈染，2004：91）

T's sudden appearance left me confused, especially the
unexpected bouquet of flowers. (Lovell，2004：101)

通过对上述汉语多事件句在英译中的述谓性和非述谓性压模分析，可以将
汉英翻译中多事件句跨语压模的句法表现总结为表 18-1：

表 18-1　多事件句翻译压模的句法表现

多事件句	汉语原文	英语译文	
句法表现	子句$_1$＋子句$_2$＋子句$_3$＋……＋子句$_n$	述谓性	副词性从句
			形容词性从句
			名词性从句
		非述谓性	分词
			不定式
			动名词
			名词

3.2　多事件句的跨语多级压模

如果在汉语多事件句的英译压模中，一子事件句降格压模后，在降格后
的句法层级上又出现了另一个子事件句的压模降格成分，一直往下压模，就
会形成多层级的跨语压模现象，如译例（11）中：

（11）……赞美是一种绝妙的武器，能使她们变得失去判断
力，失去坐标方位，使他们只能下降，退化成一个简单无知的儿童

甚至只是一只母性的动物，她们俯首帖耳、心甘情愿地成为赞美者的俘虏、战利品和奴隶。（陈染，2004:93）

Such praise is an ingenious weapon *that can make women lose their sense of judgment and their sense of place*，*reducing them to mindless little girls*，**to the point** *where they are nothing more than female animals who subserviently do what they are told*，*becoming praise's willing prisoners and slaves*，*the spoils of battle*．（Lovell，2004:103）

译文中的斜体部分皆为原文子事件的压模结果，而其中的 reducing them to mindless little girls 为二级压模，where they are nothing more than female animals 为三级压模，who subserviently do what they are told 为四级压模。所以，(11)的英译经历了多级跨语压模。

4. 汉英翻译中多事件句压模的语义理据

汉语多事件句之所以会在英译过程中经受压模处理，其中的原因固然是两种语言在句法结构上存在着类型差异：英语所使用的表达式句法层次更为多样、层次更分明。相比较而言，汉语的意义表达式所能利用的句法形态就少得多，这就导致了汉语多事件句的句法形态的单一化表达在被译成英语后，就会出现句法形态多样化表达的结果，这种结果如果从事件的原型句法表达来讲的话，就是一种压模处理。探讨原文和译文之间表层句法形态差异固然重要，但更为重要的是找出外在的形态差异背后的内在原因。所以，在这里就很有必要分析在汉英翻译过程中多事件句压模的语义理据，从语义层面考察原文对译文的句法结构的预知力。这里可以通过事件所包含的事件性（eventuality）、致使力（causality）、施动性（agency）和话题性（topicality）四个语义元素分析汉语多事件句英译压模的语义理据。

4.1 事件性

事件性是据以对事件予以语义分类的基本特性（王立弟，2003:3）。[1]

---

[1] Wang, Lidi *A New Perspective on Argument Structures*[M]. Beijing: Foreign Language Teaching and Research Press, 2003, p. 3.

根据 Vendler(1967)对事件的分类,综合李宝伦和潘海华(2005)、吴平(2007)和张珂(2009)等人的研究,在这里把句子的语义类别同事件性强弱的对应关系总结为表 18-2:

表 18-2　句子语义类别与事件的对应关系

句子语义类别	事件性(eventuality)
活动(activity)	强
完结(accomplishment)	较强
实现(achievement)	次强
感知(perception)	不强
状态(state)	弱
存有(existence)	弱

原型的事件性特点即为事件句动词在语义上的动作性强弱。强度大的动作其发出者的生命力(animacy)一般也高,对受事者的作用力就越大,引起的后果也就越明显。相反,那些表示非动作的感知性或心理性动词其语义的事件性就弱。于是,在汉语多事件句的英译中,语义事件性强的子事件句继续作为事件句保留下来的可能性就越大,而那些语义事件性弱的子事件句就很有可能接受压模,被降格为非事件性成分或次事件性句法成分。如在(12)中,汉语多事件句包括分别由"说"、"没有"、"应"和"知道"这样的述谓性动词来表达的 4 个子事件句。经过比较,"说"、"应"这两个动词的事件性最强,而"没有"和"知道"属于存有动词和感知动词,它们的事件性较弱。通过译文我们不难看出,原文中语义事件性强的子句仍然被译为独立的事件句,而在原文中语义事件性弱的子句则分别被压模为介词结构和分词成分:

(12) 他东一句西一句地说着什么,没有了往日在讲台上的潇洒从容,我胡乱应着,并不知道自己在说什么。(陈染,2004:91-92)

He *rattled* on about whatever he could think of, *not at all like* the urbane teacher at the front of the classroom. I *responded* somehow or other, not really *thinking* about what I was saying. (Lovell, 2004:102)

4.2 致使力

　　事件中动作的致使力度会受到动作与引发该动作的力量源的距离远近的影响。如果汉语原句的事件串中的各事件的发生都是同一个作用力来源,越接近这个力量源的事件受力就越大,一般来讲其语义事件性也就越强,接受跨语压模的可能性就越小,在句法层面上保持其事件句句法结构的可能性就越大;反之,接受跨语压模的可能性就越大。Croft(1991)曾经使用一个例子说明致使力作为原型事件的决定性条件。下面之所以(13)成立而(14)难以成立,是由两句中的动词所表达的致使力差异造成的:

(13) The boat *sailed* into the cave.

(14) ＊ The boat *burned* into the cave.

句(13)中的 sail 本义为"船帆",为船只的航行提供动力,所以可以转类为动词作谓语动词;而(14)中的 burn(燃烧)不能为船只航行提供航行的致使力,所以在这里作谓语动词是不当的,但如果降格为现在分词状语则可以接受:

(15) The boat sailed into the cave, *burning*.

如果 burn 在事件中具有致使力,那么它就完全可以升格为谓语动词,表达一个独立完整的事件,如(16):

(16) The branding iron *burned* into the calf's skin. ①

　　可见,动词在事件中的致使力的强度对其在事件句中的句法表现有着一定的影响。比如在译例(17)中,汉语的多事件句包含 3 个子事件句,分别由"架"、"带"和"推"3 个动词担任其中的述谓性动词。因为"架"这个动作贯穿于这 3 个连续事件的始终,后面的两个事件是在"架"的推动下发生的,

––––––––––––––

　　① Croft, William. *Syntactic Categories and Grammatical Relations: The Cognitive Organization of Information*[M]. Chicago and London: The University of Chicago Press, 1991, p. 161.

因此,"架"所表达的子事件句的致使力最强,该子事件在译文中被完整地保留了下来,而后两个子事件分别译成了由 through 和 into 引导的两个介词结构:

(17)(警察亮出逮捕证,让元豹签名,)然后架着他,带出门推上警车。(王朔,2004:99)

(They produced an arrest warrant and told Yuanbao to sign it.) Then they **hustled** him **through the door** and **into a waiting squad car**,(which drove off with its siren wailing.)(Goldblatt, 2000:180)

4.3　施动性

在一个典型的事件句中,句子概念化表达的事件中的动作或运动一般有着很强的施动性。施动性指的是行为主体对某个事件的发生有着主观故意(intention)。比如,在(18)中,第一个事件"挣扎着仰起头"这个子事件带有明显的主观意图,也就具有很强的施动性;相比之下,"头颅……从脖子处折断"、"看到……判官们"("看"虽然有主观意图,但是"看"到的对象并不取决于行为主体有无此主观意图,所以该子事件句的施动性并不强)和"汪着……笑容"这三个子事件的施动性都不强。相应地,它们在译文中分别被压模为 which 定语从句、where 定语从句和名词性成分:

(18)我挣扎着仰起头——头颅似乎随时会从脖子处折断——往烛光里观望,看到阎王和他身边的判官们,脸上都汪着一层油滑的笑容。(莫言,2006:2)

I struggled to raise my head,**which could easily have snapped off**,and looked into the candlelight,**where I saw Lord Yama**,**underworld judges seated beside him**,**oleaginous smiles on their faces**.(Goldblatt, 2008:4)

4.4 话题性

"'话题'相对于'陈述'而言,是言谈的对象和主题".[①] 话题性指的是因言谈对象和主题的选取而带来的单个或多个语言表达式中语义结构成分的主次之别。一个或一组语言表达式一般会涉及所表达的重心,那么这个重心即为语言表达式的话题。汉语多事件句中的子事件所陈述的并不一定就是话题,也有可能陈述的是与主话题相关的次话题。因为子事件句所表达的话题有着次重之分,在汉语多事件句的英译中就会出现陈述主话题的子事件句依然被译为事件句,而陈述次话题的子事件句则可能会接受压模,被译为非句子成分。如在译例(19)中,通过对原文多事件句中的子事件句的比较,可以发现该多事件句的核心话题讲述的是"天天"这个人物及其一连串行动:"乘电梯上二层候车厅"、"冲我挥挥手"和"随人流";相比较之下,诸如"已经开始检票了"、"右肩背着装线团的袋袋"、"左肩提行李箱"和"涌向一扇门"这些子事件句中所陈述的对象不是"天天"这个话题人物,所以这些事件属于次话题事件,因此它们就更有可能在跨语翻译中接受压模处理:

> (19)(我们)乘电梯上二层楼候车厅,已经开始检票了,天天冲我挥挥手,右肩背着装线团的袋袋,左肩提行李箱随人流涌向一扇门。(卫慧,2000:87)
>
> We went up the escalator to the second floor, *where tickets were already being checked*, and then Tian Tian, *holding the bag with Fur Ball on his right and suitcase on his left*, waved to me and followed the flow of people *surging toward the platform*. (Humes,2001:88)

译例(14)中原文多事件句的次话题子句都接受了跨语压模处理,分别被译为非限制性定语从句、现在分词状语和现在分词定语。相对于原文中事件句的完整性,它们都成了低层级的表达式,都是经过跨语压模后的结果。

经过上述分析,汉语多事件句英译压模的语义理据可以总结为表18-3所示:

---

① 徐杰. 主语成分、"话题"特征及响应的语言类型[A]. 汉语研究的类型学研究[C]. 北京:北京语言大学出版社,2005:315.

表 18 - 3　翻译压模的语义理据

多事件句跨语压模	汉语原文→英语译文
语义理据	事件性（eventuality）
	致使力（causality）
	施动性（agency）
	话题性（topicality）

5. 汉英翻译中的多事件句压模的语用功能转换

汉语多事件句的英译压模可以有诸种句法表现，而在这些句法表现背后隐藏着接受压模的事件子句的语义特征，这些语义特征在某种程度上预测了原文子事件句的压模与否。接受了跨语压模之后的子事件的英语句法形态也会产生相应的语用功能。在 Croft 看来，不同的语言范畴对应于不同的语用功能：名词对应指称功能、动词对应陈述功能、形容词/副词对应修饰功能。① 多事件句压模后句法形态与原文的不同导致了语用功能上的转换，从原来发挥陈述语用功能的述谓句变成了起修饰功能的从句、分词、不定式等这些形容词性成分，或者转换成为起指称作用的名词性成分，如表18 - 4 所示：

表 18 - 4　翻译压模的语用功能转换

多事件句	汉语原文	英语译文
语用功能转换	陈述（predication）	修饰（modification）
		指称（reference）

6. 小结

汉英翻译中多事件句的跨语压模现象从背后的事件性、致使力、施动性和话题性这四个方面的语义理据得到解释，同时压模结果的句法表现也伴随着在陈述、指称和修饰三项语用功能上的相应转换。这项界面研究横跨

---

① Croft，William. *Syntactic categories and Grammatical Relations：The Cogntive Organization of Information*［M］. Chicago and London：The University of Chicago Press，1991，p. 53.

句法、语义和语用三个语言层面。其中的核心层面为语义层面。在这里虽然触及了汉语多事件句及其子事件句的语义内容对压模结果的预知力，但是原文的语义条件如何具体对应跨语压模结果，还需要在以后的研究中进一步细化。

思考与讨论

1. 实施多事件句英译压模体现了汉英两种语言的哪种差异？

2. 汉译英中的多事件句压模有哪些？压模的句法手段是什么？

3. 多事件句的英译压模对语用功能的影响是什么？

4. 汉语多事件句英译压模的内在语义理据有哪些？如何在原文中识别这些语义理据？

第十九章　多事件句的翻译处理原则以及意合—形合转换

导　读

作为意合语言的汉语，其句子之间一般没有明显的衔接形式，只能靠"意会"来识别句子之间的关系。相反，英语句子之间一般有着较为明显的关联形式，这就是所谓的形合语言的表现。在意识到汉语和英语这一差异的同时，也必须清楚这两种语言中意合形态和形合形态都是存在的。汉语原文中句子之间的关系如果是形合结构，也完全可以在英译文中把这个形合结构继承下来；如果原文的多句子关系是意合结构，将这一意合结构移植到英译文中没有问题的话，也不妨就直接移植过来。上述这两种情况是译者遵循了像似原则实施翻译的结果。但是，将散点式的意合性汉语多事件句翻译为焦点式的形合性的英语，一般需要进行压模聚焦，所遵循的是聚焦原则，而实施聚焦原则所附带的原则就是经济原则，这两个原则是相互依附的。在汉英翻译中意合形态的多事件句之所以能够转换成形合形态的多事件句，其根本原因是这两种句间形态都发挥着同样的两个功能：投射和扩展。

用意合（parataxis）和形合（hypotaxis）来体现汉语和英语之间主要句法差异由来已久。这一对区别在翻译的研究者那里如今几乎成了没有研究空间的课题，在翻译的实践者那里也成了一种转换无意识：他们会自觉不自觉地运用这一差异推动无论是英译汉还是汉译英的句法转换。但是，不论翻译研究者还是翻译实践者仍然需要加强对这一对差异背后的语义理据的认识，以避免局限在句法层面上的机械操作。而更为重要的是，在进行句法转换的背后需要有语义转换的理据支撑，这样可以为翻译转换提供更具说服力的合理性。

根据汉语重意合英语重形合的句子间结构的差异，在进行汉译英时应该遵循以下三个原则：像似原则（Principle of iconicity）、经济原则（Principle of economy）和聚焦原则（Principle of focusing），并且主要遵循后两个原则，因为像似原则的遵循是将两种语言的句子关系结构上的差异抛在一边，尽量让汉语原文和英语译文取得句子结构上的同构性即像似性。当然这种直译的方法可以实现译文对原文最大程度上的忠实度，如果这样做，且译文的语言结构认可的话那就再好不过了。只是英汉两种语言结构表现在形合意合上的内在差异往往无法遵循像似原则。在这种情况下，译者就要转而实施经济原则和聚焦原则。

1. 像似原则：蕴涵关系的多事件句的翻译处理

一般来说，在汉语中，一个独立的小句即为对一个事件的表达。但是，小句也会通过修饰其论元的成分蕴涵其他的表达事件的小句。这种蕴涵结构实际上就是一种形合结构。这种用蕴涵结构表达事件的句子在翻译中往往可以遵循像似原则，使其英文译句有着像似的结构形态，亦即形合形态。如下面的译例（1）：

（1）陈清扬当时二十六岁，就在我插队的地方当医生。（王小波，1994：3）

That year Chen Qingyang was twenty-six and a doctor who happened to work where I did.（Zhang & Sommer，2007：61）

汉语原句中包含三个事件："陈清扬当时二十六岁"、"我插队"和"（陈清扬）当医生"。其中"我插队"这个事件被蕴涵在"（陈清扬）当医生"这个事件中,这两个事件是被蕴涵和蕴涵的关系,也就说明了这两个事件之间的关系是通过形合结构表达出来的。英译文基本上也使用了表达蕴涵关系的形合结构,只是原句是一层蕴涵关系,而译句多了一层蕴涵关系,是两层蕴涵,在 a doctor 后面出现了两个从属句。由此可见,译句跟原句基本上是像似的。

我们再来看下面这个译例:

(2) 多年来,他已经摸索出了一整套对付我这个长子的行之有效的办法。(朱文,1995:373)

Some years ago he'd worked out ways and means for talking around his elder son. (Lovell,2007:3)

原句中在"办法"前面蕴涵了两个修饰性的事件:"对付我这个长子"和"行之有效"。这种套层结构是形合结构的体现。译者将"对付我这个长子"处理成由 for 引入的介词词组,依然修饰"办法"的英译 ways and means;而"行之有效"这个事件则完全被融入到了 ways and means 这个名词词组里,这一事件的语义信息隐含在这个名词词组里,基本上失去了显在的表层形态。但基本上来说,原文的事件之间的关系在译文里面依然被保持住了,在结构形态上也基本与原句像似,所以说这个译例也是遵循了像似原则的结果,而之所以能够遵循这一原则,根本原因则是汉语原句在表达多事件之间的关系上采用了形合结构。

汉语多事件句中的事件之间的蕴涵关系即形合关系往往在英译中会被承继下来,使得译句和原句之间存在着句法结构的像似性,尽管像似性的程度在不同的译例中会有程度上的强弱差异。我们再来看两个译例:

(3) 背后,从河上吹来的寒意一阵比一阵强烈。(阿来,2005:59)

Behind us, winds off the river got colder and colder. (Goldblatt,2002:63)

该译例原句中的事件"从河上吹来"被蕴涵在了事件"寒意一阵比一阵强烈"中。在英译中,这个被蕴涵的事件译成了一个后置的介词词组 off the river,尽管被非事件化了,但其与"寒意一阵比一阵强烈"这一事件的关

系没有变化,功能也相同。在下面这个译例中,被蕴涵的事件就没有像上个译例中被非事件化得那么高,但也经受了事件的弱化处理:

(4) 外面传来用印度香熏除客房里霉味的气息。(阿来,2005:87)

The smell of Indian incense, lit to drive the mildew smell out of the guest room, drifted in on the air. (Goldblatt, 2002: 92)

原句中的"外面传来气息"这一事件蕴涵了"用印度香薰除客房里霉味"这一事件。这两个事件的蕴涵和被蕴涵关系即形合关系在译文中依然保持了下来,差别在于被蕴涵的事件不是用独立的谓语动词表达的,而是使用了过去分词这一非谓语动词形式。从句法形态上讲,这种形式弱化了事件的原型性,也同样属于非事件化的结果。

2. 经济原则和聚焦原则:非蕴涵关系多事件句的翻译处理

汉语在表达多个事件的时候也会使用平行关系句和非平行关系句。平行关系句属于意合结构,而非平行关系句则体现为一定的结构句式。无论怎样,这两类关系句都可能会表达位移、结果、成为和致使等语义内容。我们先来看看具有平行关系的汉语多事件句的英译处理。

平行关系的多事件句如下面两句:

A. 我站起来打开门。
B. 他退休后去了美国。

A、B 两句都同样表达了两个事件,基本上都是用相对独立的两个单事件句构成的,保持的也是平行关系,而非相互包蕴关系,尽管各自包含的两个事件有发生先后之别,同样也有轻重之分。译者如果遇到这类多事件句,可以遵循像似原则,用类同于原句的意合关系翻译出来,如下面这一句的翻译:

(5) 她却转身走进了自己的屋子。(阿来,2005:56)

She turned and went back to her own room. (Goldblatt,
2002:59)

原句包含两个事件:"转身"和"走进了自己的屋子"。这两个事件利用
平行即意合结构表达了出来。译文遵循像似关系,基本上照搬了原句的事
件平行关系。但是,由于事件平行关系或意合结构是汉语的主导性的多事
件句结构,而并非是英语的主导性句子结构,所以一般在汉译英中译者会有
将原来的意合结构转化成形合结构的倾向,尤其是在原汉语多事件句为非
平行关系时。

处在非平行关系中的两个事件句一为方式事件,一为行为事件。如下
面这个句子:

孔乙己站着喝酒。

这个句子包含"站着"这样一个方式事件以及"喝酒"这样一个行为事
件,行为事件为核心事件(core event),而方式事件则是伴随事件(co-
event),它们在句子中虽然属于非平行关系,但不是蕴涵关系。这种非平行
关系的汉语句子的英译往往根据方式事件和行为事件之间的紧密度来决定
是否各自用句表述还是消融方式事件,从而让其语义内容完全溶解在行为
事件中。

在下面这个译例中,原句的两个事件即方式事件和行为事件之间的关
系松散:

(6) 一脸灰土的土司把住活佛的手嘿嘿地笑个不停。(阿来,
2005:72)
His face covered in dust, the chieftain grabbed the Living
Buddha's hands and laughed hoarsely … (Goldblatt, 2002:75)

尽管原句中的"把住活佛的手"这样一个方式事件伴随着"笑"这样一个
行为事件,但是它们之间的关联度较为松散,因此在译文中也一样分别译成
了两个相对独立的事件句,并且译文中两个事件句的关系比原文对应的事
件句的关系还要松散得多。

译文中对方式事件的表达形态一定程度上取决于它与它所伴随的行为

事件的关系之间的关联度。紧密度越高,方式事件被用独立句表达的可能性越低,而被用非述谓成分表达的可能性越高,译文也就越经济,焦点也就越朝行为事件集中。比较上一个译例,下面这个译例中的方式事件和行为事件之间的紧密度就相对高一些,因此,也就不奇怪"舞着扁担"这个方式事件会被译成一个现在分词的非述谓形态:

(7) 校长舞着扁担追出老远。(韩少功,2009:77)

The head teacher followed him into the distance, brandishing a carrying pole. (Lovell,2003:66)

如果原文多事件句中的方式事件句和行为事件句之间关系越密切,相互依赖性越强烈,那么译者就越会倾向于遵循经济原则,即方式事件不用句子表达;相应地,也会倾向于遵循聚焦原则,译文句子会突出行为事件,并且用句子表达这个行为事件。如下面这个译例:

(8) 河水用短暂而有力的汹涌把河上的小桥冲垮了。(阿来,2005:72)

... while powerful waves of river water had washed away the wooden bridge. (Goldblatt,2002:75)

原文中包含"用短暂而有力的汹涌"这个方式事件以及"把河上的小桥冲垮"这个行为事件。这两个事件彼此脱离对方的独立性很差,也就是说是无法分开的。这两个事件的强粘性容易促使译者依照经济原则不用独立的句子表达方式事件,也就同时遵循了聚焦原则,单独将行为事件用句子表达出来。对这两个原则的遵循也同样反映在下面这个译例中:

(9) 村里的半大小子黄瞳偷了一包烟卷,被人拧着耳朵拖到我面前。(莫言,2006:9)

The teenager Huang Tong stole a pack of our cigarettes and was dragged up to me by his ear. (Goldblatt,2008:11)

原文句子中包含三个事件:"黄瞳偷了一包烟卷"、"被人拧着耳朵"以及"拖到我面前"。其中"被人拧着耳朵"是方式事件,依附于"拖到我面前"这个行为事件上。这两个事件是紧密相关的。它们之间的粘着性导致在译文中方式事件被简约为一个介词词组，表达的中心更加集中地聚焦在了行为事件上面。

在非平行事件类别中还有目的事件和行为事件组成的多事件句，如下面这个汉语句子：

（10）一个弯腰捡起令牌插在腰带里，一个扯住我一条胳膊，试图将我拉起来。（莫言，2006：5）

这个多事件汉语句中的第一个句子包括三个平行性的事件句，即"弯腰"、"捡起"和"插在腰带里"，它们之间有先后之别，但关系是平行的。而后两个句子分别表达了两个事件："扯住我一条胳膊"是行为事件，"试图将我拉起来"是目的事件。这种非平行事件句较容易让译者将其处理成述谓句加诸如不定式等非述谓结构形式：

One bent down, picked up the symbol of authority, and stuck it in his sash. The other grabbed my arm to pull me to my feet. (Translated by H. Goldblatt, 2008：5)

除了上述方式—行为、行为—目的这两类多事件非平行句之外，还有行为—结果这一非平行关系的多事件句，如下面这句话：

大家喝醉了酒。

在这句中，"喝"是行为事件，"醉了酒"是结果事件。这两个事件之间的关系是非平行关系。在汉语中，这类多事件句中常常会出现"得"字，从一定意义上讲，"得"字弱化了后续的结果事件的独立性。尽管如此，我们依然会将"得"字后的表述看成是句子形态的事件表述。

在下面这个译例中，"得"字的使用弱化了"直骂'没人心'"这个结果事件句的独立性和充分性。而在这个句子的英译中，译者使用了 such that 结构，也同样将 that 后的句子变成了结果从句，并非是独立的句子，这一结构与"得"字有着异曲同工之用：

（11）外面气得直骂"没人心"……（张爱玲，2007：37）

The indignation of the crowd grew to such a pitch that they began to curse the people inside for"heartless beasts". （Jones，2005：42）

由"得"字关联起来的行为—结果这种事件关系的非平行句在英译中往往会消融掉结果事件表达的句子独立性，译者借助经济原则会将结果事件词汇化而非句子化，如下面这个译例：

（12）哥哥只好挥手叫人们散去。（阿来，2005：65）

My brother then waved the children away. （Goldblatt，2002：69）

原句包含"挥手"这个行为事件和"叫人们散去"这个结果事件。但在译文中"叫人们散去"这个结果事件却只用 away 就简洁地表达了出来，这正是经济原则的体现。

经济原则往往呼应聚焦原则，在翻译中，结果事件表达得越经济，焦点就越往行为事件上集中，如以下这个译例：

（13）土司的嗓门震得官寨四处发出嗡嗡的回响。（阿来，2005：56 - 57）

His voice boomed throughout the estate. （Goldblatt，2002：60）

原句中的"官寨四处发出嗡嗡的回响"这一结果事件在译文中基本上就消失了。它和"震"这一行为事件的表达基本上都由 boom 这个谓语动词来完成。译文在实现了表达的经济性的同时，也实现了对行为事件 boom 的强烈聚焦。

3. 汉语多事件句的英译原则之间的关系

上述研究针对多事件句中事件的表述关系，将其分成蕴涵关系和非蕴涵关系两大类。蕴涵关系实际上就是形合关系，这种多事件表述关系在汉语中是非典型的关系结构,但是在英语中则是典型的关系结构,从而在汉译英中译者往往会遵循像似原则予以处理。在非蕴涵关系的多事件句类别中,又有着平行关系和非平行关系两种。对于平行关系的多事件句,译者往往可以运用像似原则予以翻译处理。而对于非平行关系的多事件汉语句子,译者需要根据事件之间的紧密度和黏着性有针对性地使用经济原则和聚焦原则。汉语多事件句的英译原则可以用表 19 - 1 总结:

表 19 - 1　多事件句的翻译原则

多事件句 （multi-event sentence）	翻译原则		
蕴涵关系	像似原则（Iconicity）		
非蕴涵关系	平行关系	像似原则	
	非平行关系	方式—行为 行为—目的 行为—结果	经济原则 （Economy）； 聚焦原则 （Focusing）

4. 意合与形合:两种句间关系在汉译英中的处理

上述讨论将蕴涵关系的多事件句(其实相当于形合结构)和非蕴涵关系的多事件句(其实相当于意合结构)在英译中的处理对举审视。接下来我们将讨论汉语的意合结构的句子在英译中是如何转换的。在汉译英中,意合与形合之间的结构转换实际上就是句子关系的转换,可称之为句间转换(inter-sentential shift)。

古罗马凯撒大帝曾经讲过这样一句话:

I came，I saw，I conquered.

这句话中三个句子之间的关系是典型的意合关系(parataxis),并不是典型的英语的句间关系。在英语中,典型的句间关系应该是形合关系(hypotaxis),但是,如果这句话这样来结构的话,就属于典型的英语句间结构了:

When I came, I conquered what I saw.

意合结构和形合结构的主要区别是前者的句间关系不依靠表层形态,而后者则要求使用表层形态来表达句间的意义关系。在进行英译汉或汉译英的时候,译者达成了共识:那就是前者往往涉及形合到意合的结构转换,后者则常常涉及意合到形合的转换。因为先前的讨论已经足够多地研究了形态层面上这两者的相互转换,在这里我们会从探讨这两种句间结构各自发挥的功能入手,首先看它们在汉译英中相互转换的功能基础是什么。

5. 汉英翻译中意合和形合转换的功能基础

意合形态和形合形态可以相互转换的基础是它们都可以发挥类似的作用和功能。这些功能主要是两类:投射(projection)和扩展(expansion),而扩展又细分为三种:说明(elaboration)、延伸(extension)和加强(enhancement)。[①] 我们可以借助 Morley(2010)将形合结构和意合结构的功能用表 19 - 2 总结出来:

表 19 - 2　句间结构的功能分类

句间结构(Inter-clausal structure)			
形合结构(Hypotaxis)	Projection	Reported speech/idea	
	Expansion	Elaboration	Non-defining relative clause
			Non-finite clause
		Extension	Addition
			Variation
		Enhancement	

---

① Morley, G. David. *Explorations in Functional Syntax: A New Framework for Lexicographical Analysis*[M]. Beijing: World Book Publishing Company. 2010, pp. 140 - 148.

（续表）

意合结构（Parataxis）	Projection		Direct speech
	Expansion	Elaboration	Restatement
			Clarification
			Exemplification
		Extension	Additive
			Adversative
			Detractive
			Alternative
		Enhancement	Time
			Manner
			Cause
			Comparison

　　Morley 对形合结构和意合结构的研究是结合实例进行的。① 我们不妨借助他在研究中给出的实例更好地理解形合结构和意合结构及其发挥的功能，这样可以帮助译者在汉英翻译中进行这两个句间结构转换的同时，能够意识到意合结构和形合结构之间之所以可以相互转换是因为它们之间有着功能性的对等作为基础。

　　意合形态（*Paratactic expressions：Parallel/Equal clauses*）的功能：

　　功能 1. 投射（***Projection***）：He immediately replied："What an excellent suggestion!"

　　功能 2. 扩展（***Expansion***）：

　　功能 2.1 说明（***Elaboration***）：

　　功能 2.1.1 复述（Restatement）：The match has been postponed；it will be played at a later date.

　　功能 2.1.2 明晰（Clarification）：I won't be here next week；

① Morley，G. David. *Explorations in Functional Syntax：A New Framework for Lexicographical Analysis*[M]. Beijing：World Book Publishing Company. 2010，pp. 140－144.

I'm away on holiday in Austria.

功能 2.1.3 例示（Exemplification）：Ruth did extraordinarily well; she got full marks for expression.

功能 2.2 延伸（**Extension**）：

功能 2.2.1 附加（Additive）：My wife prepares the wallpaper *and* I paste it onto the wall.

功能 2.2.2 转折（Adversative）：The choir sang very tunefully, *but* they failed to convey the mood of the piece.

功能 2.2.3 支离（Detractive）：She would have arrived earlier, *only* she couldn't find her passport.

功能 2.2.4 选择（Alternative）：You can set off now in the pouring rain *or* you can wait till the weather improves.

功能 2.3 加强（**Enhancement**）：

She gave her speech *and then* she just left the room.

形合形态（*Hypotactic expression*：*Main/subordinate clause*；*Clause/phrase*）的功能：

功能 1. 投射（**Projection**）：

Jane wondered *whether* it would matter.

功能 2. 扩展（**Expansion**）：

功能 2.1 说明（**Elaboration**）：

We could take a day excursion to the Arctic Circle, *which would be an interesting experience.*

功能 2.2 延伸（**Extension**）：

功能 2.2.1 附加（Addition）：*Besides having an enjoyable time*, we also learned a great deal.

功能 2.2.2 替代（Variation）：*Instead of simply wasting the day*, go and clear out the shed.

功能 2.3 加强（**Enhancement**）：

After they left, the building was demolished.

6. 汉英翻译中意合与形合结构的处理：继承、转换和离析

无论是英语还是汉语,也无论是形合结构还是意合结构,句间关系所发挥的功能无非就是投射和扩展两大项。汉英翻译中从意合到形合的转化主要建立在功能性可以保持对等的基础之上。尽管句间结构发生了这种转变,但是功能会继承下来,如在下面这个译例中：

(14) 船到了五福(镇),船队的一群女人簇拥着孙喜明,牵着慧先去找五福镇的领导。(苏童,2009：106)

So when the fleet reached Wufu, Sun Ximing and a group of women took Huixian to the authorities. (Goldblatt, 2010：156)

尽管原文句子之间没有明示的词语表示它们之间的意义关系,但是译者依然可以知道"船到了五福镇"是用来进一步说明后续事件句所发生的时间的,发挥的是加强的功能。原文的后两句的翻译则是译者通过经济原则和聚焦原则将原来的三个事件即"簇拥着孙喜明"、"牵着慧先"和"去找五福镇的领导"浓缩为这样一个事件：Sun Ximing and a group of women took Huixian to the authorities。这句话的翻译体现了意形转换和经济与聚焦原则的有机结合。

但有时在汉译英中也并不需要进行意形转换,而是基本上直接将原文的意合结构继承下来；当然,这种处理方法不会影响原文句子之间的功能关系,如下面这个译例：

(15) 丁问渔的父亲又一次血压增高,不过这一次不仅仅是为了自己不像话的宝贝儿子,他实在也被佩桃气得够呛。(叶兆言,1996：201)

Ding Wenyu's father was struck with another attack of high blood pressure—however, this time it wasn't（merely）on account of his own precious son; he was choking with anger over Peitao. [①](Berry, 1996：227)

---

① 译文中的 merely 为笔者所加,原译者理解有误。

原文意合结构中的后两句都是用来说明第一句表达的事件即"丁问渔的父亲又一次血压增高"的原因的,这样就会让读者更加清楚导致第一个事件的原因是哪些;但同时,后两句表达的事件之间又是转折(adversative)型的意合关系。译文在继承了原文的意合结构的同时,原来的意合功能类型也继承了下来。

尽管意合结构和形合结构在翻译中可以相互转换的理据在于这两类形态所发挥的功能基本上是一致的,也就是都可以发挥投射(Projection)和扩展(Expansion)两大功能,如果再将扩展功能细分,还有说明(Elaboration)、延伸(Extension)和加强(Enhancement)诸种功能。但是在汉译英的多事件句处理中,这些功能会在意形转换中发生变换,原来的事件句所承担的功能会有不同。如下面这个译例:

> (16) 五福镇上那时也很乱,街上到处都是受灾的灾民,随地搭了窝棚吃喝拉撒,星罗棋布的窝棚把政府的办公用房淹没了。他们好不容易在一个旧土地庙里找到了民政科,(苏童,2009:106)
>
> Wufu was a town where the social order had broken down. It was overrun with refugees who had thrown up tents on the streets, where they slept, ate and deposited their waste. The government offices and compound had been virtually swallowed up by all the squatters, and the barge delegation only managed with great difficulty to locate the local civil office, which had been moved to an old earth god temple. (Goldblatt, 2010:156)

原文的各句关系属于意合关系,尤其是前四句。在这一意合关系中,后三句发挥着进一步说明第一句的功能,详细地说明了"五福镇""乱"的状态。但如果做一个对比,译文中被进一步说明的对象从"乱"的状态转变为"五福镇",因为从句 where the social order had broken down 是用来修饰 a town 的。这样,后续的句子或从句都发挥着说明的功能,用以进一步说明"五福镇"的面貌。所以,虽然意形转换没有改变原文中意合结构所发挥的说明功能,但是担负说明功能和被说明功能的事件句却被置换了。原文中最后一句的翻译没有包含意合或形合结构,但译者通过将"在一个旧土地庙里"抬升为从句 which had been moved to an old earth god temple,借助形合结构添加了原文并不存在的说明功能。

上述译例的最后一句话的翻译结果不是从意合结构到形合结构转换，而是从原文中离析出从句，从而构成了译文中的形合结构。同样的情形也发生在下面这个译例中：

(17) 心直口快的雨姣把丁问渔好一顿教训。这一幕似乎早就酝酿好的，雨姣振振有辞，对丁问渔的行为给大加指责。（叶兆言，1996：205）

In her frank and outspoken way, Yujiao gave Ding Wenyu quite a lecture. The scene unfolded as if the whole thing had been prepared in advance. Yujiao spoke plausibly and volubly, harshly criticizing Ding Wenyu's behavior. (Berry, 1996：227)

在这里，原文中的"这一幕似乎早就酝酿好的"、"雨姣振振有辞"和"对丁问渔的行为给大加指责"是三个平行的事件句，它们构成了意合结构。在译文中，后两个事件句子的平行关系被打破，转变成了有主从关系的形合结构，尽管从属成分不是一个事件句而是一个现在分词短语。此外，第一个事件句却变成了一个主从复合句，属于形合结构。而这一形合结构的产生是译者从原句中离析出 the scene unfolded 这样一个主句实现的。

7. 意合—形合转换的译例比较

在汉译英中，从意合结构到形合结构的转换是一个基本的常见的翻译走向。但是，译者主体不同，会相应地有着不同的意形转换模式。我们可以比较不同译者对相同文本的翻译处理观察意形转换模式的异同，从而积累尽可能多的转换模式选项。下面两个译例中的原文都来自沈从文的《边城》，对应的两个译文分别由杨宪益夫妇（译文1）和金介甫（译文2）所译。

(18) 翠翠温习着两次过节两个日子所见所闻的一切，心中很快乐，好像目前有一个东西，同早间在床上闭上了眼睛所看到那种琢磨不定的黄葵花一样，这东西仿佛很明朗的在眼前，却看不准，捉不住。（沈从文，2009：83）

译文1：Going over both festivals in her mind, happily savouring all she has seen and heard, Emerald has the same sensation as when she closes her eyes in bed in the morning and sees a yellow sunflower just out of reach. Something exciting lies ahead, as yet indistinct and intangible, but too lovely to let go. (Yang Xianyi & Gladys Yang, 2009:82)

译文 2:She mused about everything she had seen and heard on the festival days of the past two years, joyful at heart, as if something had come to her, like the elusive yellow sunflower she saw with her eyes closed as she lay in bed in the morning. This thing loomed bright and bold before her, but she couldn't see it clearly or quite grasp it. (Kinkley, 2009:61)

译例(18)中的两个译文对前四句都实施了翻译的意形转换,但是实施转换的对象不同。译文 1 将"翠翠温习着两次过节两个日子所见所闻的一切"从属化译为 Going over both festivals in her mind, happily savouring all she has seen and heard,转化成了两个非谓语成分;而译文 2 则将其翻译成了主句 She mused about everything she had seen and heard on the festival days of the past two years。并且译文 1 将"心中很快乐"从属性译成了 savouring 的修饰成分 happily,译文 2 则将其翻译成相对独立的形容词短语 joyful at heart,当然也是从属性成分。两个译文尽管从属化的对象有异,但译成的结构都是形合结构。原文中的最后三句本是意合关系,但在译文 1 中后两句变成了由 indistinct、intangible 和 lovely 主导的修饰性从属成分。不过译文 2 保留了原文的意合关系,并且分别用 but 和 or 来体现意合结构中的转折(adversative)和选择(alternative)功能。

(19) 祖父回家时,大约已将近平常吃早饭时节了,肩上手上全是东西,一上小山头便喊翠翠,要翠翠拉船过小溪来迎接他。翠翠眼看到多少人皆进了城,正在船上急得莫可奈何,听到祖父的声音,精神旺了,锐声答着:"爷爷,爷爷,我来了!"(沈从文,2009:91)

译文 1:The ferryman comes home laden with packages in time for the morning meal. From the top of the hill he calls out to Emerald to fetch him. So many people have gone into town, she has grown desperately impatient, but her grandfather's voice restores her good humour at once and she warbles: "Coming, granddad!" (Yang Xianyi & Glayds Yang, 2009:90)

译文 2: When Grandpa got home, it was almost time for breakfast. Arms and shoulder poles laden with packages, he called out for Cuicui from the top of the hill for her to pull the boat across the stream to meet him. Having seen so many people getting to go to town, Cuicui there in the boat was beside herself with impatience, but the sound of her grandpa picked up her spirits. She hollered back, shrilly, "Grandfather, Grandfather, I'm coming!" (Kinkley, 2009:68)

在译例(19)中,译文 1 甚至消解掉原文开始两句的形合关系,利用经济原则将"大约已将近平常吃早饭时节了"和"肩上手上全是东西"融入到一个句子中,并且利用聚焦原则将焦点重新集中在"祖父回家"这个事件上面。后面基本上也是继承了原文的意合结构,至多也就是使用了 but 和 and 这两个连词。相比较而言,译文 2 不仅继承了原文的形合结构,即将"祖父回家时,大约已将近平常吃早饭时节了"译为 When Grandpa got home, it was almost time for breakfast 这样一个主从结构,而且还对"翠翠眼看到多少人皆进了城,正在船上急得莫可奈何"这样一个意合结构运用现在分词短语 having seen so many people getting to go to town 实施了形合转换。

从以上对两个译例的两个译文的比较,不难发现汉语原文中意合结构的翻译处理是有着一定的灵活性的。译者可以综合运用像似原则、经济原则和聚焦原则,通过继承原文的意合结构或实施意合—形合转换,有效地调整句子与句子之间的关系。

8. 小结

一个小句一般表达的是一个事件,多个事件的表达就得由多个小句联合完成。英语和汉语对多事件句的组织方式是不一样的。英语倾向于用聚焦的方式选出焦点事件句,其他句子就被驱赶到边缘的地位,成为从句或非谓语成分,多事件的表达就构成了向心式的聚焦结构,也就是所谓的形合结构。但是,在汉语中,单从形态上讲,事件句之间的关系是平行的,无主次之分,事件以及表达事件的句子是散点分布,这种散点结构就是所谓的意合结构。那么,汉译英中多事件句的处理方式所遵循的自然主要是聚焦原则以及与之相伴随的经济原则,具体表现为意合—形合的结构转换。

思考与讨论

1. 汉语多事件句的英译有哪些处理原则?最主要的原则是哪一个?为什么?

2. 汉译英中多事件句的意合—形合转换的基础是什么?意合和形合结构所发挥的语用功能有哪些?

3. 汉语多事件句的英译处理如果从连贯和衔接这两个角度上审视会发生什么变化?

第二十章　结语:当代语言学基础上的翻译三维论

在思考翻译时人们往往会采取二元思维模式,因为翻译毕竟涉及的是原文和译文、作者和译者、对等和不对等、可译和不可译、归化和异化、源语文化和目的语文化等二元对立项。但是,这种二元思维模式容易限制我们思考翻译的视野,牵制我们进一步拓展翻译研究的空间。所以,翻译研究引入三元思维模式应该会给我们的翻译认知和研究带来不一样的收获。本章就是对上述各章节所运用的三元思维模式的一个总结,其中有着宏观层面的三元项:差异、认知、界面;有着语言的三个层面:语义、句法、语用;有着审视原文和译文关系的三维视角:对等、变体、偏离;有着翻译操作过程中的三个元素:单位、过程、技巧;也有着语义质和量在翻译过程中的三种变化形态:量变、质变、守恒,等等。这些三维视角会为我们进一步认识和研究翻译尤其是汉英翻译提供具有深度和广度的入思进路。

用传统方法思考翻译的思路是有限的,需要不断拓展认知翻译、研究翻译的理论视域,当代语言学的一些理论视角应该进入我们的视域,用来恰当地去观照翻译。早在 20 个世纪 60 年代,J. C. Catford 就推出了他的 *A Linguistic Theory of Translation*(1965),开创了运用语言学理论进行翻译研究的先河。但是,迄今为止,西方翻译理论界对语言学的运用大多还是局限在对翻译的诸如对等、转换、可译性等一般问题的考察上,欠缺对翻译的具体问题予以更加细致深入的探讨。如果我们转到中国的当下语境:因为我们正在实施"中国文化走出去"的大战略,所以需要将我们优秀的文化通过高质量的翻译走向国际。这就要求我们总结过去已经走出去的文化的翻译经验,借鉴这些经验去提高当下汉译外的水平。总结先前经验的方式之一就是研究翻译素材,而其中有效的研究视角就是语言学理论视角,这样可以突破囿于感性认识的局限,开辟出具有理论深度和学理价值的翻译研究新思路。翻译是两个文本、两种文化、两种语言、两个主体之间的互动,自然有其复杂性,那么用语言学的视角去切入翻译研究也应该是多层面、多角度的立体的考察。于是,在本书的各章研究中,笔者采取的是三维立体的研究进路,藉此保证对研究对象的全面而透彻的挖掘与探讨。其中最基本的三个维度就是差异、认知和界面。从这三个基本维度出发,尽管在书中没有明确提出,但是暗中包含着这些三维体,它们是:语义、句法和语用;对等、变体和偏离;单位、过程和技巧;量变、质变和守恒;分析、综合和判断;缺席、在场和激活;像似、经济和聚焦。

差异、认知、界面 翻译之所以有存在的必要就是因为所涉及的语言之间有差异性,而语言之间的差异则体现在对翻译单位的思考上。通常意义上的翻译单位一般局限在句法层,像词、词组、句子、语篇等,而无法涵盖语义和语用这两个层面。随着事件语言学的发展,事件所具有的强烈的界面性特征使其作为翻译单位的可行性进入了考察视野。这一考察在本书中体现为以汉英翻译为译例来源,从翻译过程中的事件原型性特征的变化入手,分别运用事件语言学中的支系理论即语义角色、论元实现、体识解、词汇化、虚拟化和句式变体,分析了汉英翻译中事件表征方式之间的认知识解差异及其变化走向,充分地说明了事件在汉英翻译中用作操作单位的可行性。事件作为翻译单位基本上贯穿了当下研究的始终。除此之外,研究还涉及其他两个翻译单位:框架和映射域,它们更是地道的语言认知单位。

语义、句法、语用　翻译的目的是译文忠实地传达原文的语义信息、发挥原文的语用功能，也就是说将原文的这两个方面还原出来，避免发生偏差。当然，要让译文做到完全忠实于原文，就要在语义层面、句法层面和语用层面与原文一致，这样原文和译文就完全一样了。但这是一个悖论。实际情形是，译文做不到与原文的完全对等，在这三个层面中的某一个或某两个层面上存在差异。译文对原文的忠实度体现在译文对原文在这三个层面的还原度上。在三个层面中的哪一个层面对翻译研究都会牵拉其他层面，这也正体现了翻译研究的界面性。所以，我们的研究的立体性也体现在了语义、句法和语用这三个层面的相互牵拉上。

对等、变体、偏离　原文和译文之间的关系，无论是译者还是翻译的研究者都应该有一个清醒的观点：如果寻求两者之间的完全对等（equivalence），即在语义、句法和语用三个层面的同时对等，这样就会忽视译出语和译入语之间的差异，获得的对等也是机械的、生硬的，很难被译入语读者所接受；如果允许译文对原文有所偏离，译文是对原文所表达的框架或事件这些相同认知对象的不同识解，那么就会将译文看成是原文的一种变体（alternative）或变式（alternation）。有了这种思想的指导，我们不仅对原文和译文之间的关系有了一个新的认知，同时也可以从新的视角去探讨翻译中原文到译文的变化过程。

比如，翻译是一个事件性加强或弱化的偏离过程。在汉英翻译中，汉语原句可以利用事件性加以描述。同样地，它所对应的英文译句也有着事件性特征。通过跨语转换，原句和译句势必会在事件性上产生差异。这种差异的产生又可以沿着从原文到译文的事件性由弱到强所发生的事件化过程，以及事件性保持不变的情况下的再事件化过程获得解释，从而寻绎出汉英翻译的事件化和再事件化的特点。原文句了的存在性、状态性以及弱事件性特征隐含着在翻译中被事件化的潜在空间，容易通过附加动词语义的动态性和句法结构中的述谓性接受译文的事件化抬升。而汉英翻译的再事件化则会体现在对事件矢向的替换上。

相对地，事件性弱化的方式从一定意义上讲就是一种名词化方式。英语译文对汉语原文事件的名词化方式的非事件化实现主要有两种：如果一个独立的名词性成分可以完成非事件化过程，那么就称作完全名词化；如果名词化需要其他成分诸如动词、介词或形容词来完成的话，这种非事件化就是不完全或部分名词化。原文事件的形态—句法表现经过译文的名词化之后也相应地发生了转化,从原来的句法谓语成分转变为了主语、宾语等名词性句法成分,而语用功能也由原来的述谓性功能转变为修饰性或指涉性功能。

将译文看成是原文的变体或变式,还可以让我们更加清楚地认识到翻译会涉及语义角色结构的改变、句式的重构、语义指向模式的转换、框架区域的激活以及隐喻结构的再映射等问题。通过对这些议题的研究,我们会发现翻译实质上允许译文对原文有着一定程度的偏离;翻译的偏离思维反而可以帮助我们有效地跨语传达原文的意义。

单位、过程、技巧 传统的翻译单位多为词(或字)、词组(或字组)、句子或语篇。这些单位也是传统语法或语言学中常常研究的对象。这本书的研究也袭用了其中一些单位作为翻译的单位,但更多的是借用当代语言学包括框架语义学、事件语言学、认知语言学、界面理论中的研究单位,较大的单位有框架、事件、认知域,较小的单位有语义角色、论元、句式、体等。对这些具有新意的翻译单位所对应的翻译过程也有相应的描述。框架对应区域激活过程,事件对应再词汇化、再虚拟化、压模等过程,语义角色对应还原过程,论元对应升格或降格过程,句式对应转换过程。这些翻译单位的提出是基于当代语言学中的一些新的发展,并且适合用来描述翻译的过程,这一研究路径是描述性的,也就是对以往翻译素材的描述;而描述的结果反过来对以后的翻译实践有着启发作用,也就是规定性意义。从规定性的角度来看待上述总结的翻译过程,这些过程就是技巧。译者可以根据实际的翻译语境选择翻译单位继而运用相应的翻译技巧。

量变、质变、守恒 翻译涉及两种语言。之所以需要在两种语言之间转换,并且如果转换的难度还很大,那么就说明所涉及的两种语言的通约性差,差异也就大,译入语对译出语的重新认知识解的力度也相应地会加大。这样就会影响到翻译所遵循的起码原则,即忠实,也就是要求翻译保证译文跟原文在语义信息量和质上的守恒。所以,翻译中译文相较于原文,在信息量无论变化多少都不能影响到它在质上与原文有不同。这是译者在翻译中应该恪守的守恒原则。如在使用隐喻映射或消解映射时,译者所获得的译文的语义量会增加或减少,但是原文的那个本义的语义量应该保持,否则就会带来信息质上的变化。

缺席、在场、激活 翻译要在保证信息质不变的情况，允许某些信息在译文中的进场或离场。比如翻译中的区域激活，译者可以激活出并非与原文完全对等而只是与之相关的译文对译项，使其出场，而让原文的对等项出场或缺席。当然，激活也伴随着压制。译者可以有理据地使用激活或压制的方式调整缺席和在场的关系，有效地解决某些不可译性问题。在翻译过程中，译者只是在理解原文的过程中激活出相关的语义元素，但并不将其呈现在译文中，这种激活属于隐性激活。隐性激活的成分虽然不在译文中出场，但也是在翻译过程中发生的。相对于隐性激活，还可以让被激活的认知成分在译文中出现，这种显性激活就成了我们研究所要关注的焦点了。另外，译文中出场的被激活项还与它或它们在原文中的相关项之间有着距离上的远近和数量的多寡，都体现在缺席和在场的互动过程之中。

分析、综合、判断 翻译是一个复杂的判断过程。单语表达也要涉及判断。现代汉语大致体现为分析判断特征，英语大多体现为综合判断特征。那么，汉英翻译作为判断过程必然会涉及从分析判断到综合判断的转换。事件的再词汇化就是一个具有代表性的综合过程。译者将原文句子看成是事件的表达，而事件则可以拆解成方式、原因、结果、工具、图形、背景等组成部分。在英语中这些事件的成分都可以潜在地充当动词，这样表达原文事件的责任就落在这些成分转化而成的动词身上，也就是表达事件语义内容都综合到了动词身上。这个过程就是由原来汉语的分析判断转化为英语的综合判断的过程。

像似、经济、聚焦 在承认汉语和英语两种语言之间存在着差异，因此给它们之间的转换带来困难和障碍的同时，也必须承认这两种语言也有一定的叠合度和通约度。通约度高的部分在原文和译文之间的像似度也就高，那么这一部分的翻译就要遵循像似原则。而基于现代汉语重分析判断、英语重综合判断这一基本差异，汉英翻译在处理多事件句的时候所遵循的原则是经济原则，特别是多事件平行句子结构经常会受到压模处理。汉英翻译中多事件句的跨语压模现象在句法层面表现为述谓性从句和非述谓性成分两种，而句法表现背后的压模语义理据又可剖析为事件性、致使力、施动性和话题性这四个因素，同时汉语子事件句接受压模之后从原来的述谓性语用功能转换为修饰和指涉两种语用功能，从而使得汉语多事件句的英译压模获得了句法、语义和语用三个层面的描述。而遵循经济原则实施的跨语压模也必然会伴随着另一个原则的遵循,即聚焦原则:压模之后,其中的一个事件得到了聚焦,而其他事件则被边缘化处理,成了聚焦事件的衬托。

　　总之,我们用上述八组三维组合回顾了本书的研究内容。翻译可以用这些维度接受全面而立体的观照,藉此打破二元思维历来给翻译研究带来的局限性和片面性。

思考与讨论

　　1. 本书对汉英翻译的语言学研究与传统的语言学研究有何不同?

　　2. 从三个维度审视汉英翻译是否可以获得更加全面、深入的认识? 为什么?

　　3. 我们还可以从哪些三维角度观照翻译研究?

外一篇　阐释、训诂与翻译①

　　翻译至少包括三个过程:阐释过程、表达过程和接受过程。其中最为核心的部分是表达过程。从某种程度上讲,阐释过程和接受过程都是为表达过程服务的。当然,这里的接受过程指的是翻译者在完成了跨语表达之后,为了进一步润色自己译文而回过头来审视自己的译文,以便再加以修正,让译文更为完善。作为翻译过程第一步的阐释过程,其目的是为了准确、到位地为表达过程提供意义,为表达过程服务。阐释得准确与否直接关系到后面的表达。因此,翻译中的阐释和一般意义上的阐释存在着一定的区别。一般意义的阐释主要是为了理解阐释对象的意义、衍生阐释对象的意义,而翻译的阐释行为则是为了更好地实施跨语表达。尽管翻译阐释和一般意义的阐释存在着目的上的不同,但它们毕竟都属于阐释行为,所以不妨借用一般性阐释学中对阐释过程的描述来探讨翻译的阐释过程。不过,在这里,这种探讨方式是回溯式的,只能借助翻译的结果来还原出翻译者在获得翻译结果之前的阐释行为,因为直接对实施翻译行为的翻译者的内心阐释活动进行考察不易做到。

　　如果说,中国的哲学建构史就是一部经典阐释史并不为过。中国哲学的阐释对象历经几千年基本没有改变,那就是以《四书》《五经》为核心的儒家经典和以《道德经》《庄子》为主体的道家经典。即使儒家在以后发展到心学、理学、气论等,这些儒家的支派哲学也都是通过阐释儒家基本经典发展而来的。后来的禅宗也是道家和佛家在对自家经典阐释过程中相互兼容的结果。在中国哲学悠久的阐释传统中,对《春秋》的阐释构成了相对兴旺的一个传统。《春秋》的阐释传统分为三支:《公羊传》的阐释传统、《左传》的阐

---

　　①　该文曾经由《英语世界》2013年第5期刊发,这次收入时做了一些修改,译例出处仍然与当初刊发时一样未注明时间和页码。

释传统和《谷梁传》的阐释传统。其中《公羊传》"以义解经"的阐释方法尤其值得我们借鉴。实际上,综合《春秋》的三种解经传统,主要分为两种:以事解经和以义解经。① "所谓'以事解经',主要指通过详细解说《春秋》所载历史事情的前因后果、来龙去脉、具体细节,使类似现代'新闻标题式'的《春秋》史诗记载具体化,从而尽量再现春秋时代丰富多彩有血有肉的历史生活图景。"②而"以义解经"当然就是以相关的哲学理念去解释经典。不过,我们在这里主要是袭用中国古典的训诂方法,以原文的句子为单位,看一看这些阐释方法在翻译语境中的有效性。

中国文化中有着悠久的经学阐释传统,包括丰富的解经训诂手段。既然翻译过程也涉及阐释,那么这些阐释手段也会不同程度地体现在翻译的过程之中。实际上,经学阐释学或训诂学的理论最适合透视中国古代人文经典文本尤其是哲学文本的西译。通过对译文的逆推,我们可以回溯译文形成前译者对原文的阐释过程,从而为翻译寻绎出一些行之有效的阐释手段,帮助实现有效的阐释,推动地道译文的形成。传统的阐释训诂手段主要包括正义、说、注、疏、传、隐等,利用这些手段进行阐释的翻译不妨称作正译、说译、注译、疏译、传译、隐译等。

正译

首先谈谈正译。面对原文,译者首先要做出正确解释,获取围绕原文概念的正确的本质信息,求得对原文的正解。孔子在《论语》中就非常注重"正名",所谓的"名不正则言不顺,言不顺则事不成,事不成则礼乐不兴,礼乐不兴则刑罚不中。"可见"正名"的重要性。以此类推,"正译"也非常重要。如在下面这句话的翻译中,分别出现了"私人物品"、"教导员"和"存折"三个概念。译者需要正确地识别这三个概念的内涵才能准确地给出英语的对译词。经过译者的正确理解,这三个概念分别被译为 personal effects、political instructor 以及 bankbooks:

> 早晨发还私人物品的时候,教导员把母亲遗留的几个存折递给他。(刘恒《黑的雪》)

---

① 平飞. 经典解释与文化创新——《公羊传》"以义解经"探微[M]. 北京:人民出版社,2009:2.

② 同上,2009:3.

That very morning, when they returned his personal effects
to him, the political instructor had handed him some bankbooks.
（H. Goldblatt 译）

再如,在下面这句话中分别出现了"这事情"和"沧桑感"两个词语。实际上,
根据上下文,"这事情"指的是上文所述说的一次经历。"沧桑感"则是经过
这次经历之后的一种感觉,据此,译文给出了 that one day's experience 和
through a lot 的对译文,对前者给予了实指,对后者给出了产生"沧桑感"的
原因。

> 王琦瑶这年是十六岁,这事情使她有了沧桑感,她觉得自己已
> 经不止十六岁这个岁数了。（王安忆《长恨歌》）
>
> Wang Qiyao was sixteen years old at the time, but *that one
> day's experience* left her with the feeling that she had already
> been *through a lot*—she felt much older than sixteen. （Michael
> Berry & Suisan Chan Egan 译）

注译

"正译"是对译者翻译阐释能力的最为基本的要求,其他的翻译阐释手
段都需要以此为基本条件展开。接下来的翻译阐释方法是"注译"。在中国
古代经典诠释方法中,"注"和"疏"往往并用。"注"是往诠释中加入注解者
自己的理解,这样接受诠释的正文就会读起来明白晓畅。"疏"的目的也是
疏通其义,避免阻塞语义的流通。我们不妨把翻译中体现这两个阐释过程
的方法称作是"注译"和"疏译"。翻译中的"注译"指的是将原义中的意义表
达得更为明确清楚。如在下面这一句的翻译中:

> 汽车站的广播员不知道去哪儿了,喇叭里没有抵达信息,仍然
> 是《运动员进行曲》欢快的旋律。（苏童《私宴》）
>
> *The station's PA system operator* had wandered off, so the
> loudspeakers didn't announce the arrival of the bus. Instead, the
> gay melody of *March of The Athletes poured out* of it. （Josh
> Stenberg 译）

相比之下,译者在译文中添加了原文所没有明示的意义:如将"汽车站"的广播员译为 the station's PA system operator,增加了 PA system 这一信息;"仍然是《运动员进行曲》欢快的旋律"则把声音传出的方式 pour out"注译"了出来。

注译的结果是从原文和译文的表层上来看,存在着信息量的差别。由于译者的信息注入,译文的信息量要比原文大,尽管在内层信息量上原文和译文相差无几,如在下面这句翻译中译者"注入"了一些原文在表层不具备的信息:

> 包青一听就不耐烦……(苏童《私宴》)
> *The subject* annoyed Bao Qing as soon *as it was brought up* ... (Josh Stenberg 译)

这些"注入"的信息分别是 the subject、it was brought up,说明这句话的翻译经过了译者的"注译"处理,适当地加入了经由译者自己的理解判断获得的信息。

疏译

如果说"注译"的目的是为了获得译文上下文的信息连贯性或信息的饱和度,那么"疏译"的目的则是为了让原文的信息借助译文更加通畅地实现译文读者的接受,让原文的意义在译文的读者那里疏通晓畅。如在下面这句中出现了"拜年"这个词语,如若直接译为 pay a visit during Spring Festival 则会给译文读者带来理解上的偏差,而在下面这个译文中,译者疏解了"拜年"的意义,显得更加明白易懂:

> 包青打着伞,带着礼品奔波在几个亲戚家中拜年。(苏童《私宴》)
> Underneath his umbrella, Bao Qing rushed between his relatives' houses, *bearing gifts and New Year greetings*. (Josh Stenberg 译)

在这里,"拜年"被译为了 bear gifts and New Year greetings,译文读者读来就很容易地理解了"拜年"这个中国民间习俗的内容了。

再比如下面两句都出现了"面子"这个字眼,前面一句是"给面子",后面这句是"照顾面子"，尽管"面子"在英语中可以对译为 face，但是两句的译者并未使用这个对译词，而是根据各自在语境中的内涵进行了语义疏解，前者翻译成了 do you a favor，后者翻译成了 out of respect for：

> 你身份高，没准他会给你面子的。（苏童《私宴》，229）
>
> You have a lot of prestige, maybe he'll *do you a favor*. (Josh Stenberg 译)
>
> 到程先生这里来，她对自己说是照顾导演的面子，为他人作嫁衣裳的，她自己是无所谓。（王安忆《长恨歌》）
>
> Her only reason for coming, she told herself, was *out of respect* for the director; for herself, she couldn't have cared less. (Michael Berry & Suisan Chan Egan 译)

说译

接下来到了"说译"。"说"即为说解的意思，是对阐释的对象予以说明解释。"说译"分为两种，一种是文内说解，一种是文外说解，即通过脚注或尾注的方式进行"说译"。在下面这句话中，笔者分别对"频率"和它的白字"步卒"进行了文内"说译"：

> 突然，他再一次念到了"频率"两字，念的是"步卒"，终于有人听明白了，前排有个调皮的开发了艺术细胞，说了句"我们不是步兵是海军"，周边上的几个人忍不住哧哧笑了起来。（陆颖墨《海军往事》）
>
> Suddenly, he pronounced *pinlv* (literally, frequency) as *buzu* (literally, a walking soldier). It finally dawned on one of the audience what the word actually was. Some naughty soldiers in the front rows had developed a so-called artistic taste. "We are not infantry but navy." They quipped. On hearing this, a couple of soldiers around could not help giggling. （笔者译）

当译者在原文中碰到一些典故性的词语时，文内说译会显得冗长，影响到译文的连贯性。这时，译者往往采取文外说译的方式，如下面这句的翻译：

> 雨靴虽是高统，一路上的烂泥粘得变成"胶力士"，争着为我脱靴；好几次我险把雨靴留在泥里。（杨绛《干校六记》）
>
> I was wearing high-topped rainboots, but the sticky mud along the way soon clung to them and weighted down them so heavily that it was as though eunuchs were vying to relieve one of my boat[15]. More than once I nearly walked out of my boots when they stuck in the mud. （H. Goldblatt 译）
>
> [15] The author has made a pun here; the eunuch allusion refers to the Tang dynasty eunuch Gao Lishi, the favorite of the emperor Ming Huang (712 - 755).

因为"胶力士"涉及唐朝高力士的典故，在文内说译的话会显得太长，影响表达的节奏感，译者就将其移到了脚注来予以"说译"。

隐译

上面所讲的注译、疏译和说译，目的基本上都是为了能够让原文的意义借助译文顺畅地表达出来，有效地抵达读者那里，帮助译文读者获得正确理解。但是，译文也会更加含蓄地表达原文的意义。"微言大义"也是中国古代解经的方式之一，这里的"微言"与"隐言"相当。所以，不妨将在翻译中注重"微言"或"隐言"的阐释方法称之为"隐译"。如在下句的翻译中译者的翻译表达就没有像原文那样直白，而是较为隐晦：

> （他）才总算得到了这个充分欣赏边境天鹅湖美景的机会。此刻，他觉得天鹅湖比陈阵向他描述的还要美。（姜戎《狼图腾》）
>
> He wanted to take full advantage of the opportunity to drink in the beauty of the swan lake scenery, which easily *eclipsed* Chen Zhen's descriptions. （H. Goldblatt 译）

原文中的比较结构较为直白，译文中使用了 eclipse 这一比喻用词，必然地延长了意指过程，意义显得较为隐含。

同样地，下面这句话中的"撞死"表达得非常直接，但是到了译文中却由

claim 一词来对译，这样就隐晦含蓄了许多：

> 他出事之后没给朋友丢底，可是活蹦乱跳的老瘪前年在二环路上骑摩托车撞死了。死人是不会欣赏他的哥们儿义气的……（刘恒《黑的雪》）
>
> Even on the day of his arrest he hadn't revealed Hobo's secret. But then a motorcycle accident on Loop Two Road had *claimed* Hobo, and since death invalidates loyalty, he planned to burn every last piece.（H. Goldblatt 译）

传译

从时间性上来讲，原文必然地先于译文出现，译文是"今言"，原文是"古言"，翻译阐释就是以"今言"释"古言"。"训诂"的"诂"字即为此义。还有一个阐释方法也表达了这个意思，那就是"传"。原文跟译文的时间差拉得越远，翻译阐释方法的"传"的特点就越突出。这种翻译即为"传译"。在下面这句话中出现了"君君臣臣父父子子"，这个表达实为古语，被译为 emperor to minister, father to son, a top-down philosophy emperor to minister, father to son, a top-down philosophy 即为传译的结果：

> 儒家的纲领是*君君臣臣父父子子*，强调的是上尊下卑，论资排辈，无条件服从，以专制暴力消灭竞争，来维护皇权和农业的和平。（姜戎《狼图腾》）
>
> Our Confucian guiding principle is *emperor to minister, father to son, a top-down philosophy*, stressing seniority, unconditional obedience, eradicating competition through autocratic power, all in the name of preserving imperial authority and peaceful agriculture.（H. Goldblatt 译）

上述从训诂方法演绎而来的翻译阐释方法不是边界分明、各司其政，而是相互交叉、彼此依赖，只不过是各有侧重而已。其中，"正译"是翻译阐释的首要保证，其他无论哪一个译释法都必须要保证自己对原文的阐释是正确的，否则就是"偏译"了。"注译"、"疏译"、"说译"基本上都侧重于原文意义在译文中的有效表达，从而顺利地将意义传达给译文读者。唯独"隐译"会延长读者对译文的解读时间，但最终还是能够成功地将原文的意义传达给译文读者的。这几种译释方法从某种程度上讲，都属于"传译"，都是用当下的译入语语言翻译相对古旧的译出语，翻译的这个时间差是无法避免的，只是有长有短而已。

参考文献

Anderson, John M. 2006. *Modern Grammars of Case*: *A Retrospective* [M]. Oxford: Oxford University Press.

Blake, B. J. 2005. *Case*[M]. Beijing: Peking University Press.

Catford, J. C . 1965. *A Linguistic Theory of Translation*[M]. Oxford: Oxford University Press.

Croft, William. 1991. *Syntactic Categories and Grammatical Relations*: *The Organization of Information*[M]. Chicago and London: The University of Chicago Press.

Croft, William. 2009. *Radical Construction Grammar*: *Syntactic Theory in Typological Perspective* [M]. Beijing: World Publishing Company.

Croft, William. 2012. *Verbs*: *Aspect and Causal Structure*[M]. Oxford: Oxford University Press.

Croft, William & Cruse, Alan. 2004. *Cognitive Linguistics* [M]. Cambridge: Cambridge University Press.

Dowty, David. 1991. Thematic Pro-roles and Argument Selection[J]. *Language* Vol. 67:547 – 619.

Evans, Vyvyan. 2007. *A Glossary of Cognitive Linguistics* [M]. Edinburgh: Edinburgh University Press Ltd.

Lakoff, George & Johnson, Mark. 1999. *Philsophy in th Flesh*: *The Embodied Mind and Its Challenge to Western Thought*[M]. New York: Basic Books.

Fillmore, C. J. 1968. The Case for Case[A], in E. Bach and R. T. Harms, eds. , *Universals in Linguistic Theory*[C]. Holt, Rinehart, and Winston, New York, 1 – 88.

Fillmore, C. J. 2003. *Form and Meaning in Language*: *Papers on*

Semantic Roles[M]. Stanford: CSLI Publications.

Goldberg, Adele E. 1995. *Constructions: A Construction Grammar to Argument Structure* [M]. Chicago & London: the University of Chicago Press.

Halliday, M. A. K. 2000. *An Introduction to Functional Grammar*[M]. Beijing: Foreign Languages Research and Teaching Press.

Heyvaert, Liesbet. 2003. *A Cognitive-Functional Approach to Nominalization in English* [M]. Berlin & New York: Mouton de Gruyter.

Langacker, R. W. 1990. *Concept, Image, and Symbol: The Cognitive Basis of Grammar*[M]. Berlin & New York: Mouton de Gruyter.

Levin, Beth. 1993. *English Verb Classes and Alternations*[M]. Chicago: University of Chicago Press.

Levin, B. & Hovav, M. Rappaport. 2005. *Argument Realization*. Cambridge: Cambridge University Press.

Liu Huawen. 2009. *Chinese -English Translation and Crosslingual Cognition*[M]. Nanjing: Nanjing University Press.

Liu, Huawen. Semantic Orientation, Syntactic Position and Pragmatic Function in Chinese-English Translation[J]. *Meta*. 2009(54): 131 – 145.

Morley, G. David. 2010. *Explorations in Functional Syntax: A New Framework for Lexicographical Analysis*[M]. Beijing: World Book Publishing Company.

Palmer, F. R. 1994. *Grammatical Roles and Relations*[M]. Cambridge: The Cambridge University Press.

Rexroth, K. (trans.). 1971. *One Hundred Poems from the Chinese*[M]. New York: New Directions.

Talmy, Leonard. 2012. *Toward a Cognitive Semantics (Vol. II): Typology and Process in Concept Structuring*[M]. Beijing: Foreign Language Teaching and Research Press.

Vendler, Zeno. 1967. *Verbs and Times. Linguistics in Philosophy*[C]. 90 – 121. Ithaca: Cornell University Press.

Wang, Lidi. 2003. *A New Perspective on Argument Structures* [M].

Beijing：Foreign Language Teaching and Research Press.

陈昌来.2003.现代汉语语义平面问题研究[M].上海：学林出版社.

荒川清秀.2008.汉语的状态动词——[动态][状态][事件]之间的转换[A].张黎,古川裕等编.日本现代汉语语法研究论文选[C].北京：北京语言大学出版社.

李宝伦,潘海华.2005.基于事件的语义学理论[A].语言学前沿与汉语研究[M].上海：上海教育出版社.

刘华文.2008.汉英翻译中动词和句式再匹配现象研究[J].中国外语.(5)：89-95.

刘华文.2009.汉英翻译中非事件化的名词化形式[J].外语与外语教学.(10)：53-56.

刘华文.2010.汉英翻译中的虚拟性再概念化特征[J].外国语文研究.(1)：152-162.

刘华文,李海清.2009.汉英翻译中运动事件的再词汇化过程[J].外语教学与研究.(5)：379-385.

鲁川,王玉菊.2008.汉字信息语法学[M].济南：山东教育出版社.

平飞.2009.经典解释与文化创新——《公羊传》"以义解经"探微[M].北京：人民出版社.

钱军.2001.句法语义学[M].北京：人民教育出版社.

邵敬敏等.2016.汉语语法专题研究(增订本)[M].北京：北京大学出版社.

沈家煊.2005.现代汉语语法的功能、语用、认知研究[M].北京：商务印书馆.

申小龙.1992.语文的阐释[M].沈阳：辽宁教育出版社.

沈园.2007.句法—语义界面研究[M].上海：上海外语教育出版社.

宋玉柱.2007.现代汉语存在句[M].北京：语文出版社.

吴继光.2003.现代汉语的用事成分与工具范畴[M].武汉：华中师范大学.

吴平.2007.句式语义的形式分析与计算[M].北京：北京语言大学出版社.

徐杰.2005.主语成分、"话题"特征及相应的语言类型[A].汉语研究的类型学研究[C].北京：北京语言大学出版社.

徐默凡.2004,现代汉语工具范畴的认知研究[M].上海：复旦大学出版社.

张珂.2009.英汉语存现构式的认知对比研究[M].上海：上海社会科学出版社.

朱彦.2004.汉语复合词语义构词法研究[M].北京：北京大学出版社.

译例出处（以原作者姓氏拼音的首字母排序）

阿来. 2005. 尘埃落定. 北京：人民文学出版社.

Goldblatt，Howard. 2002. *Red Poppies*. Boston & New York：Houghton Mifflin Company.

白先勇.（Trans. by Pai Hisen-yung & P. Yasin）. 2013. "一把青"，台北人（中英文对照）. 桂林：广西师范大学.

白先勇.（trans. by Pai Hisen-yung & P. Yasin）. 2000. 台北人（中英文对照）. 香港：香港中文大学.

毕飞宇. 2004. "青衣"，好的故事. 济南：山东文艺出版社.

Goldblatt，Howard & Lin，S. Li-chun（trans.）. 2007. *Moon Opera*［M］. Boston & New York：Houghton Mifflin Harcourt.

毕飞宇. 2003. 玉米. 南京：江苏文艺出版社.

Goldblatt，Howard & Lin，S. Li-chun（trans.）. 2010. *Three Sisters*. Boston & New York：Houghton Mifflin Harcourt.

曹雪芹，高鹗. 1992. 红楼梦. 上海：上海古籍出版社.

Hawkes，D.（trans.）. 1975. *The Story of the Stone*. London：Penguin.

陈染. 2004. 私人生活. 北京：作家出版社.

Lovell，Julia.（trans.）. 2004. *Private Life*. New York：Columbia University Press.

郭小橹. 2003. 我心中的石头镇. 上海：上海文艺出版社.

Carter，C.（trans.）. 2004. *Village of Stone*. London：Vintage.

韩少功. 2009. 马桥词典. 北京：中国工人出版社.

Lovell，Julia. 2003. *A Dictionary of Maqiao*. New York：Columbia University Press.

Huang，Harry J.（trans.）. Xu Xing（许行）. 2008. Hand-pulled Noodles. *An Anthology of Chinese Short-story Stories in Chinese and English（Vol. 1）*. Shanghai：Shanghai Foreign Language Education Press.

贾平凹. 2006. 浮躁. 沈阳：春风文艺出版社.

Goldblatt，H.（trans.）. 1991. *Turbulence*. New York：Grove Press.

贾平凹. 2013. 油月亮，*New Penguin Parallel Text：Short Stories in Chinese*（trans. & ed. by Balcom，J）. New York：Penguin Groups.

Balcom, John (trans. & ed.). 2013. *New Penguin Parallel Text*: *Short Stories in Chinese*. New York: Penguin Groups.

姜戎. 2004. 狼图腾. 武汉:长江文艺出版社.

Goldblatt, Howard. (trans.). 2008. *Wolf Totem*. New York: The Penguin Press.

刘恒. 1998. "黑的雪",小磨坊. 济南:山东文艺出版社.

Goldblatt. 1994. *Black Snow*. New York: Grove Press.

刘恒. 1993. 狗日的粮食. 北京:作家出版社.

Knight, D. S. 1995. "Dogshit Food", *The Columbia Anthology of Modern Chinese Literature*. (ed. & trans. by Lau, J & Goldblatt, H.). New York: Columbia University Press.

莫言. 1999. 师傅越来越幽默. 北京:解放军文艺出版社.

Goldblatt, H. (trans.). 2001. *Shifu, You'll Do Anything for a Laugh*. New York: Arcade.

莫言. 2005. 红高粱家族. 上海:上海文艺出版社.

Goldblatt, H. (trans.). 2003. *Red Sorghum*. London Arrow Books.

莫言. 2006. 生死疲劳. 北京:作家出版社.

Goldblatt, Howard (trans.). 2008. *Life and Death are Wearing Me Out*. New York: Arcade Pub.

蒲松龄. 1992. 聊斋志异. 上海:上海古籍出版社.

Minford, J. (trans.). 2005. *Strange Tales from A Chinese Studio*. London: Penguin.

沈从文著. 杨宪益,戴乃迭译. 2009. 边城(*The Border Town*). 南京:译林出版社.

Kinkley, Jefferey C. (trans.). 2009. *Border Town*. New York: HarperCollins Publishers.

沈复. 浮生六记(中英文对照). 林语堂译. 1998. 北京:外语教学与研究出版社.

Pratt, Leonard & Chiang Su-hui (trans). 2005. *Six Chapters of a Floating Life*. London: Penguin Books.

Sanders, Graham. (trans.). 2011. *Six Records of A Life Drift*. Indianapolis & Cambridge: Hacket Publishing Company.

苏童. 2008. "桥上的疯妈妈","私宴". 垂杨柳. 北京:人民文学出版社.

Stenberg, J. 2008. *Mad Woman on the Bridge*. London: Black Swan.

苏童. 2005. 米. 南京: 江苏文艺出版社.

Goldblatt, Howard. 1997. *Rice*. London: Simon and Schuster Ltd.

苏童. 2009. 河岸. 北京: 人民文学出版社.

Goldblatt, Howard. (trans.). 2010. *The Boat to Redemption*. London: Doubleday Books.

王安忆. 2008. 长恨歌. 上海: 东方出版中心.

Berry, Michael & Egan, Suisan Chan. (trans.). 2008. *The Song of Everlasting Sorrow*. New York: Columbia University Press.

王奎山. 别情. 黄俊雄译. 英译中国小小说选集(一). 上海: 上海外语教育出版社, 2008.

王朔. 2004. 千万别把我当人. 昆明: 云南人民出版社.

Goldblatt, Howard. (trans.). *Please Don't Call Me Human*. Harpenden: No Exit Press.

王朔. 2004. 玩得就是心跳. 昆明: 云南人民出版社.

Goldblatt, Howard. (trans.). 1997. *Playing for Thrills*. New York: William Morrow and Company.

王小波. 1994. 黄金时代. 北京: 华夏出版社.

Zhang, Hongling & Sommer, Jason. (trans.). 2007. *Wang in Love and Bondage: Three Novellas by Wang Shuo*. Albany: State University of New York Press.

汪曾祺. 1987. 汪曾祺自选集. 桂林: 漓江出版社.

Lau, J. & H. Goldblatt (eds. & trans.). 1995. *The Columbia Anthology of Modern Chinese Literature*. New York: Columbia University Press, 1995, p. 284.

卫慧. 2000. 上海宝贝. 沈阳: 春风文艺出版社.

Humes, Bruce. (trans.). 2001. *Shanghai Baby*. New York: Washington Square Press.

萧红. 2005. 商市街. 天津: 百花文艺出版社.

Goldblatt, Howard. (trans.). 2015. *Market Street: A Chinese Woman in Harbin*. Seattle: The University of Washington Press.

阎连科. 2005. 为人民服务. 香港: 文化艺术出版社.

Lovell, Julia. 2007. *Serve the People*. London: Constable.

杨绛. 1992. 干校六记. 北京：中国社会科学出版社.

Goldblatt, Howard. （trans.）. 1984. *Six Chapters from My Life "Downunder"*. Seattle & London：University of Washington Press.

杨绛 著. Amory, Judith M. & Shi, Yaohua. （trans.）. 2007. 洗澡 (*Baptism*). 北京：人民文学出版社.

叶兆言. 1996. 1937 年的爱情. 南京：江苏文艺出版社.

Berry, Michael. （trans.）. 2003. *Nanjing 1937：A Love Story*. London：Faber and Faber.

余华. 2004. 活着. 上海：上海文艺出版社.

Berry, Michael （trans）. 2003. *To Live*. New York：Anchor Books.

余华. 2004. 许三观卖血记. 北京：人民文学出版社.

Jones, Andrew F. （trans）. 2003. *A Chronicle of Blood Merchant*. New York：Anchor Books.

余华. 2008. 兄弟. 北京：作家出版社.

Chow, Eileen Cheng-yin & Rojas, Carlos. （trans.）. 2009. *Brothers*. New York：Pantheon Books.

Pino, Angel & Rabut, Isabelle （trans.）. 2008. *Brothers*. Actes Sud.

张爱玲. 1992. "等"，"桂花蒸阿小悲秋"，张爱玲文集（第一卷）. 合肥：安徽文艺出版社.

Kinsbury, Karen S. （trans.）. 2007. "In the Waiting Room", *Lust, Caution and Other Stories* by Chang Eileen. London：Penguin Books.

Patton, Simon. （trans.）. 2007. "Steamed Osmanthus Flower：Ah Xiao's Unhappy Autumn Lust", *Caution and Other Stories* by Chang Eileen. London：Penguin Books.

张爱玲. 2007. 色戒. 北京：北京十月文艺出版社.

Lovell, Julia. 2007. *Caution and Other Stories* by Chang Eileen. London：Penguin Books.

张爱玲. 2007. 流言. 北京：北京十月文艺出版社.

Jones, Andrew F. （trans.）. 2005. *Written on Water*. New York：Columbia University Press.

朱文. 1995. 我爱美元. 北京：作家出版社.

Lovell, Julia. 2007. *I Love Dollar*. New York：Columbia University Press.

索　引

B

伴随事件　19,171,174 - 177,245
背景化　170,172

C

差异　3,5 - 6,10,13,16,21,38 - 39,80,
　　107,111,131,134,142 - 143,146,171,
　　188,201,203,216,218 - 219,224,230,
　　234,236,240 - 243,259 - 263
参与角色　15,27,83,214 - 215,217 -
　　220,223
词汇化　7,9,13,18,23,25,134,169 -
　　181,184 - 185,201,203,205,248,260

D

单级压模　230 - 231
　　跨语单级压模　230
动词对应词　174,219 - 220
动词和句式的再匹配　222 - 224
动词化　48 - 49,53,143,159 - 161,192
　　述谓化　159 - 160,163 - 164
动词—句式关联原则　218
动词—句式再匹配　218,220,224
动词融入　172,176 - 177,179,181 - 182,
　　184 - 185,215
动词组织模式　170

动态性　4,11 - 12,56,102,133,135 -
　　136,146,160 - 165,187 - 188,
　　194,261
多事件句　8,29,227 - 231,233,236,238
　　- 242,244 - 249,254,257 - 258,263
多事件句类别　249
　　蕴涵关系　244,248 - 249
　　非蕴涵关系　244,248 - 249
多事件句压模　239 - 240
多事件句的跨语多级压模　233
　　多事件句压模的句法表现　230
　　多事件句压模的语义理据　234 -
　　239,263
多事件句压模的语用功能转换　239
多事件句英译压模的语义理据　234,
　　238

F

翻译策略　2 - 3,10
翻译阐释方法　267,271
　　正译　266 - 267,271
　　说译　266,269 - 271
　　注译　266 - 268,270 - 271
　　疏译　266 - 268,270 - 271
　　传译　150,266,271 - 272
　　隐译　266,270,272
翻译处理原则　241
　　像似原则　241 - 244,249,257,263

经济原则　84,241 - 242,244,246,
　　248 - 249,253,257 - 258,263

聚焦原则　241 - 242,244,246,248,
　　249,253,257 - 258,264

翻译单位　1 - 4,7 - 10,13,25,135,143,
　　160,166 - 167,210 - 211,218,260,262

翻译的操作单位　7,10,25,133,134,
　　147,228,260

翻译的研究单位　7,262

翻译过程　1 - 3,5 - 9,24,51,59,61,76,
　　78 - 80,83,102,108,131,134 - 135,
　　138 - 139,143,147,157,171,189,
　　193,196,203,213,217 - 218,234,
　　259 - 260,262 - 263,265 - 266

翻译理论话语体系　1,13

翻译语境　9 - 10,70,107,143,203,
　　262,266

翻译思维　7,24 - 25,134

非事件化　4,6 - 7,13,25,134 - 135,
　　139,140,142 - 143,145 - 149,151 -
　　153,155 - 157,159 - 160,163,243 -
　　244,261　**见** 去事件化

　非述谓化　159 - 160,163 - 164

　状态化　164 - 165

　非致使化　159 - 160,165

　非施动化　159 - 160,165 - 166

G

工具格　16,38 - 51

观念角色　28

H

还原度　39,41,42,44,50,51,261

　一度还原　41 - 44,50

　二度还原　41,45 - 47,50

三度还原　41,42,47,50

汉英翻译单位　9,25,160

汉语多事件句　见 多事件句

核心事件　174 - 176,245

核心运动事件　171,175 - 176

话题性　227,234,238 - 239,263

活跃区域理论　106

活跃性—决定性原则　195 - 196

J

激活　19,81 - 83,98,105 - 117,129,
　　211,260,262 - 263

　零度激活　107

　隐性激活　105,108 - 109,117,263

　显性激活　105,108 - 109,114,117,
　　263

　逆向激活　114

激活距离　105,114,117

　近距激活　114 - 115

　远距激活　115

激活数量　114 - 117

　单项激活　115 - 116

　多项激活　116 - 117

　等量激活　115 - 116

　减量激活　115 - 116

　增量激活　116 - 117

焦点思维　5 - 6,228,230　**参见** 散点思维

角色转换　27,29 - 30,185

　升格　4,16,18,27,29,34,38,58 -
　　60,80 - 81,89,136 - 137,142,236,
　　262

　降格　4,18,29,34,38,59,80 - 81,
　　89,137,154,195,225,228 - 229,233,
　　235 - 236,262

　同级转化　35 - 36,38

界面　1,5 - 8,13,15,28,60 - 61,78 -

80,89,239,259 - 260

句法层面　7,10 - 11,28,38,41 - 42,
46 - 47,50 - 51,60,78 - 79,92,96,
99,103,137,138,140,143,159 - 163,
171 - 172,187,199,218,223,225,227
- 228,230,236,242,261,263

语用层面　7,41 - 42,45 - 46,50 -
51,63,167,261

语义层面　7,10 - 11,14 - 15,39,41
- 42,45 - 46,50,63,78,91,96,133,
140, 143, 146, 159 - 165, 234,
240,261

句法—语义层面　5,7,25,134

界面理论　1 - 2,6,8,10,11,262

界面性　7,38,52,61,79,86,90 - 92,
103,260 - 261

句法表现　5,7,12,23,24,30,40,41,50,
61,134,156,157,213 - 215,224,
227,229,230,233,236,239,261,263

句法层级　86,229,231,233,238

句法条件　6,13,134

句式　4 - 5,7 - 8,13,23 - 24,28,57,80,
91 - 103,135,164,179,213 - 222,
224 - 225,244,262

不及物句式　24,91 - 100

及物句式　24,91 - 95,97,99 - 103

结果句式　91 - 92,96 - 98,101 -
102,217

双及物句式　216 - 217,219 - 220,
222 - 224

位移句式　91 - 92,94 - 95

运动句式　91 - 95,100 - 102

致使句式　24,91 - 92,97

存有句式　97 - 100,102

句式变体　9,13,23 - 24,95,260

句式融入度　218

句式语法　5,218,221

句式再匹配　24,213,218,220,224

句式重构　91 - 92

句式转化　98,100,102

K

跨语思维　7,25,134　**见** 翻译思维

框架　4,9,64,105,109 - 111,113 - 115,
133,160,188,210 - 211,214 - 219,
221 - 222,228,260 - 262

框架压模　228

框架语义学　105,214,262

L

类型差异　228,230,234　**参见** 差异

连续统　6,10,160

零度再识解　204

路径　22 - 23,89,171,173,175,177,179
- 181,187,189 - 199,262

方向路径　189,191 - 192

照射路径　22,189,192 - 194

感知路径　22,189,197 - 199

论元　4 - 5,7,15 - 20,23,28 - 29,31 -
32,38,40 - 45,47,64,79 - 94,99 -
100,106 - 107,136,139,148,174,
214,216,218 - 219,242,262

补语性论元　86 - 88

主语性论元　86 - 89

宾语性论元　86 - 89

论元层级　86 - 88

论元的再实现　17,79 - 80

论元角色　142,215 - 220,223

论元结构　5,80

论元实现　4,7,9,13,15 - 17,19,23 -
24,79 - 80,90,134,170,260

论元选择的优先性原则 16-18

论元再实现 79-81,83-86,88-90

　论元的降级 88-89

　论元的增加 81

　论元的减少 84

　论元的替换 85

　论元的升级 86-87

　论元的调序 89

M

名词化 13,49,53,57,95,145,147-157,159-160,164,261

　完全名词化 145,147,151,153,157,261

　部分名词化 145,147,151,157,261

P

匹配 8,106,213,218-225

Q

前景化 170,172,184

区域激活 4,83,105-107,109-112,115-117,211,262-263

区域激活理论 106

去事件化 8,148,157,159-161,163-167 见 非事件化

R

认知 1,3,5-6,8,18,21-22,31,85,107,119-121,126,130-131,146-147,170-172,175,184,188-189,202,214-216,218-220,225,259-261,263

认知差异 5,21,188 **参见** 差异

认知呈现 188

认知方式 189

认知概念化 171,173,187-189,199

认知框架 7,105,160,211 **参见** 框架

认知理据 220,222

认知识解 38,156,187,199,207,260,262 **参见** 识解

认知虚拟性 189,193

认知思维 2,5,10,87

认知语言学 1-2,4,7,10-11,13,28,94,106,119,130,156,187,199,207,225,262

认知域 7,9,121-131,133,160,262

认知真实性 22,188

认知转换(化) 4-5,117

认知转喻关系 213,220-222,225

S

三个层面 28,39,41,43,45,50-52,60,146,167,214,227,229,259,261,263

　参见 界面

三个维度 8,60,260,264

三维体 260

散点思维 6,228,230 **参见** 焦点思维

生成语法 214

施动性 133,139-140,142,160,165-166,227,234,237,239,263

识解 9,18,20-24,28,105,170,184,188-189,201-211,260-261

识解转换 201,204

事件 4,6-25,27-29,35-40,52,63-64,79-80,82-83,86,94-96,105,120,133-139,142-143,145-157,159-167,169-177,181,184-185,187,189-190,193-199,201-211,213,220-224,227-231,233-240,242-249,253-255,257,260-264

事件的词汇化　18 - 19,170 - 173,176 -
　　177,180

事件的体识解　20,201,203 - 204
　　见 体识解

事件的虚拟化　4,8,21

事件的原型性　10 - 13,16,25,133,
　　164,244

事件概念化　20　见 识解

事件化　4,6 - 8,13,25,100,133 - 135,
　　138 - 143,145,147 - 148,157,159 -
　　163,167,171,173 - 176,187,261
　　述谓化　159 - 161
　　动态化　3,100,139,143,159 - 162,
　　165
　　致使化　159 - 160,162
　　施事化　162

事件化处理　135 - 136,138 - 141,
　　153,174

事件化降格　137

事件化升格　137,140 - 142

事件体　201 - 205,207,211

事件体的识解特征　204　参见 识解

事件体识解理论　202

事件体（的）再识解　201,205 - 207,
　　209,211
　　再识解　201,205,207,209,211
　　零度再识解　204

事件性　6 - 7,10 - 11,13,56,133 - 143,
　　145,147 - 149,152 - 153,159,161 -
　　164,166,227 - 228,234 - 236,239,
　　261,263

事件语义学　10,136,143

事件原型性　11,133,260

事实性表述　188　参见 真实性标准

事实性识解　23　参见 识解

述谓化　159 - 161

思维　6,7,25,54,85,121,134,230,259,
　　262,264

四个许可　2
　　认知许可　2,166
　　语义许可　2
　　语法许可　2
　　语用许可　2

T

体轮廓　203,205,211

体识解　21,23,201,203,205,206,210,
　　260

体识解理论　202

体图形　203,205 - 206,209,211

X

形式标记　6

形态—句法表征　171,174,176

修饰功能　51 - 59,239

虚拟路径　23,187,189,192 - 195,198 - 199

虚拟性表述　188,199　参见 真实性标准

虚拟性识解　23　参见 识解

虚拟性再概念化　22 - 23,187,189,192
　　- 195,197,199

Y

压模　8,148,227 - 235,237 - 241,262
　　- 264
　　跨语单级压模　230
　　跨语多级压模　233
　　多事件句压模　239,240
　　英 译 压 模　227,229,233,239,
　　240,263
　　跨语零度压模　229
　　跨语压模　227 - 234,236,238 -

240,263－264

非零度压模　229

意合—形合转换　241,255,257－258

意合与形合　249,253

意合　34,227,241－242,244－245,249－251,253－258

形合　227,241－245,248－258

隐喻　3,23,30,33－34,37,94－95,100,112,119－131,142,196,198,262

隐喻映射　4,117,119－121,123－124,130－131,141,262

零度映射　119,121－124

映射　4－7,23,120－121,123－125,128－131,196－197,219

再映射　119,121,124－125,127－128,262

消解映射　119,121,129－130,262

语法角色　28

语言学理论　1－2,10,260

语义角色　4－5,7,9,13－19,23,27－33,35－40,42－45,48,50－52,64,79－80,82,89,169,260,262

语义角色的降格　27,29

角色弱化　30

语义角色的升格　31,89

语义角色的层级　86,89

语义条件　6,13,18,134,240

语义指向　5,7,52,63－78,128,262

语义指向结构模式　65,78

语用功能　2,7,28,42－44,48,51－55,57－61,64,146,153,157,227,239－240,258,261－263

指涉功能　51－55,57－58

修饰功能　51－59,239

述谓功能　51－53,55－59,146,171

语用功能转换　51,54,59－61,227,229,

239,263

单对式转换　59

连锁式转换　59－60

集束式转换　59－60

原型性　9－11,13－14,18,29,40,43,49,52,55,152,160

事件(的)原型性　10－13,16,25,133,164,244,260

范畴原型性　11

语义原型性　12

句法形态原型性　12－13

句法原型性　12

原型性语义特征　14－16

源语动词　218－220

运动事件　11－12,22,133,141－142,169－170,172,174－185,190－192,195－196,199,230

运动事件的再词汇化　18,142,169－170,175,180－181,184

Z

再词汇化　4,7－8,18－19,25,134,142,169－175,177－185,199,262－263

再概念化　8,171,174,187,189,191－199

虚拟性再概念化　22－23,187,189,192－195,197,199

再事件化　7,25,133－134,142－143,148,151,160,174,261

致使力　97－98,143,162,171－172,177,182,227,234,236－237,239,263

真实性标准　21－22,188

转喻关系　3,33,81－82,85－86,149,211

后　记

　　去年在美国访学,本打算利用在美半年的时间把书稿完成。由于搜集的相关资料大多都在国内,受条件限制也只是写了其中几章。这几章加上先前写的部分,该书的主体其实已经基本形成了。回国之后忙于上课,剩下的几章就搁到今年寒假集中完成了。

　　我先前跟词典打交道有二十年的时间,在此过程当中总觉遗憾的是编的主要是英汉词典,从事的翻译工作也主要是以英译汉为主。相对来讲,对于以汉语为母语的译者做英译汉还是比做汉译英容易一些。所以,在研究上我关注的对象主要是汉译英,一方面对照性地研读汉译英的文学作品,一方面对这些译作进行理论上的思考。近十年来,我既为英语专业的学生教授汉译英,也同时会有意识地让自己的研究生选择汉译英的题目去写论文。对汉译英进行理论研究的目的主要是为帮助翻译者提高汉译英的实践能力。翻译界历来有理论和实践之争,而在我看来,翻译理论和翻译实践关系的处理不妨参照文学理论和文学创作之间关系的处理方式。所以,翻译界所展开的理论和实践之争大部分来讲是没有必要的。在我的这本书中,首先希望能做到理论性和实践性兼具:对汉英翻译的认识具有一定的理论深度,而所做的这些理论认识指归却是翻译实践,希望汉译英的实践者能够通过阅读这本书进一步获得实践上的自信,做好他们的翻译工作。此外,这本书的理论性还进一步地体现在系统性、创新性和专业性上。我的研究希望不是零打碎敲的随感式研究,应该具备一条理论主线将涉及的课题串连起来,形成一个理论体系。并且,这本书选取的理论视角是新颖的,也希望所获得的理论认识是创见性的而不是复述性的。非常关键的还有一点,那就是这一研究能够体现研究者的专业性,尽管借用的是语言学理论,但是必须体现出翻译学科的专业性,能够拓展翻译专业的研究视野,研究的焦点始终聚焦于翻译之上,而不能游走到他处。

今年的春天似乎来得特别早，二月的早春已经生机盎然了。沐浴在这片春光中，我希望这本书能为我先前的研究工作划上一个休止符，无论这个休止符圆不圆满。接下来，我就要掀开新的一页了。

2017 年 2 月 18 日，雨水

图书在版编目(CIP)数据

差异·认知·界面：汉英翻译三维论 / 刘华文著.
— 南京：南京大学出版社，2017.6(2018.2 重印)
ISBN 978 - 7 - 305 - 18525 - 0

Ⅰ. ①差… Ⅱ. ①刘… Ⅲ. ①英语－翻译－研究
Ⅳ. ①H315.9

中国版本图书馆 CIP 数据核字(2017)第 096648 号

出版发行　南京大学出版社
社　　址　南京市汉口路 22 号　　　　邮　编　210093
出 版 人　金鑫荣

书　　名　**差异·认知·界面——汉英翻译三维论**
作　　者　刘华文
责任编辑　张淑文　　　　　　　编辑热线　025 - 83592401

照　　排　南京南琳图文制作有限公司
印　　刷　江苏凤凰数码印务有限公司
开　　本　718×1000　1/16　印张 19　字数 321 千
版　　次　2017 年 6 月第 1 版　2018 年 2 月第 2 次印刷
ISBN 978 - 7 - 305 - 18525 - 0
定　　价　78.00 元

网址：http://www.njupco.com
官方微博：http://weibo.com/njupco
官方微信号：njupress
销售咨询热线：(025) 83594756